# 사회복지실천론

## Theories of Social Work Practice

김 성 철

21세기사

이 도서의 국립중앙도서관 출판예정도서목록(CIP)은 서지정보유통지원시스템 홈페이지(http://seoji.nl.go.kr)와 국가자료공동목록시스템(http://www.nl.go.kr/kolisnet)에서 이용하실 수 있습니다.(CIP제어번호: CIP2017005598)

# 머리말

사회복지 실천이란 무엇인가? 사회복지 실천은 사람마다 각 학자나 각 학문마다 느끼는것이 다르지만, 사회 관계에 대한 올바른 질서를 추구하면서 사회가 인간의 거주와 발전을 위해 적절한 질서는 물론이고 사회복지사가 개인, 집단, 기업, 지역사회, 가정등 대상으로 각 문제를 스스로 해결 하도록 해결 할 수 있도록 돕는 전문스러운 사회복지 실천 활동으로 매우 중요하고 귀중한 것이다.

사회복지실천 전반에 대한 기초지식과 개인과 가족, 집단, 지역사회를 대상으로 한 사회복지실천모델에 관한 기초지식을 통합적인 시각에서 학습하여, 사회복지실천에서의 전문성을 습득한다. 이를 위해 본 교과목에서는 사회복지실천의 개념 및 정의, 이념과 철학, 가치와 윤리, 서구와 한국의 사회복지실천의 역사적 발달과정을 이해하고, 사회복지실천현장에 대한 소개, 사회복지실천 대상 및 문제의 개관과 함께 이에 대한 사회복지사의 역할에 대해 파악한다. 또한 접수 및 자료수집, 사정, 계획수립, 개입, 종결 및 평가의 사회복지실천의 일련의 과정에 대해 학습하고, 각 단계에 필요한 지식과 기술의 습득을 통해 통합적 접근 및 사례관리 실천 방법을 이해한다. 이러한 사회복지실천에 대한 전반적 이해를 기초로, 이후에 사회복지사로서 클라이언트를 위한 적절한 서비스를 제공하고, 특수한 상황에서 적절한 실천기술 및 기법을 효과적으로 활용할 수 있게 한다.

본고가 사회복지현장을 이해하는 부분과 사회복지이론의 정립에 도움이 바라며 출판을 위하여 수고하여 주신 21세기사 출판팀에게 감사드린다.

2017. 3. 1.

백석대 보건복지대학원

김성철 교수

# 차례

## CHAPTER 3 실천의 통합적 접근

## CHAPTER 4 영국과 미국의 사회복지실천



## CHAPTER 5 한국의 사회복지실천

## CHAPTER 6 사회복지실천의 가치와 윤리

## CHAPTER 9 강점관점과 임파워먼트,다문화 관점



## CHAPTER 10 사회복지실천의 관계론

## CHAPTER 11 사회복지실천의 면담론

## CHAPTER 13 사회복지실천의 사례관리

CHAPTER

1

# 사회복지실천의 필요성

# ① 사회복지실천의 필요성

## 1) 사회복지실천의 필요성

### (1) 사회복지실천과목 소개

사회복지실천 전반에 대한 기초지식과 개인과 가족, 집단, 지역사회를 대상으로 한 사회복지실천모델에 관한 기초지식을 통합적인 시각에서 학습하여, 사회복지실천에서의 전문성을 습득한다. 이를 위해 본 교과목에서는 사회복지실천의 개념 및 정의, 이념과 철학, 가치와 윤리, 서구와 한국의 사회복지실천의 역사적 발달과정을 이해하고, 사회복지실천현장에 대한 소개, 사회복지실천 대상 및 문제의 개관과 함께 이에 대한 사회복지사의 역할에 대해 파악한다. 또한 접수 및 자료수집, 사정, 계획수립, 개입, 종결 및 평가의 사회복지실천의 일련의 과정에 대해 학습하고, 각 단계에 필요한 지식과 기술의 습득을 통해 통합적 접근 및 사례관리 실천 방법을 이해한다. 이러한 사회복지실천에 대한 전반적 이해를 기초로, 이후에 사회복지사로서 클라이언트를 위한 적절한 서비스를 제공하고, 특수한 상황에서 적절한 실천기술 및 기법을 효과적으로 활용할 수 있게 한다.

#### (2) 사회복지실천의 필요성

사회복지 실천이란 무엇인가? 사회복지 실천은 사람마다 각 학자나 각 학문마다 느끼는것이 다르지만, 사회 관계에 대한 올바른 질서를 추구하면서 사회가 인간의 거주와 발전을 위해 적절한 질서는 물론이고 사회복지사가 개인, 집단, 기업, 지역사회, 가정등 대상으로 각 문제를 스스로 해결 하도록 (단 의지를 하지 않도록 클라이언트를 자립으로)해결 할 수 있도록 돕는 전문스러운 사회복지 실천 활동으로 매우 중요하고 귀중한 것이다.

### 2) 사회복지실천의 개념

#### (1) 사회복지실천의 개념

사회복지실천은 사회의 요구와 사람들의 욕구, 갈망, 기대, 열망간 긴장을 중재하기 위하여 개입하는 사회기제로 개인 또는 가족, 집단, 조직, 제도, 지역사회 등 사회 단위에 개입하는 사회복지사의 전문적 활동이다.

클라이언트[1]의 외부의 자원을 발견, 동원, 연계 그리고 클라이언트 내부조건을 변화시켜 목표를 성취할 수 있도록 원조하는 과정이다.

1958년 미국의 사회복지사협회[2]는 사회복지실천의 개념을 다음과 같이 세 가지에 목적을 둠으로써 1930년대 사회복지의 제3의 방법으로 수용되었던 지역사회 조직 사업이 사회복지실천 개념에 분명한 위치를 차지하게 되었다.

---

1 케이스워크 등의 원조를 요청해 찾아오는 내담자를 일반적으로 원어 그대로 부른다. 원래 고객이라는 의미에서 점차 변호사나 사회사업가 등의 전문가의 원조를 청해 상담을 의뢰하는 사람의 뜻으로 쓰이게 되었다. 엄밀하게는 원조가 필요하여 신청한 단계에서는 아직 신청자(applicant)이지만 사회복지시설이나 기관에서는 일정한 수속절차에 따라 동의해 계약이 이루어진 사회사업가와의 접촉이 개시된 시점부터 클라이언트라고 부른다.

2 미국의 단일 사회복지전문직 단체로서, 1955년에 미국사회사업가협회(AASW)를 중심으로 다섯 개의 분야별, 기능별 전문직 단체가 통합, 결성된 것이다.

① 개인과 집단이 환경간에 불균형 상태가 일어났을 때 문제를 정확히 발견하여 그 정도를 경감시키거나 해결할 수 있도록 도와주는 일이다.

② 개인 또는 집단과 환경간의 상호작용 과정에서 발생할 수 있는 잠재적인 문제를 확인함으로써 양자간에 불균형 상태가 발생하는 것을 사전에 예방한다.

③ 개인과 집단과 지역사회 내의 잠재력을 찾아내고 확인하며 이를 강화시켜준다.

사회복지실천의 개념을 종합해보면 사회복지실천은 인간의 삶의 질 향상을 위해 개인, 집단, 가족, 지역사회를 대상으로 사회복지사가 그들의 사회적기능(Social function)[3]을 원활히 수행해 나갈 수 있도록 클라이언트의 강점을 살려 그들의 욕구나 문제를 스스로 해결해 나갈 수 있도록 도와주는 종합적이고 체계적인 전문적인 활동으로 볼 수 있다.

3 일반적으로 사회와 그가 당면한 환경 및 자기 자신에 대한 책임을 수행하는 것이다. 이러한 책임감은 개인의 기본적인 욕구와 부양가족의 욕구와 직면하고, 사회에 긍정적 공헌을 하는 것들을 포함한다. 인간의 욕구는 물리적인 측면(음식, 거주, 안전, 건강, 보호), 개인적인(생리적) 성취(교육, 여가, 가치, 미학, 종교, 교양), 정서적 욕구(소속감, 상부상조, 우정), 그리고 적절한 자아개념(자신감, 자긍심, 정체감) 등을 포함한다. 사회사업가는 개인, 집단 지역사회의 사회적 기능을 위한 능력을 회복시키고, 그것을 향상시키는 것을 주요 역할 중 하나로 간주한다.

### (2) 사회복지실천의 정의

① 리치몬드(Richmond)[4]의 정의

리치몬드는 미국에 있어서의 케이스워크를 최초로 체계화한 이론가로 ,19세기 초반부터 전개한 자선조직협회운동에 진력(1889년 볼티모어 자선조직협회의 경리담당으로 취임)하면서, 빈곤한 사람을 상대로 자립적 생활을 해나갈 수 있도록 의욕과 능력을 길러주고, 우애방문활동을 실천하였다.

그리고 이러한 경험과 사회사업에 대한 흥미를 바탕으로 그 체계적 이론을 정리하여 사회사업의 전문 기술화에 노력하였다. 그녀는 미국에서 최초로 케이스워크(casework: 개별사회사업)를 체계적 이론으로 정리하였으며, 사회사업의 전문교육에서도 지도적 역할을 하였다. 그리하여 그녀는 마침내 〈케이스워크의 어머니〉라고 불리었다.

주요 저서로는 〈사회진단[5]〉(1917),〈소셜 케이스워크란 무엇인가〉(1922)등이 있는데, 어느 것이나 케이스워크 이론과 사회사업기술의 과학적 이론의 고전이라고 평가되고 있다.

사회복지실천에 대한 가장 오래된 정의를 보면 리치몬드(Richmond)의 정의에서 그는 사회복지실천은 개개인 , 그리고 사람과 그 사회환경 사이에서 의식적인 조정이 필요하다.

---

4 미국의 사회사업가로 사례연구를 체계화했다. 일리노이주에서 태어나, 볼티모어에서 자랐으며 1889년 볼티모어 자선조직협회의 회계계에 취임하고 나서 사회사업에 흥미를 가지고 연구해서 그 전문기술화에 노력, 1917년에「사회진단」Social Diagnosis를 쓰고, 1922년에는「소셜 · 케이스워크란 무엇인가 What is Social Case Work?」를 저작하고, 소셜 · 케이스워크라는 것은「인간과 그 사회환경간에 개별적으로 효과를 의식해서 행하여 지는 조사를 통해서 인격(personality)의 발달을 도모하는 제과정으로 이루어진다」라고 정의했다. 또한 사회사업의 전문교육에서도 지도적 역할을 했다.

5 사례연구기술의 하나이고 대상자를 둘러싼 사회적 증거나 자료를 수집해 그러한 것을 객관적으로 분석해서 문제의 원인을 확인하고 타자와의 관계, 사회제도와의 관계, 문화에 대한 관계 등 대상자의 사회적 환경조건에 그 중심을 두고 진단하는 방법, 이 사회진단은 M.Richmond가「사회진단」(social Diagnosis, 1917년)에서 이론화하고 사례연구의 방법으로서 공식화한 것이다.

② 펄만(Perlman)의 정의

펄만(Perlman, 1957)은 사회복지실천을'개인들이 사회적 기능을 함 에 있어서 그들의 문제를 보다 효과적으로 대처해 나갈 수 있도록 개인들을 돕는 과정으로 정의한다.

펄먼의 접근은 이후에 통합적방법론에 많은 영향을 주는 계기이다. 펄먼은 사회복지실천의 구성요소를 네 가지로 정리했다.

그것이 바로 4P의 개념 즉 문제(problem), 사람(person), 장소(place), 과정(process)이 바로 4P의 개념이다.

[펄만(Perlman)[6]이 말한 구성요소]

- 사람(person): 여기서의 사람은 일상생활의 사회적 측면이나 정서적 측면에 있어서 도움을 요하는 개인을 가리키며, 이 같은 사람을 개별사회사업에 있어서는 클라이언트라 부른다.
- 문제 (Problem)
  - 개별사회사업의 대상인 클라이언트의 문제는 리치몬드(Richmond)여사에 의하면 "사회환경과의 사이에 있어서 조정을 필요로 하는 적응이상의 상태"이나.
  - 문제란 어떤 욕구, 장애, 욕구불만, 부적응 등에서 또는 이러한 모든 것들이 얽혀서 일어난다고 볼 수 있다.
- 장소(Place): 여기서 장소란 문제를 가진 개인이 도움을 받기 위해 찾아오는 사회시설 또는 기타 여러 종류의 사회복지 기관을 말한다. 이 기관의 기본적인 성격은 물질적 원조, 환경의 조성, 상담 및 심리적인 도움

6 미국의 사회학자, 전공은 개별사회사업. 시카고와 뉴욕에서 가족복지 사업의 실무 경험을 쌓은 뒤 1940-1945년까지 뉴욕사회사업학교(콜럼비아대학 사회사업대학원)의 강사로 근무했으며 1945년 시카고대학 사회사업행정대학원으로 옮겨 1971년까지 교수로 재직하였다. 그 동안 개별사회사업에 관한 많은 저서와 논문을 발표하였고, 특히 역할이론 등의 사회과학이론을 도입하여 문제해결적 접근방법을 체계화시켰다. 주저로 'social casework : a problem solving process(1957)'가 있다.

을 주는 사회복지의 기능을 수행하는 장소이다.

- 과정 (process): "과정"이란 사회복지사와 클라이언트 간에 전문직업적 대인관계를 매개로 하여 도와주는 문제해결 과정이다. 이 과정에서 대인관계는 문제해결에 유익하도록 전문적으로 확립된 관계이며, 사회복지사의 지식과 기술에 의해 의식적으로 조작되어지는 대인관계이다.

  4P 개념을 구체적으로 정리하면'문제를 갖고 있는 사람이 전문적인 도움이 제공되는 장소에서 다양한 과정을 통해 도움을 받는다는 의미이다.

  이 4P의 개념은 사회복지실천의 가장 핵심적인 요소, 체계적이고 효과적인 사회복지실천을 수행할 수 있다는 점에서 오늘날 사회복지실천 현장에서 많이 활용한다.

  펄먼(Perlman, 1986)은 4P의 개념에 2P를 추가하였는데 추가된 2P는 전문가(professional)와 제공물 또는 제공자원(provisions)을 추가했다.

  최근에는 기존 4P의 개념에서 2P를 추가한 개념을 통해 보다 전문화되고 체계적인 실천 활동이다.

### (3) 미국사회복지교육협의회(CSWE) 정의

1959년 미국사회복지교육협의회(CSWE) 정의를 보면 '개인이나 집단의 사회적 기능향상에 초점을 두고, 사회복지실천은 인간과 사회 환경 간의 사회적 초점을 둔 행동들에 의해서 개인이나 집단의 사회적 기능을 향상시킨다'라고 사회적 기능향상에 근거한 정의를 내렸다.

### (4) 핀커스와 미나한(Pincus & Minahna)의 정의

핀커스와 미나한(Pincus & Minahna)[7]은 대공황에 의한 빈곤과 실업 등의 심각한

7 핀커스(Pincus, A)와 미나한(Minahan, A.)이 사회사업실제를 전개하여 갈 때 관계되는 다양한

문제에 대하여 사회자원을 균등하게 배분하고 사회개혁을 목적으로 사람과 환경에 존재하는 체계들 사이의 연결과 상호작용에 초점을 두면서 사회복지실천의 정의를사람들이 그들의 생활과업을 성취하고 고통을 덜며, 열망과 가치를 실현할 수 있는 사람들의 능력에 영향을 주는 인간과 사회 환경 간의 상호작용에 관여하는 것이다.

핀커스와 미나한의 정의는 통합적 접근방법에 의한 사회복지실천을 기초로 하고 최근에도 사회복지실천에 대표적인 정의라고 해석 될 수 있을 만큼 체계적인 정의라고 할 수 있다.

### (5) 전미사회복지사협회의 정의

1970년대 들어서 전미사회복지사협회(NASW: National Association Social Workers)의 정의를 보면 사회사업을 개인, 집단, 지역사회가 사회적 기능과 관련된 자신의 능력을 향상시키거나 회복시켰디. 게개인의 목표에 적합한 사회저 조건을 만들도록 돕는 전문적인 활동이라고 정의했다.

1980년대에서 1990년대는 생태체계 관점과 역량강화에 대한 중요성이 강조되면서 사회복지실천에 대한 정의가 보다 체계적이고 포괄적으로 정의 했나.

### (6) 미국사회복지교육협의회 정의

1994년 미국사회복지교육협의회(CSWE: Council of Social Work Education)에서는

---

사람들이나 조직체를 체계적으로 다루기 위하여 제시한 것으로 다음의 체계로 구성되고 있다.

① 변화매개체계(change agent system): 변화매개인으로서 워커를 고용하고 있는 조직체.

② 클라이언트체계 (client system): 워커의 원조를 받아서 문제해결에 전념할 것을 약속한 개인, 가족 등

③ 표적체계(target system): 워커가 클라이언트와 함께 문제해결을 위하여 변화시켜야 할 사람이나 조직체 등

④ 행동체계(action system): 문제 해결을 위하여 워커가 협조하여 가는 사람

삶의 질을 향상시키고 빈곤 및 억압을 감소시키기 위한 공(公)적 영역과 사(私)적인 영역으로부터 권한을 위임받아 다양한 분야에서 사회적 서비스를 제공하는 전문직이라고 정의했다.

사회복지실천의 전문성을 강조하는 개념으로 지금도 사회복지사의 전문성에 대한 중요한 가치이다.

사회복지실천은 사회복지사가 인간의 삶의 질을 향상시키기 위해 개인, 집단, 가족, 지역사회를 대상으로 각자의 문제와 욕구를 스스로 해결할 수 있도록 돕는 전문적인 사회복지실천 활동이라고 정의한다.

## 3) 사회복지실천의 지식체계

### (1) 사회복지실천의 구성요소

펄먼(Perlman, 1957)은 사회복지실천의 구성요소를 4P의 개념으로 설명한다.

펄먼의 의하면 사회복지실천의 구체적 대상으로 사람(person)이 있어야 하고, 그 사람은 반드시 문제(problem)를 가지고 있으며, 그러한 문제를 가진 사람을 도와주기 위해서는 일정한 장소(place)에서 일정한 과정(process)을 거치면서 업무가 진행된다.

펄먼(Perman, 1972)은 이후에 4P의 개념 에 2P의 개념을 추가하였으며 2P는 전문가(professoinal)와 제공물(provisions)을 말한다. 여기서 전문가는 사회복지사를 의미하며 제공물은 클라이언트에게 제공되는 유무형의 서비스를 말한다.

핀커스와 미나한(Pincus & Minahan, 1973)은 일반체계이론을 사회사업 실제에 응용한 4체계 이론을 소개한다.

사회복지사가 실천과정에서 다루게 되는 대상을 네 가지 체계로 분류한 것으로 클라이언트체계, 변화매개체계, 표적체계, 행동체계이다.

클라이언트체계란 변화매개인의 서비스를 기대하는 사람으로서 어떤 구체적인 형태로 도움을 요청한 사람이다.

변화매개체계란 계획된 변화를 실행하게 되는 주관자로서 사회복지사는 물론 사회복지기관에 고용되어 원조업무를 돕는 사람과 변화 노력을 주는 기관 이다.

표적체계는 주로 변화매개인이 그가 설정한 목표를 달성하기 위하여 영향을 미치거나 변화시킬 필요가 있는 대상이다.

행동체계는 사회복지사가 의도적이고 계획적인 변화 노력을 경주 함에 있어서 목표를 달성하기 위하여 어떤 사람의 도움을 받을 수도 있으며 그와 함께 일할 수 있는데 주로 이러한 특정인이다.

콤튼과 갤러웨이(Compton & Galaway, 1983)는 기존의 4체계 이론 에 전문가체계와 문제인식체계를 추가하여 6체계 이론을 제시한다.

전문가 체계는 사회복지사협회, 교육협회 등 클라이언트에게 도움을 주는 체계이다.

문제인식체계는 잠재적 클라이언트를 사회복지사의 관심영역으로 끌어드 리기 위해 활동하는 체계이다.

### (2) 사회복지실천의 지식체계

① 헵워스(Hepworth, 2006)

헵워스(Hepworth, 2006)는 사회복지사가 갖추어야 할 기본적인 지식으로 세 가지를 제시한다.

인간 행동과 사회 환경에 관한 지식, 사회 정책에 관한 지식, 사회복지실천에 관한 지식이다.

사회복지실천의 지식체계는 매우 다양할 뿐만 아니라 깊이 있는 내용으로 구성한다.

② 미국 대학사회사업교육협의회(CSWE, 1999)

미국 대학사회사업교육협의회(CSWE, 1999)는 사회복지실천의 학부과정에 필요한 지식체계를 다음과 같이 요약한다.

첫째, 전문적 사회복지실천의 맥락에서 비평적 사고기술이다.

둘째, 사회복지전문직의 가치와 윤리의 범위 내에서 실천하며 다양성에 대한 긍정적 가치를 이해하고 존중한다.

셋째, 사회복지사 자신이 전문적 도구로 활용된다는 것을 나타내 보인다.

넷째, 억압과 차별의 형태 및 기제, 그리고 사회적, 경제적 정의를 증진시키는 변화전략 등을 이해한다.

다섯째, 사회복지전문직의 역사, 현행구조 및 사안들을 이해한다.

여섯째, 모든 규모의 체계들을 중심으로 업무를 수행할 경우 일반주의 사회복지실천의 지식과 기술을 적용이다.

일곱째, 개인의 발달과 행동에 영향을 미치는 생물 · 심리 · 사회적 변수에 관한 지식을 적용하고 개인들 간 및 개인과 사회체계 간의 상호작용을 이해하기 위한 이론적인 틀을 활용이다.

여덟째, 클라이언트체계, 사회복지사 및 기관 등에 미치는 사회정책들의 영향력을 분석한다.

아홉째, 조사연구들을 평가하고 연구들의 결과를 실천에 응용하며, 수퍼비전하에서 자신의 실천적 개입과 관련체계들을 평가한다.

열 번째, 클라이언트 집단, 동료들, 그리고 지역사회 구성원들의 다양성에 따라 의사소통 기술들을 상이하게 사용한다.

열한 번째, 일반주의 실천에 적합한 수퍼비전을 활용한다.

열두 번째, 조직 및 서비스 전달체계의 구조 안에서 기능하며, 수퍼비전에 필요 한 조직적 변화를 추구한다.

사회복지실천은 사회복지실천 방법과 관련해 지식 · 가치 · 기술의 조화를 요구한다(김성철외,2016).

CHAPTER 2

# 사회복지 실천의 대상, 목적, 목표

# ② 사회복지 실천의 대상, 목적, 목표

## 1. 사회복지 실천의 대상

### 1) 사회복지 실천의 개인

개인은 사회복지실천 대상 중에서도 가장 기본적이면서 중요한 실천대상이다. 개인 실천은 개인적인 문제에 직면하고 있는 클라이언트로 하여금 개인을 일대일로 만나 개별적이고도 의도적인 개입을 통해 클라이언트의 문제해결 능력을 향상시키거나 사회, 경제적 결핍 상태를 완화해 주기 위한 개별사회복지 실천 활동을 말한다.

개별실천은 가장 신속하게 클라이언트의 욕구를 찾아내고 해결해 줄 수 있는 실천방법이다. 이러한 개별적인 실천 활동은 모든 사회복지실천 현장에서 다양하게 서비스가 제공되고 있는 가장 보편적인 실천 활동이다.

#### (1) 초기단계

클라이언트의 긴장이나 불안을 경감시키고 신뢰감과 희망을 높이고 클라이언트가 그 문제를 상황적, 정서적, 측면에서 생각하고 표현 하도록 돕고 클라이언트가 추구하는 목적과 기관의 서비스와 관련하여 클라이언트의 여러 가지 욕구에 초점을 맞추도록 돕는 기술들이 필요 하다.

인테이크 및 조사탐색 관계에서 사용하는 구체적 기술 – 이해와 공감 세심한 배려와 존경 탐색 명확화 반영 등이다.

### (2) 중간 단계

① 사정 단계

수집된 자료를 통해 클라이언트와 그가 직면 하고있는 문제 상황을 분석하고 문제 해결을 위한 계획을 수립하는 과정이다.

첫째 클라이언트의 상황을 명확히 이해하고 실천과정에 대한 개입의 초점과 방향을 구체화 함으로서 클라이언트에 관해 수집된 자료에 대한 체계적인 이해가 가능하도록 하는 기술이다.

둘째 문제를 정의 하고 주요 클라이언트 체계를 결정 하고 개입 과정에 참여하게 되는 체계들을 명확히 하고 변화 목표를 설정하고 변화 결과를 예측. 문제해결에 활용 될 수있는 전략을 살펴볼수 있다.

셋째 계획수립시 목표를 설정하고 효과적인 접근 방법을 계발하면 단계적 행동 방법을 구상하고 평가계획을 세우는 실천 기술을 필요로 한다.

② 개입 단계

문제해결을 위한 접근이 필요한 실천과정의 기술. 문제해결이나 적응 성장 발달을 위한 클라이언트의 능력을 향상 시키고 회복시키는 기술. 사회적 기능을 향상시킬 수 있는 자원 서비스 기회 등을 제공할 수 있는 지역사회 체계로 사람들을 연결시키는 기술 소외된 약자들이 기회를 얻고 되찾을수 있도록 그들과 함께 효과적 개입을 하는 기술 등이다.

구체적 개입 기술론은 모델링, 인지적 제 구조화, 연습 등이다.

#### (3) 종결 단계

목표달성에 따라 혹은 목표달성의 여부와 상관없이 사회복지사와 클라이언트의 전문적 원조관계를 끝내는 과정이다.

종결에 따른 클라이언트와 사회복지사의 감정처리 기술 필요하다.

종결단계에서는 최종평가와 함께 원조 관계를 끝내는데 대한 클라이언트의 종결소감을 함께 나누면서 다루는 기술이 중요하다.

### 2) 사회복지 실천의 가족

가족의 문제는 가족구성원들 사이의 갈등과 원만하지 못한 관계와 가족기능의 해체로부터 기인한다고 볼 수 있다. 그러므로 가족구성원 한 사람의 문제를 가족구성원 모두가 해결해 나가야하는 문제가 될 수 있기 때문에 가족을 대상으로 한 사회복지실천은 중요히다. 특히 최근 다양한 가족형태의 등장과 가족구성원들의 다양한 욕구로 인해 가족을 대상으로 한 사회복지실천 활동이 활발하게 이루어지고 있다.

우리가 가족을 중요하게 여기는 또 다른 요소는 가족구성원들의 상호 작용에 초점을 두고 있기때문 이다. 이러한 관점은 가족구성원에게 나타나는 문제의 원인을 가족구성원들 사이의 상호작용 패턴, 즉 관계양상에서 찾고자 한다. 이는 문제해결도 가족구성원들끼리 상호작용하는 방식에 변화의 초점을 두고 있다는 것이다.

가족을 대상으로 하는 실천하는 사회복지사는 시·공간적 관점으로 가족을 이해해야 한다. 즉 하나의 사회체계이면서 생애주기에 따라 계속 변화되어 전승되기 때문이다.

이러한 가족대상의 실천기술은 과정론적 관점으로 보고 단계별로 살펴보자.

### (1) 초기단계

체계적으로 사정하고 개입계획을 수립해야 한다.

① 관계형성

오랜기간에 걸쳐 관계유형을 발전시켜 온 가정에 합류하여 가족구성원들의 이야기를 경청하는 것이 중요하다. 또한 합류로 인한 불안감 완화를 위한 기술이 필요하다.

② 가족사정

- 첫째 – 가족이 제시하는 문제의 사정: 가족이 문제로 보는 것이 무엇인지, 가족 문제 규정의 차이는 무엇인지 등에 탐색
- 둘째 – 생태학적 사정: 기본적 욕구충족 및 환경체계와의 관계문제 파악
- 셋째 – 세대간 사정: 확대가족과의 관계,세대를 통한 반복되는 문제 파악
- 넷째 – 가족 내부에 대한 사정: 가족구조와 의사소통,권력구조,,가족내 역동에 대한 사정

③ 생태도 · 가계도의 작성과 분석

생태도와 가계도는 인터뷰를 통한 클라이언트와의 그 가족의 상태나 문제를 그림으로 보여주는 주요한 가족사정의 방법이다.

- 생태도(eco-map): 가족관의 관계의 성격,환경에서의 가족에로의 자원의 흐름이 표시 – 공간속의 가족을 나타내는 그림.
- 가계도(genogram)[8]: 3대 이상의 가족의 역사와 과정속에서 주된 사건과

8 적어도 3세대 이상에 걸친 가족관계를 묘사한 가족치료(family therapy)에서 사용되는 도표로 결혼을 표시하는 수평선을 비롯하여, 여성을 원으로 묘사하고 남성은 사각형으로 나타낸다. 수직선은 결혼 선에서 아동을 나타내는 다른 원과 사각형까지 그려진다. 이 도표는 사망, 이혼 및 재혼 등과 같은 중대한 사건을 표시하고 재발된 행동양식을 나타내기 위한 다른 기호 또는 문자해설을 포함하고 있다.

특성을 한눈에 볼수 있도록 그리는 사정도구 – 시간 속의 가족을 나타내어 주는 그림.

### (2) 개입단계

새로운 행동연습에 도움이 될수 있도록 다양한 기술을 사용한다.

① 예를 사용하기: 대상가족에게 설명하고 기술하고 개념을 가르치는데 도움이 된다. 다른 가족들도 역시 같은 시도를 했다는 것을 알게 됨으로 안심.
② 직면: 실패한 부분에 대해 확인하고 인식하여, 클라이언트의 말과 행동 사이의 모순이나 불일치를 지적하는 것이다.
③ 재구조화: 과거의 관계상황과 장소에서 새로운 관계상황으로 어떤 상황을 옮기는 것이다.
④ 시연: 가족의 갈등을 외부가 아닌 지금 여기로 가져오는 것이다.
⑤ 은유 사용하기: 추상적 개념을 보다 수용할수 있는 쉬운 정보로 표현해주는 것 그 외, 탈삼각화, 가족조각, 경계 만들기, 균형 깨뜨리기, 역설적 지시, 순환적 질문하기, 기적 질문과 예외 질문하기 등이 있다.

### (3) 종결단계

개입을 통한 가족 혹은 성원들의 변화를 확인하고 가족이 변화를 유지할수 있도록 지원하며, 필요한 경우 추후 면접을 계획한다.

## 3) 사회복지실천의 집단

집단실천은 비슷한 문제나 욕구를 가지고 있는 개별구성원들의 집합체로써 집단성원들의 집단 활동을 통하여 개인의 사회적 기능과 집단 공동의 목표를 성취할 수 있도록 하기 위한 실천 활동을 말한다. 집단 활동은 집단 구성원들에게 시간과 에너지를 효율적으로 활용하여 클라이언트의 문제해결과 사회적 기능향상을 도울 수 있는 효과적 접근법으로 인식되고 있고 앞으로도 더욱 활용되는 실천방법 중에 하나이다.

사회복지 현장에서는 개별원조 뿐만 아니라 유사한 욕구를 가진 개인들을 소집단으로 구성 하여 이들 집단을 대상으로 원조하는 경우도 많다.

(1) 준비 및 초기단계

준비단계에서는 집단 계획과 집단 구성, 지속기관, 물리적 환경 배려 및 기 관의 승인 등을 고려해야 한다. 집단은 동질 적이어야 하는 동시에 성원들 간에 흥미를 유발 할 수 있을 정도로 이질적 이어야 한다.

초기 단계에는 집단 성원의 소개 집단의 목적에 대한 설명과 피드백 성원들의 목표설정 집단 계약 등의 과업을 실행한다.

(2) 중간 단계

성원 간에 친밀감과 상호 공유가 증가하고 집단 응집력이 증가하는 시기 집단과 성원이 목표를 잘 달성 할 수 있도록 격려 하고 목표달성에 필요한 집단의 문화와 규범을 발전시키고 유지 하며 목표 달성에 방해가 되는 장애를 극복할 수 있도록 원조 집단 회합의 준비를 한다.

집단의 구조화, 성원의 참여와 권한 부여, 성원의 목적성취 원조, 갈등 처리, 저항적인 성원의 독려, 모니터링 등의 과업을 수행한다.

### (3) 종결 단계

이 단계에는 성원들은 반듯이 그들의 학습을 강화해야 한다. 종결은 성원들이 그들의 공동체가 해체 되는 것을 지각 하고 있고, 상실감으로 슬퍼하고 있기 때문에 성원들은 종결의 현실에 반듯이 직면해야 되고, 어떻게 작별하는 가를 배워야 한다.

## 4) 사회복지실천의 지역사회

지역사회[9]는 사회적, 정서적으로 상호 밀접한 관계에 있는 공동체적인 지역사회를 의미하는 개념으로 지역사회에는 공간적 개념과 하나의 사회조직, 심리문화적 단위의 성격을 지닌 것을 말한다. 따라서 지역사회복지는 지역사회주민의 사회적 기능 향상을 위해 필요한 의식개혁과 환경개선, 지역사회 조직화 등이 자발적이고 주체적이며 협력적으로 이루어질 수 있도록 돕는 활동이다. 지역사회를 통해 사회복지사는 보호가 필요한 지역사회주민을 지역사회자원과 연결하여 경제적 심리적 안정을 도모할 수 있고 잠재된 지역사회의 자원을 찾아내어 복지를 발전시키고 주민 스스로의 조직화를 통해 지역사회복지의 질을 향상시킬 수 있다.

### (1) 지역사회복지실천의 개념

지역사회복지실천은 사회복지실천의 기초로서 사회복지사의 활동영역에서 필수적이다. 지역사회복지실천은 전통적인 지역사회개발, 사회행동, 사회계획과

9 커뮤니티 또는 공동체라는 말과 동의어로 쓰이는 경우가 많다. 자본주의사회가 성립되기 이전에는 사회의 지역적 한계를 규정하는 것은 오직 토지소유였다. 봉건사회에서의 영주의 지역지배는 영주의 토지소유에 의해 규정되어 있었던 것이고, 촌락 등 지역사회도 영주적 토지소유 아래에서의 입회지(入會地) 등, 토지의 공동이용을 단위로 하여 이루어졌다

밀접히 관련되어 있다. 뿐만 아니라 지역사회복지실천은 클라이언트의 의뢰, 지역사회자원의 사정, 클라이언트 지원체계의 개발, 클라이언트의 욕구 충족을 위한 정책결정자에 대한 옹호활동 등 거시적 사회복지실천활동 및 직접적인 서비스 제공과 관련이 될 수밖에 없다. 웨일에 의하면 기존에 사용되었던 지역사회조직의 의미로는 지역사회복지의 실체 및 활동영역을 포괄할 수 없기 때문에 오히려 지역사회복지실천이라는 용어를 사용하는 것이 바람직하다고 주장하고 있다.

왜냐하면, 지역사회복지실천은 지식, 기술, 방법측면에서 다양한 실천모델을 포괄할 수 있기 때문이다. 특히, 지역사회복지실천은 조직화, 계획, 개발과 변화에 관한 과정, 방법, 실천기술을 포함하고 있다. 그리고 지역사회복지실천은 지역사회주민의 참여, 서비스의 계획에 따른 과정 및 기술적 방법, 삶의 조건을 개선시키기 위한 지속 가능한 개발, 사회행동 및 사회변화전략 등에 관한 실천기술과 밀접하게 관련되어 있다.

### (2) 지역사회복지실천

'지역사회집단, 조직과 제도 그리고 지역사회구성원 간의 관계 및 상호작용의 행동패턴을 변화시키는 실천기술의 적용이라 할 수 있으며 조직과 지역사회에서 사회변화를 위한 전문적이고 직접적인 개입을 의미하는 거시적 사회복지실천 활동의 일부'라 할 수 있다.

그러나 이러한 거시적 활동은 지역사회주민의 회생 및 심리사회적 손상회복을 강조함으로써 상담, 임상치료 등 미시적인 개입과 관련될 수밖에 없기 때문에, 지역사회복지실천이란 반드시 거시적 접근의 실천에 제한되는 것은 아니다 사회복지사가 지역사회주민의 삶고 기능을 높이기 위해 지역사회자원의 개발, 연결, 관리는 물론 클라이언트가 사회적 환경을 활용하도록 도움을 제공하는 것처럼 미시적 지역사회조직가, 계획가, 사회행동가 등의 거시적 사회복지사 뿐만 아니라 직접적인 서비스 제공자 혹은 임상사회복지사도 지역사회 복지실천과 관련된 지식과 기술을 필요로 한다(김성철외,2016).

# 2. 사회복지 실천의 목적

## 1) 사회복지실천의 목적

사회복지실천의 궁극적인 목적은 인간과 사회 환경 간의 상호관계를 촉진하여 인간의 삶의 질을 향상시킨다.

사회복지실천의 목적을 정의하고자 하는 노력은 사회복지실천이 시작된 이후 지속적으로 이어져 왔다.

이러한 노력이 구체화된 것은 1929년의 미국에서 열린 밀포드(Milord)회의[10]였다. 밀포드 회의는 사회복지 실천에 공통적인 지식기반을 갖추는 기초이다.

## 2) 전미사회복지사협회의 목적

전미사회복지사협회((National Association Social Workers: NASW))에서는 사회복지 실천의 목적을

첫째 개인, 집단, 환경 사이의 불균형의 문제를 해결하거나 축소한다.

둘째 인간의 삶의 질 향상과 개인과 사회 상호관계에 초점을 두는 것이다.

셋째 치료와 예방을 위해 개인, 집단, 지역사회의 잠재성을 강화하는 것으로 정의한다.

시대적 상황이나 환경과 사회가 계속 변화되기 때문에 모든 사람의 삶의 질을 향상시킨다는 것은 매우 어려운 문제이다.

---

10 일반이라는 개념은 밀포드회의 보고서(1929년)에서 최초로 사용된 후 주로 각 분야의 케이스워크에 공통되는 부분 혹은 측면을 의미하는 것으로 사용되어 왔으나 최근에는 사회사업 전체로 확대되었다. 즉 가정, 아동, 공적 부조, 의료, 정신질환, 장애인 등 어떠한 분야의 케이스워크에도 공통되고 기본이 되는 원리, 가정, 기술을 나타내는 기본적인 사회사업실천의 방법을 의미한다.

### 3) 핀커스와 미나한(Pincus & Minahan)의 목적

핀커스와 미나한(Pincus & Minahan)은 사회복지실천의 목적을

첫째, 개인의 문제해결 및 대처능력을 향상시킨다.

둘째, 개인, 지역, 환경 내의 자원을 발견, 활용하여 서비스를 제공한다.

셋째, 개인을 서비스와 자원 등 다양한 체계와 서로 연결하여 체계들이 효과적이고 인도적으로 운영되도록 장려하고 촉진한다.

넷째, 사회복지실천을 통해 사회정책의 개발 및 발전에 이바지 한다고 정의한다.

### 4) 전미사회복지교육협회의 목적

전미사회복지교육협회(CSWE, 1994)에서는 권한부여(empowerment)의 개념을 사용하면서 사회복지실천의 목적을 개인, 가족, 집단, 조직, 지역사회가 목적을 달성하고 고통을 예방하거나 감소하며, 자원을 활용할 수 있도록 도움으로써 이들의 사회적 기능을 촉진 회복유지 향상시킨다.

사회복지의 목적을 실천하기 위해 사회복지사들은 다음과 같은 믿음을 갖고 있어야 한다(NASW, 1981). 첫째, 개인을 둘러 싼 사회 환경 개인의 모든 잠재력과 소망의 최대 실현에 필요한 기회와 자원을 제공한다.

개인의 곤궁과 고통을 감소시키기 위해 기본적으로 필요한 것들을 공급한다.

둘째, 각 개인은 자기 자신의 행복, 자기 주변의 타인의 복지, 그리고 전체 사회의 복지를 위해 최대한 효과적으로 기여한다.

셋째, 개인과 개인 주변 및 타인과의 교류는 모든 당사자들의 존엄, 개성 및 자기 결정을 향상시키는 방향으로 진행한다. 인간은 인간적으로 정당하게 대접받아야 한다(김성철외,2016).

# 3. 사회복지실천의 목표

## 1) 사회복지실천의 목표

사회복지실천의 목표는 사회복지실천의 목적을 달성하기 위한 구체적인 활동과 노력이다.

전미사회복지사협회에서는 사회복지실천의 목표를 인간의 능력향상과 인간과 체계와의 연결, 자원과 서비스 체계의 운영과 효과성 증진, 그리고 사회정책의 개발과 개선이다.

헵워스와 라슨(Hepworth & Larsen)은 실천의 목표를 개인과 그의 환경 속에 있는 타인들과의 상호작용을 촉진시키고 조직과 제도 사이의 상호작용에 영향을 미치는 것이다.

## 2) 재스트로(Zastrow)의 실천목표

재스트로(Zastrow, 1999)는 실천목표를 사회정책을 개발, 개선하고, 전문적 지식과 기술을 개발, 검증 하는 것과 위험집단에 권한을 부여하고 사회적, 경제적 정의를 증진하는 것이다.

크게 다음의 여섯 가지 항목으로 구분할 수 있다.

첫째, 개인으로 하여금 자신의 역량을 확대하고 자신의 문제 해결능력 및 대처능력을 증진할 수 있도록 도움을 제공한다.

둘째, 각종 자원을 확보할 수 있도록 도움을 제공한다.

셋째, 사람들의 욕구에 반응하는 조직이 될 수 있도록 감시한다.

넷째, 개인과 개인 주변 환경에 속한 사람들 사이의 상호작용을 촉진 한다.

다섯째, 조직과 조직, 기관과 기관 사이의 상호작용에 영향력을 행사한다.

여섯째, 사회환경의 정책에 영향력을 행사한다(김성철외,2016).

CHAPTER

3

# 실천의 통합적 접근

# ③ 실천의 통합적 접근

## 1) 통합적 관점의 발달

### (1) 통합적 방법의 등장배경

미국에서는 1960년대 들어 개인의 문제를 사회적 조건에 의해 생겨나는 것으로 이해하고 개인의 문제를 개인의 심리적 원인 보다 사회적 환경요인을 중요하게 생각하는 분위기가 조성되었다. 따라서 개별사회사업에 의존해 왔넌 모습에서 벗어나 개인, 가족, 집단을 위한 다양한 형태의 개입을 시도해 왔으나 그 내용에서 통일된 체계로 발전하지 못하고 서비스만 분화되고 전문화되었는데, 개별사회사업, 집단사회사업, 지역사회조직사업, 사회복지행정, 사회복지조사 등으로 나누어 각기 독자적인 이론적 배경과 그에 따른 기틀을 발전시켜 왔다. 그러나 이러한 전통적 방법이 지닌 여러 가지 문제를 해결하기 위하여 1970년대부터 하나의 통일된 실천 가치, 지식, 기술체계로 묶는 전통적인 사회복지실천방법을 통합하려는 시도가 이루어졌다.

브라이어(1981)는 다음과 같은 전통적 방법의 한계를 언급하면서 통합적 접근이 시도된 이유를 밝히고 있다.

[전통적 방법의 한계]

① 전통적 방법은 극히 제한된 특정 문제에만 개입하고 있어 최근의 복잡한 문제상황에 대해 적절히 개입하기 어려운 상황이 발생한다.

② 전통적 방법은 지나친 분화와 전문화로 서비스의 파편화 현상을 초래함으로서, 다양한 문제와 욕구를 가지고 있는 클라이언트가 여러 기관이나 사회복지사를 찾아다녀야 하는 부담감을 야기한다.

③ 전문화 중심의 교육훈련은 사회복지사의 분야별 직장 이동에 도움을 주지 못한다.

④ 공통기반을 전제하지 않는 분화 및 전문화는 각각 별개의 사고와 언어 및 과정을 보여줌으로써 사회복지 전문직의 정체성 확립에 장애가 된다.

이러한 전통적 방법의 한계를 보완하고자 분화 및 전문화되어 있는 사회복지 실천방법을 통합하려는 시도가 나타나기 시작하였다.

### (2) 통합적 방법의 개념 및 특징

① 통합적 방법의 개념

통합적 방법(generalist approach)[11]이란 사회복지사가 개인, 집단, 지역사회에서 제기되는 사회문제에 대해 활용할 수 있는 공통된 하나의 원리나 개

11 방법론 통합화라고도 한다. 사회사업실제의 방법인 개별사회사업, 집단사회사업, 지역사회조직이 발달하여 가는 과정에서 교육과 실제의 수준에서 분화되고 배타적으로 되어 전문적 근시안이라는 좁은 틀 속에서 폐쇄되어온 상태에 대한 반성과 비판 속에서 특히 1960년 이후 현저히 전개되게 되었다. 이에 관련하여 여러 가지 동향이 있는 중에서 사회사업실제를 포괄적 · 통일적으로 취급하기 위한 공통기반을 확인하여 전체로서 방법의 의의, 관점, 준거틀을 확정하여 지금까지 방법의 재편성을 도모하려는 시도가 주목적이다. 그 중에서 바트래트(Bartlett, H. M.)나 핀커스(Pincus, A.)와 미나한(Minahan, A.)의 업적이 높이 평가되고 있고, 일본에서는 오까무라에 의해 체계화가 시도되었다.

념을 제공하는 '방법의 통합화'를 의미한다. 즉, 전통적 방법의 전부 또는 일부(적어도 2종류 이상)를 조합해서 교육함으로써, 한명의 사회복지사가 복수의 방법을 통합적으로 사용하여 클라이언트에게 개입할 수 있도록 하고자 하는 것이다.

통합적 접근의 일반주의 사회복지사(generalist social worker)는 여러 상황에서 다양한 집단의 클라이언트, 즉 개인문제에서부터 사회문제까지 원조하며, 개인 수준으로부터 지역사회 수준까지 개입하는 기술을 사용해야 한다. 일반주의 사회복지사는 기본적인 의학적 문제를 다루고 특수한 문제는 전문의에게 의뢰하는 가정의와 유사하다.

[통합적 방법의 일반주의 사회복지사의 3가지 특징]

ⓐ 사회복지기관을 방문하는 클라이언트를 최초로 만나는 전문인이다.

ⓑ 사회복지사는 클라이언트의 문제 규명과 욕구를 평가하는 능력을 갖추어야 한다.

ⓒ 클라이언트에게 서비스를 제공하기 위한 광범위한 지식과 기술을 가져야 한다.

② 통합적 방법의 특징

- 통합적방법은 사회사업실천에 본질적인 개념, 활동, 기술, 과업 등에 어떤 공통적 기반이 있음을 전제로 한다.
- 통합적방법의 가치는 클라이언트의 잠재성을 인정하고, 계속적인 성장을 통하여 그의 잠재성을 개발할 수 있으며, 미래 지향적인 접근을 강조한다.
- 사회복지의 지식은 과거의 심리 내적인 정신역동적 측면에 초점을 둔 것으로부터 상황속의 인간을 이해하고 설명하는 데까지 확대된 개념을 사용한다.
- 과거 사회복지의 개입은 주로 인간에게 초점을 두거나 환경에 초점을

두는 2궤도 접근으로 이루어져 왔으나, 통합적 방법은 인간과 환경의 상호작용에 초점을 둠으로써 인간과 환경의 공유영역, 즉 사회적 기능 수행 영역에 사회복지사가 개입해야 함을 강조한다.

- 클라이언트의 존엄성, 강점지향, 클라이언트이 참여와 자기결정, 개별화를 극대화하고 사회복지실천과정의 계속적인 평가를 강조한다.

### 2) 생태체계적 관점

생태체계 이론은 체계 이론(Bertalanffy, 1967)과 생태 이론(Auerswald, 1968)의 합성어로 생태체계론(ecosystems), 생태적 체계론(ecological systems), 생태적 관점(ecological perspective) 등의 용어와 혼용되고 있다. 브론펜브래너(Bronfenbrenner, 1979)는 인간 발달 과정을 분석하는 가운데 체계론적 관점을 확대하여 생태적 체계(ecological systems)라는 용어를 사용 하였고, 이 용어는 저메인과 지터맨(Germain & Gitterman,1980)이 생활모델이라는 사회복지모델을 제시하는 가운데 생태체계모델(ecoi-systemic model)을 도입하면서사회복지실천의 모델로 자리 잡게 되었다(엄명용 외, 2010 재인용).

생태학은 생물 상호 간의 관계 및 생물과 환경과의 관계를 연구하는 학문이다. 생태학의 기본 가정은 개인이 그를 둘러싼 환경과 지속적으로 상호작용한다는 것이다. 그 상호작용은 개인의 일상생활뿐만 아니라 정치 및 교육제도, 사회문화 수준에 이르기까지 다양한 차원에서 이루어진다. 개인은 환경에 적응하려고 노력하며, 자신의 욕구를 환경과의 역동적인 관계 속에서 효과적으로 충족시키려고 한다. 따라서 생태체계적 관점은 환경 속의 인간(person-in- environment)에서 제시하는 주요 개념을 사회복지실천적인 의미로 구체화한 것으로 이해할 수 있다.

### (1) 사회체계이론

모든 유기체는 체계로 구성되어 있다고 가정하며 개인과 환경이 상호의존하고 상호작용하므로 개인과 환경의 변화 모두에게 초점을 두었다.

따라서 체계 이론은 개인이 속한 조직, 정책, 의사소통, 집단의 영향을 중요시한다.

개인은 환경과 다양한 체계와 지속적인 상호작용을 하며 사회복지 실천의 목표는 클라이언트와 체계와의 상호작용을 향상시킨다.

체계론적 접근은 지속적인 변화속의 역동적인 체계로서의 개인을 중시한다.

통합적 접근을 위한 사회체제이론의 주요 요소 중 첫째요소는 경계를 둘 수 있다.

경계(boundary)란 체계를 외부 환경으로부터 구분하는 일종의 테두리를 의미한다.

사회체계의 경계는 눈으로 보거나 만질 수 없고, 단지 그 체계를 구성하는 사람들이 서로에 대해 혹은 외부 사람들에 대해 행동하는 방식이다.

사회체계의 경계는 사회적 구조 물리적 구조가 아니므로 경계를 유지하는 행동을 통해서만 드러난다. 사회체계의 경계는 두 가지 주요 기능은 첫째는 그 체계의 정체성을 규정해 주며, 둘째는 주위환경과의 내적, 외적 교환을 통제하는 한편, 부분적인 침투가 가능하며 에너지와 정보의 전달이 가능하다.

둘째 요소는 개방체계와 폐쇄체계가 있다.

체계는 그 경계를 넘는 에너지나 정보의 교환에 대해 수용할 수도 있고 수용하지 않을 수도 있다.

개방체계(open system)는 반투과성의 경계를 가지므로 경계가 상대적으로 느슨해서 에너지, 정보, 자원을 다른 체계들과 교환이이루어 진다.

반면 폐쇄체계(closed system)는 다른 체계들과 상호작용을 하지 않으므로, 다른 체계로부터 투입도 없고 다른 체계에 산출을 하지도 않는다.

체계가 폐쇄적이 면 시간이 지나면서 모든 요소들이 비슷해지기 시작하여 결과적으로 조직과 효과적인 기능이 상실되는 엔트로피(entrophy) 속성이 나타나게 된다.

사회체계가 건전하게 성장하고 발달하려면 상호작용하는 다른 체계들의 투입이 어느 정도 개방적이어야 하며 나름대로 경계를 유지하는 방법이다.

셋째요소는 투입, 전환, 산출이다.

투입(input)은 과업적투입과 유지적투입의 두가지형태로 나뉜다.

전자는 그 사회체계가 관심을 갖는 욕구,문제,혹은 기회로 인해 발생한다.

후자는 지각된 욕구를 충족시키거나, 문제를 다루거나, 기회를 모색하거나, 이용하는데 필요한 자원이다.

사회복지기관의 예를 보면, 클라이언트는 과업적 투입이고, 사회복지사 및 기타 자원들은 유지적 투입이다.

전환은 체계의 투입이 산출이 되는 과정에서 나타나는 일종의 순서이다.

구조에 포함되는 것은 역할, 공식적인 행정적 준비, 가치, 시간, 예산, 계획안, 공간, 다른 체계들과의 유대이다.

상호작용은 체계 내의 수평적 상호작용과 경계를 넘어 체계간의 수직 적 상호작용으로 구분한다.

과업적 투입은 유지적 투입으로 가동되는 전환 과정을 통해 산출이다.

산출은 과업산출(클라이언트의 문제해결), 유지산출(기관 접촉에서 얻은 대인 관계 지식과 기술), 소모(사회복지사의 탈진)로 분류한다.

넷째요소는 환류이다.

환류(feedback)는 정보의 투입에 대한 반응으로 행동하며 연속적인 행동을 수정하도록 그 행동의 결과를 새로운 정보로 포함시키는 것이다.

사회체계는 목표와 관련된 환류를 외부 환경으로부터 받아들이기 때문에 목적 지향적이다.

부정적 환류는 체계가 목표를 성취하기 어려운 방식으로 행동하고 있다는 정보를 주어 목표와 조화를 이루도록 행동을 수정이다.

긍정적인 환류는 지금의 적절한 행동을 더욱 요청한다는 의미를 전달한다.

체계는 환류로서 목표를 달성하기 위한 노력을 보다 더 효과적으로 조정한다.

다섯째요소는 균형, 항상성, 안정상태이다.

균형, 항상성, 안정상태는 경계의 개방성에서 상이한 정도를 반영하는 개념으로써 균형(equilibrium)은 폐쇄체계의 고정된 구조로 주위 환경과 수직적 상호작용을 하지 않으며 수평적 상호작용을 할 때 폐쇄체계에 내부 균형을 이룬다.

항상성(homeostasis)은 개방된 체계를 전제로 한다.

항상성은 환경과 지속적 상호교환을 하는 체계에 존재하며, 그 결과 안정적이지만 정적인 균형이 아니라 역동적인 균형이다. 균형을 유지하려는 자동적인 경향이 항상성이다.

안정상태(steady state)는 부분들간의 관계를 유지시키고 쇠퇴해서 붕괴하지 않도록 에너지가 계속적으로 사용되는 상태이다.

안정 상태는 환경과의 교환 뿐 아니라 변화하는 여건에 적응하기 위해 구조를 변화시킬 수 있는 개방체계에 존재이다. 이는 모든 살아있는 체계의 기본적인 속성 건전한 개방체계는 현상유지만 지향하거나 욕구 완화에민 집착하지 않고 긴장이나 갈등을 성장의 전제조건인 건전한 자극으로 간주한다.

### (2) 체계이론과 생태체계관점

체계이론의 기본적인 가정은 인간의 행동은 개별적이거나 정신 내적인 것보다 인간의 상호작용 하는 인간관계의 체계나 지속되는 역동과 욕구에 의해 결정되어지고 유지된다. 모든 체계는 기능하고 성장하고 발달하고 다른 체계와 상호작용 한다는 원칙을 설명한다. 이 원칙은 생물학적, 사회적 체계의 행동을 예측하는데 활용되고 체계를 변화시키기 위한 전략을 구성하는데도 사용한다.

첫째는 미시적 체계(Micro)로서 개인을 의미하며 개인에게 영향을 주는 생리적, 심리적, 사회적인 것들을 포함한다.

둘째는 중간 체계(Mezzo)로서 개인에게 영향을 주는 가족, 직장 또는 기타 사회적 모임 등 소집단을 의미한다.

셋째는 거시적 체계(Macro)로서 개인에게 영향을 주는 가족보다 더 큰 체계 즉, 조직, 기관, 지역사회, 문화 등의 집단과 체계를 의미한다.

### 3) 통합적방법의 특징

통합적 실천모델의 중요한 특징은 첫째, 통합적 실천모델은 총체적인 접근을 강조하면서 진단과 개입에 있어 환경 속의 인간이라 는 관점을 사용한다.

이러한 관점은 개인적 요소와 환경적 요소를 통합하는 견지에서의 개인의 사회적 기능에 대한 견해를 지닐 뿐만 아니라 개인과 환경사이의 상호작용을 중요시한다.

개인의 사회적 기능은 개인적 특성과 환경적 요소와의 상호작용의 결과이다.

둘째, 통합적 실천모델은 방법론 중심이 아니라 문제해결 중심적이다.

통합적 실천에서 사용되는 문제해결과정은 1.계약 2.자료수집 3.진단 4.개입 5.평가 6.종결 이라는 여섯 단계의 과정으로 구성되어 있다.

상황에 따라서 각 단계들은 중복될 수도 있고, 단계들간의 순서가 바뀔 수도 있다.

문제해결 과정은 직선적이 아니라 순환적이며 역동적인 과정이다.

셋째, 통합적 실천모델은 다양한 접근법을 사용한다. 통합적 실천가는 문제상황의 구체적인 필요에 따라 미시체계와 거시체계를 망라하는 폭넓은 범위의 개입방법을 선택하고 적용한다.

넷째, 통합적 실천가는 개인, 집단, 가족, 조직, 혹은 지역공동체와 같은 다양한 크기의 체계와 더불어 개별적으로, 순차적으로, 혹은 동시에 일할 수 있다.

다섯째, 통합적 실천모델에 있어서는 이론과 개입방법의 선택이 자유롭다. 이론과 개입방법의 선택이 자유롭다는 것은 통합적 실천가가 사용하는 진단방법이나 개입방법이 제한적이지 않다는 것을 의미한다.

통합적 실천모델은 문제의 원인에 대해 가정하지 않으며, 미리 결정된 방법보다는 총체적 진단에 의한 개입방법을 사용한다.

### (1) 환경속의 인간

① 개념

인간의 이해를 위해서는 내적 특성뿐만이 아닌 환경 혹은 상황을 모두 고려해야한다는 관점이다.

인간이 경험하는 각종 사회복지적문제의 원인을 개인적 요소와 환경적 요소가 서로 어우러져서 나타난 결과로 본다. 사회복지 실천이 다른 실천과 구별되는, 사회복지사들이 공유하는 독특한 실천관점이다.

### (2) 사회복지 실천과 환경 속의 인간

리치몬드는 1922년 casework를 '개인 그리고 개인과 사회환경 사이에서 의식적인 조정을 통해 개개인의 인격발달을 이루어 가는 과정'이라고 정의한다. 1950년대 이후부터 사회복지 실천의 기본 틀로 상조되어 왔다.

고든(1969)은 '환경 내에 존재하는 것, 즉 환경이 제공하고 있는 자원과 개인이 갖고 있는 욕구나 성장 잠재력과의 조합을 이루어 내는 것이 사회복지사 활동의 초점' 이라고 했다. 이러한 실천관점의 발달과 형성에 큰 영향을 끼진 이론이 일반 체계이론과 생태 체계이론이다.

### (3) 문제해결 중심적

① 개요

문제해결 모델은 1950년대 초에 진단주의 모형에서 분리된 것으로 정신역동이론에 기초를 두면서 기능주의 이론을 도입한 것이다.

이 모델은 1957년 시카고 대학교의 펄만(Helen Harris Perlman)에 의해서 처음 소개된 이론으로 클라이언트의 문제 해결 능력과 대처 능력을 향상시키는 것을 목적으로 하는 사회복지 실천방법이다.

② 이론적 배경

문제해결 모델은 교육학자인 듀이(Dewey)의 반성적 사고(reflective thinking)에서 많은 영향을 받았다.

펄만(Perlman)은 사회복지실천을 클라이언트가 자신의 문제를 올바르게 평가하고 판단할 수 있도록 문제를 인식하게 하고 주어진 문제를 해결할 수 있는 능력을 향상시켜주는 교육과 치료의 중간과정이라고 보았다.

- 이 모델은 진단주의 학파와 기능주의 학파의 이론을 모두 절충한 통합주의 모델이다.

③ 주요개념

펄만의 문제해결모델

- 문제(problem)

  문제는 개인의 심리내적인 원인과 환경과의 상호작용에 의해서 나타나는 사회적 기능 수행상의 문제들로서 과거의 경험에 의해서 발생할 뿐만 아니라 새로운 문제의 원인이 되기도 한다.

- 사람(person)

  사람은 과거의 무의식에 의해 지배를 받는 존재가 아니라 자아의 의지에 따라 항상 변화하고 발전하는 개방된 체계로서 자기에게 주어진 역할과 당면하고 있는 문제에 영향을 받는 존재이다.

- 기관(place)

  기관은 문제 해결에 필요한 자원과 기능을 갖고 있는 공식적인 조직과 사회복지사의 원조가 이루어지는 비공식적인 조직을 모두 포함하며 사회복지실천은 기관의 역할내에서 제공되어야 한다고 보았다.

- 과정(process)

  과정은 문제 해결을 위해 클라이언트의 참여와 협조를 강조하며 상황에 따라 문제를 재 사정하고 수행하는 지속적인 원조과정(on-going helping process)이라고 하였다.

### (4) 미시체계와 거시체계

미시 체계(micro system)는 가족, 친구, 동료, 선생님처럼 클라이언트가 일상생활 속에서 상호작용하는 사람을 의미하며 가정, 놀이터, 학교, 또래들의 여가생활과 같이 클라이언트가 참여하는 장소나 모임을 의미하기도 한다. 미시 체계는 개인마다 다르며, 같은 체계에 속한 클라이언트에게 직접적인 영향을 주기 때문에 개인의 행동과 정서발달에 매우 중요한 영향을 미친다. 특히 영아기, 유아기, 아동기까지는 미시 체계의 영향이 절대적이며, 청소년기를 지나면서 미시 체계의 중요성은 서서히 감소한다.

미시 체계는 상위 수준의 체계에 영향을 받으며 기능을 수행한다. 예를 들어, 개인에게 요구되는 역할

기대는 사회 전반적인 규범이나 개인이 속한 하위문화에 영향을 받아서 형성된다. 따라서 미시 체계 구성원들의 역할은 하위문화 또는 사회규범이라는 거시 체계의 특성에 직접 영향을 받기도 한다.

거시 체계(macro system)는 클라이언트가 속한 사회의 이념이나 제도를 의미하며 일반적인 문화와 규범, 법과 제도, 사회적 체계, 경제적 제도 등을 포괄한다. 거시 체계로서의 문화는 비형식적이며 관습이나 생활습관 또는 신념의 형태로 나타나는데 사회 전반에 걸쳐 적용되는 문화도 있지만 특정 집단에만 제한적으로 나타나는 하위문화도 있다. 예를 들어 아동에 대한 양육 태도와 방식은 각 나라의 사회문화적 배경에 따라 결정되는 경우가 많으며 이런 신념이나 가치관은 사회 전반에 걸쳐서 광범위하고 지속적으로 영향을 준다(김성철외,2016).

CHAPTER

4

# 영국과 미국의 사회복지실천

# ④ 영국과 미국의 사회복지실천

## 1) 구빈법과 개정구빈법

### (1) 구빈법[12]

영국의 구빈법은 지역의 행정과 세금에 기초하여 빈곤한 사람들을 위해 도움을 줄 수 있는 체계를 세웠다. 16세기에 여러 가지의 법률제정이 있었는데, 구빈법은 "Elizabethan Act for the Relief of the Poor"(1601)에 포괄되었다.

중세의 빈민구제는 교회 · 수도원 · 장원(莊園) · 길드 등에서 하였으나, 16세기 엔클로저법(法)과 물가앙등의 영향으로 거지와 부랑자가 늘어나고 또, 수도원이 해산되었기 때문에 교구(敎區)가 구빈사업을 책임지게 되었다. 그리하여 구빈세(救貧稅)가 과해지고 구빈위원회도 설치되었는데, 이들 제도가 1601년 구빈법으로 통합되었다.

1662년 정주법(定住法)에서는 떠돌이 빈민을 출생지로 돌려보내도록 규정하였

12 중세의 빈민구제는 교회 · 수도원 · 장원(莊園) · 길드 등에서 하였으나, 16세기 엔클로저법(法)과 물가앙등의 영향으로 거지와 부랑자가 늘어나고 또, 수도원이 해산되었기 때문에 교구(敎區)가 구빈사업을 책임지게 되었다. 그리하여 구빈세(救貧稅)가 과해지고 구빈위원회도 설치되었는데, 이들 제도가 1601년 구빈법으로 통합되었다.

으며, 1723년에는 빈민을 구빈원(救貧院)에 수용하여 일을 시키고, 거부하는 자는 구제하지 않아도 된다고 하였다. 1782년 원외구조(院外救助)가 인정되었고, 1795년에는 빈민에 대한 임금보조제도로서 최저생계비에 부족한 부분을 보조해주는 스핌햄랜드법(The Speenhamland Act)에서는 일정 임금 이하의 사람에게는 구빈세에서 생활보조금을 주기로 하였으나, 1834년 개정법에서는 원외구조가 전폐되었다. 1834년에 Poor Law Amendment Act에 중요한 변화가 있었다. 전지역이 구빈법의 지구로 나뉘어지고, 각기 지구에서 선출된 빈민구제위원회에 의해 운영되지만, 중앙에서 세운 원칙과 규제의 틀 속에서 움직였다.

그 후 구빈사업은 차차 주(州)와 국가기관으로 이관되었고, 20세기에 와서는 사회보장제도가 발달하여, 1946년 국민보험법 및 1948년 국민부조법이 제정됨으로써 구빈법에 갈음하는 새로운 복지제도가 완성되었다.

구빈법은 20세기 초의 사회적 서비스망의 설립을 통하여 허물어지기 시작했다. 이러한 발전을 위한 많은 공적은 웹 부처(Webbs)와 같은 사회개혁가의 힘에 기인한다. 이들은 Royal Commission on the Poor Laws(1905~09)에 의해 취해진 구빈법 운영의 재검토를 위해 중요한 역할을 하였다. 구빈법은 1949년에야 폐지되었다.

### (2) 개정 구빈법

#### ① 개정구빈법의 등장배경

- 노동문제발생 – (1793~1815) 나폴레옹 전쟁으로 말미암아 영국은 극심한 노동문제가 발생 되었다.
- 노동운동격화 – 자본주의 발달로 인한 노동자들의 임금문제와 실업문제가 발생하였으며 1820~1830년대 들어서면서 노동운동이 격화되었다
- 구빈민법의 위기 – 구빈민법은 무차별적인 자선 이였으며 강제노역을 하는 방랑자, 침입자, 집시를 다스리기 위한 법이였다.
- 도시빈민의 열악한 생활조건 – 산업화는 농촌의 부랑자에서 도시의 실

업자로 성격이 바뀌었다.

- 새로운 빈곤대책의 필요 – 스핀햄랜드법, 길버트법 등 빈민구제를 시도하였다.
- 지배층의 대책 – 1830년에 휘그당정권은 공장법을 개혁하고 노동제를 폐지하였으며 감옥을 개혁하면서 빈민법도 개정하였다.
- 신빈민법 출현 – 19세기 구빈 비용의 계속적인 증가와 여러 가지 사회문제에 직면하게 되면서 신빈민법이 제정되었다.

② 개정구빈법의 이론적 근거

구빈법은 산업혁명 종래의 온정주의적인 방만하고 비도덕적이며 불합리한 구빈법의 모순을 능률적이고 합리적인 구빈제도로 수당제도와 원외구호를 폐지하고 전국적으로 구빈교구연합을 설치함으로써 합리적인 관리를 하였다. 영국 정부는 스핀햄랜드제도에 의해 발생된 고용주들과 근로의욕의 감퇴의 문제 구빈제정의 문제들을 해결하기 위하여 왕립구빈법 관리조사위원회를 1832년 설립하고 여섯 가지 제안을 작성하였다.

③ 개정구빈법의 중요한 3원칙

- 균일처우의 원칙 – 중앙통제기관에서 각 교구가 다르게 시해되고 있는 구빈행정을 통일시키고 구빈행정을 지도하여 작업장 노역자에게 균일하게 처우한다.
- 열등처우의 원칙 – 국가의 도움을 받는 사람의 처우는 최하임금 이하로 제한한다.
- 원내구제의 원칙 – 노약자나 질병자 등은 원외구제를 허용하고 노동능력이 있는 빈민들은 원외구제를 중지한다.

## 2) 자선조직협회와 인보관운동

### (1) 자선조직협회

19세기 말까지 사회복지실천은 빈민구제를 실시하는 자선단체와 자원봉사자들에 의해 실시하였다.

이들은 빈민 원조에 필요한 전문지식이나 기술을 갖추고 있지 않았으며, 대부분 종교단체나 상류층에 의해 주도하였다.

사회 중산층의 도덕과 윤리관에 기초하여 빈민에 대한 원조활동을 전개하였고 자선사업가들은 빈민을 원조할 가치가 있는 빈민과 가치 없는 빈민으로 구분하여, 노동력이 있는 빈민에게는 일자리를 알선하여 노동을 시켰다.

늙고 병들어서 노동을 할 수 없는 사람들은 의식주 중심의 물리적 원조, 즉 구제(outdoor relief)를 실시하거나 시설에 수용(indoor relief) 한다.

자선행위는 빈민의 자립보다는 시혜(施惠) 또는 사회통제의 효과를 위해서 실시하고 1800년대 중반 이후, 미국 대도시를 중심으로 많은 자선단체들이 등장하여 빈민에 대한 구제 사업을 전개 하였다.

빈민, 환자, 장애인, 고아 등을 돕는 활동을 했는데, 구제 대상에 대한 조사, 원조, 관리를 단체마다 개별적으로 수행하였다.

구제활동이 조정되지 않았고 서비스가 중복되는 경우가 많았다. 자선조직협회(COS: Charity Organization Society)는 무질서하고 무계획적인 자선사업의 문제를 개선하기위해서 만들어 졌으며 사회복지 실천의 효율성을 제고하기 위하여 민간에 의하여 자생적으로 조직하였다.

기존의 자선사업은 여러 종교단체와 민간단체에 의하여 개별적으로 수행하였다.

그 결과 구제의 대상에서 제외되는 억울한 빈민이 생기고, 그와 반대로 서비스 중복 수혜의 폐단이 발생하였다.

사회복지 자원의 누락과 중복지출의 문제점이 대두되었고, 이 문제점을 개선하기 위하여 결성된 민간협회로서의 자선조직협회는 자선사업 단체들을 회원으로 등록해서 서비스 신청과 행정 처리를 자선 조직협회로 단일화하였다.

그 결과, 개별 조직별로 운영됨으로써 발생하던 자원의 낭비와 비효율성을 상당부분 제거하였다.

세계 최초의 자선조직협회는 1869년 영국 런던에 설립되었고, 엘리자베스의 구빈법에 근거하였다. 미국 최초의 자선조직협회는 1877년 뉴욕 버펄로에 설립하였고 해당 지역에서 활발하게 자선사업을 하던 800여개 단체들이 모여 자선협회를 결성하였다.

자선조직협회는 자선사업이 활발하게 전개되던 미국에서 빠르게 설립되었는데 특히 도시화, 산업화로 인한 사회문제가 발생하던 대도시를 중심으로 활발하게 만들어져 1892년까지 15년 동안 미국 내에 92개의 자선조직협회가 설립되었다.

자선조직협회는 과학적 자선을 목표로 하고 있으며, 자선이나 원조를 직접 수행하지 않고 자선단체들을 과학적으로 통합하고 조정하는 역할을 수행하였다.

자선조직협회의 조정과 통제를 바탕으로 자선조직협회의 회원으로 소속된 자선단체들이 실제 구제를 실시하였다. 이 시기에 빈곤관은 종전과 동일하였고 사회진화론적 관점에서 빈민은 도덕적으로 실패한 시민으로 규정하였고 개인의 도덕적 실패가 빈곤과 고통의 원인이라고 진단하였다.

빈곤의 원인은 개인의 실패에 있으며, 빈민에게 도덕적 의무와 성실을 강조하고, 기독교적 가치관으로 교화시켜서 빈민을 변화시키는 것이 빈곤의 해결책이라고 판단

자선조직협회는 빈민의 변화를 원조하기 위하여, 우애방문원(friendly visitors)을 파견하였다.

'원조자가 아닌 친구'라는 의미의 우애방문원은 대부분 사회 상류층 부인 및 종교인이었으며, 이들은 빈민 가정을 방문하여 생활지도, 아동교육, 가정 경제에 대한 조언을 제공함으로써 빈민들의 역할 모델을 하였다.

우애방문원은 윤리적 가치판단에 의하여 빈민을 가치 있는 사례와 가치 없는 사례로 구분하였으며, 원조할 가치가 있는 빈민만을 구제하였다.

이 과정에서 자선조직협회는 구제 신청자의 경제상황, 윤리적 태도 등에 대한 과학적인 조사와 평가를 실시하여 서비스의 중복을 피하고 구제활동의 효율성을 전개하도록 하였는데, 이것이 발전되어 오늘날 사회복지 조사방법의 기초를 이루었다.

빈민의 상황을 정확히 조사하고, 빈민의 강점과 약점을 바탕으로, 이들에게 기회를 주어 자립을 지원하는 자선조직협회의 활동은 개별사회사업의 기원으로 평가하였다.

1900년대에 이르러 무급으로 자원봉사 하던 우애방문원은 점차 급여를 받는 정식 직원으로 대체되었으며, 사회복지조사 및 실천의 전문성이 강화되면서 전문직으로 발전하였다.

우애방문원은 오늘날 사회복지사의 기원이 되었으며 영국에서 시작된 자선조직협회는 19세기 말에 미국 전역으로 빠르게 확산되었는데, 빈민의 빈곤 탈출과 사회적 빈곤의 해결이라는 목표를 달성하는데 한계에 직면하게 되었다.

자선조직협회는 사회의 구조와 환경을 고려하지 않은 채, 개인에 국한시켜 빈곤의 원인을 찾으려 했다. 미국전역에서 전개된 자선조직협회 활동에도 불구하고 사회적으로 빈곤의 문제를 크게 개선되지 않았다. 산발적으로 실시되던 사회복지 서비스를 자선조직협회로 단일화 하였으며, 사회복지 서비스의 누락과 자원의 중복지출을 제거하여 사회 복지실천 과정의 효율성을 높여서 과학적 사회복지를 지향

자선조직협회의 사무총장이었던 메리 리치몬드(Mary Richmond)에 의해 정립된 사회복지실천의 개념과 기본 원리들은 오늘날 사회복지실천에도 깊은 영향을 주었다.

| | | |
|---|---|---|
| 자선조직협회 | 기능 | • 인도주의적 기능: 우애방문자들이 빈곤한 가정을 방문을 통해 상담, 교육, 교화 담당<br>• 빈곤자의 도덕성 교정: 사회진화론에 근거한 1:1 교육상담<br>• 사회통제적 기능: 정부가 제공하는 원조에 대한 수혜자격 검사, 등급제를 통해 빈민 통제 |
| | 의의 | • 지역사회조직사업으로 발전하는 계기 마련<br>– 구호신청자에 대한 적절한 정보를 제공할 수 있는 조사부와 중복구빈을 피하기 위한 연락기구 설치<br>• 개별사회사업 탄생계기: 개입대상이 개인, 가족<br>• 전문 유급종사자가 고용: 전문사회복지사(개별사회사업가)의 원조<br>• 사회복지조사의 시작 |
| | 배경 | • 19세기 말까지 영국: 빈민구제를 위한 모든 형태의 방법과 기관이 동시다발적으로 활동하면서 중세적 무차별적 자선 재현<br>• 빈곤자들에게 구제 제공에만 관심: 현재 상황을 조사, 평가하는 방법이 없어서 제공되는 서비스 효과 부재<br>• 자선사업기관들의 구호활동이 대중들을 거지로 유인한다는 비판<br>• 1869년 런던자선조직협회 창설: 찰머스, 데니슨, 힐, 로크 등 사회사상 |
| | 목저 | • 교회와 박애적인 조직들의 무질서한 구호를 개선하고 서비스의 효과적인 제공 촉진<br>– 중복구호의 방시를 위하여 어리기지 지선할동을 조전하고<br>– 환경조사와 적절한 원조 제공 |
| | 사상 | • 개인의 빈곤에 대한 책임: 빈곤의 근본원인은 빈곤자의 도덕성<br>• 구호를 받는다는 것은 자기존중을 파괴하는 것<br>• 빈곤한 사람은 자신의 생활유시를 위해 그의 모든 능력을 활용해야 한 |
| | 원칙 | • 빈민을 구호를 받을 가치가 있는 빈민과 가치가 없는 빈민으로 구분<br>• 가치가 있는 빈민: 불가피한 이유로 자립할 수 없고 우애방문원의 도덕심을 본받아 빈곤으로부터 탈피할 소지가 있는 빈민에게만 원조 제공 |

### (2) 인보관

인보관 운동(settlement house movement)은 자선조직협회(COS)와 거의 동시에 등장한 빈민운동이다. 빈민들의 사회 정착을 지원하는 시설을 의미하며 인보관은 정주관(定住館)이라고도 하며, 오늘날 지역사회복지관의 효시가 되었다.

인보관 운동은 1854년 영국의 데니슨(Edward Denison) 목사가 케임브리지 대학교와 옥스퍼드 대학교의 대학생들과 빈민가 노동자들을 결합시켜 시작된 사회 이상주의 운동이다. 그의 뒤를 이어 바네트(Samuel Barnett) 목사는 빈민가 노동자들과의 체험을 통하여 빈곤이 경제적 문제 이전에 정신과 태도의 문제이며, 이것은 교육을 통하여 변화할 때 탈(脫) 빈곤이 가능하다고 주장하였다. 그들은 문제의 원인을 환경에 있다고 진단하였으며 개인이 환경에 대응하는 방법을 잘 몰라서 빈곤이 발생한다고 보았다.

빈곤의 책임을 개인에게 돌리던 보수적인 관점의 자선조직협회와는 달리 빈민에 대한 교육과 빈민이 거주하는 환경의 변화를 위한 행동을 중요하게 여겼으며, 이를 통하여 개인의 역량을 강화하는 것을 추구하였다. 세계 최초의 인보관은 1884년 영국 런던의 동부 빈민지역에 설립된 토인비홀(Toynbee Hall)이며, 미국에서는 1886년 뉴욕에 최초의 인보관이 설립되었고, 1889년 미국에서 가장 대표적인 인보관인 헐 하우스(Hull House)가 시카고에 설립되었다. 초기 미국의 인보관은 대부분 런던 토인비홀을 참관하면서 경험했던 인보관사업을 모델로 삼아서 진행하였다.

이후 인보관운동은 미국 대도시 빈민지역을 중심으로 확산되었고 1910년에 이르러 전국에 400여 개 이상의 인보관이 설립되었다.

1860년대 남북전쟁을 치른 미국은 곧바로 산업화, 공업화, 도시화가 진행되었으며, 그 결과 도시 지역을 중심으로 슬럼가가 형성되고 빈곤이 심각 한 사회문제로 대두되었다. 인보관 운동은 슬럼가에 특정 공간을 만들어 지역사회 빈민들과 상주하면서 빈곤 경험을 공유하였고 사회개혁가들이 주축을 이룬 인보관 운동은 지역사회의 문제를 조사하고, 주민을 교육하여 조직화하였다. 지역사회 차원에서 문제를 해결하려고 노력하였다. 이들은 주택, 공중보건, 고용 착취, 환경개선 등과 같은 지역사회 문제를 조사하고, 이를 널리 알려서 정부 정책에 반영시키고 입법개혁을 유도하였다. 특히 이 과정에서 빈민 교육을 강조하였으며, 그들 스스로 의사결정에 참여하고 행동할 수 있는 기회를 제공 하였다. 따라서 사후 대책을 강조했던 자선조직협회와 달리, 인보관 운동은 지역사회문제를 예방적 관점으로 접근하여 오늘날 집단사회사업과 지역사회조직의 기원이 되었다.

인보관 운동은 지역사회를 조사 연구하여 빈곤 해결을 위한 변화의 근거로 삼았고, 빈민의 참여와 의사결정을 강조하는 민주주의 원리에 입각

<table>
<tr><td rowspan="6">인보관 운동</td><td colspan="2">• 영국: Barnett목사에 의해 시작된 Toynbee Hall로 대표적<br>• 미국: Jane Addams가 중심이 된 시카고의 Hull House가 대표적</td></tr>
<tr><td>목적</td><td>• 법률이나 여러 분야의 제도적 사회정책의 변화를 통한 사회개혁 목표</td></tr>
<tr><td>접근방법</td><td>• 3R: 거주, 연구조사, 개혁<br>– 지역사회주민들의 잠재능력 개발을 통한 지역사회의 다양한 문제해결<br>– 빈민지역에 뛰어들어 주민들과 함께 생활하면서 그들의 삶의 질을 개선하기 위해 환경과 제도 개혁 노력: 사회개량사업<br>– 집단교육 및 집단토론 활용</td></tr>
<tr><td>관점</td><td>• 빈곤의 원인: 무직으로 사회환경에 원인<br>– 산업화의 착취결과: 개인의 무지, 게으름과 같은 도덕의 문제가 아님</td></tr>
<tr><td>특징</td><td>• 빈곤지역을 자신의 이웃으로 생각<br>• 부유층 출신의 높은 교육을 받은 대학생들이 빈곤자들을 돕기 위해 이들의 생활환경에 직접 뛰어들어 이웃을 만들고 함께 생활</td></tr>
<tr><td>의의</td><td>• 권한부여모델의 이념적 기원: 빈곤자, 장애인 등 소외계층에 대한 권한 부여 주장<br>• 빈곤자가 자신의 문제를 해결할 수 있는 능력 인정,<br>• 그 능력을 발휘할 수 있도록 격려하는 역할<br>• 집단사회사업 발전 계기</td></tr>
</table>

## 3) 사회복지실천의 발전

### (1) 사회복지의 발전

① 전문사회복지실천의 성장기(1900–1920)

사회복지실천의 전문직으로서의 인가는 보수체계의 정립과 교육 및 훈련 제도의 확립이라는 두 가지 맥락에서 이루어진다.

1900년대 들어 자선조직협의의 우애방문자들의 활동에 대한 보수가 제공되기 시작하면서 직원들의 책임성이 높아지고 그 기능과 활동 영역이 넓어

지고 전문직으로의 전환의 계기가 되었다고 할 수 있다.

사회복지사들의 교육 및 훈련제도 채택에서 1898년 뉴욕 자선학교(현재의 컬럼비아 대학의 전신)에서 뉴욕 자선조직협회에 의해 미국 최초의 사회복지 인력 훈련과정 실시 하였고 1910년에 2년의 정규교육 프로그램으로 채택(사회복지실천교육의 체계화의 기틀이 됨)되었다.

후에 뉴욕 자선학교가 뉴욕 사회복지대학으로 발전, 이후 시카고나 뉴욕에 박애사업학과가 개설되면서 1919년 당시 17개의 사회복지대학이 생겨났고 현장 유급직원들의 시간제 등록학생들을 대상으로 주로 현장 중심의 교육이 이루어졌다.

1920년대 들어서면서부터 석사과정이 생겨나기 시작하였고, 1921년에는 전국적인 조직인 미국사회사업가협회(American Association of Social Workers: AASW)가 결성되었다.

1905년 의사인 카보트(Richard C. Cabot)가 매사추세츠 병원에 의료사회복지사를 정식으로 채용함으로써 전문사회복지사로서 활동을 하였고, 그 후 아동상담소, 학교, 법원 등에 사회복지사가 채용되면서 점차 전문가로서 공공의 역할을 다지게 되는 계기가 되었다.

1919년까지 17개의 전문사회복지학교가 설립되었고, 그중 12개가 대학내에 설립되었다.

1917년 리치몬드에 의해 「사회진단」이라는 책이 출간되었으며 사회복지실천에 관한 이론과 방법을 과학적으로 체계화한 최초의 책으로 사회복지실천의 전문화에 커다란 공헌을 하였다.

병원, 학교사회사업, 법원, 가족치료 영역에서 전문직으로 점차 영역이 확장되어 가는 시기이다.

이 시기는 전문적 사회복지실천이론이 확립되기 시작하였고, 사회복지관련 조직이나 단체에 유급직원이 배치되기 시작하였으며, 사회복지 관련 단체가 전국적으로 조직화되기 시작했고, 사회복지실천이 전문적 특수영역으로 확대되면서 전문직으로 성장해 가는 시기라고 할수 있다.

② 사회복지실천의 전문직 분화기(1920–1950)

이 시기에는 사회복지실천의 이론적. 방법론적 발달이 각 영역별로 분화되어 발전하는 시기이다.

- 개별사회사업의 발달

  사회복지실천의 정체성 확립에 대한 관심이 고조되면서 이에 대한 노력의 결과 1929년 밀포드(Milford)에서 가진 회의에서 개별사회사업방법론을 기본으로 하여 사회복지실천을 전문직으로 사회복지사가 갖추어야 할 기본적인 지식 및 방법론에 대한 공통의 요소 8개 영역이 발표되었다. – 사회복지실천에 있어 개별사회사업을 바탕으로 하여 사회치료를 기능으로 하고 사회규범적 행동범위를 중시면서 지역사회자원의 활용을 강조하는 일반주의 사회복지접근(generalistic approach)을 지향하고 있다.

  1930년대 들어 대공황 이후 미국 정부는 뉴딜 정책을 펼치면서 공공의 영역에서 사회복지사들을 대거 고용하기 시작하였다. 미국의 대공항은 사회복지문제의 근원을 개인 자신의 요인에 두는 관점에서 시회적 요인으로 눈을 돌려 새로운 관점에서 보도록 하는 계기가 되었다.

  이러한 커다란 사회적인 변화와 함께 사회복지실천에 있어서도 개별사회사업적 접근의 새로운 변화로서 진단주의학파와 기능주의학파의 분리를 들 수 있다.

  두 학파간의 갈등은 사회복지실천의 가치와 원리, 방법론상의 발전에 많은 긍정적 영향을 끼쳤다.

- 집단사회사업의 발달

  집단사회사업이 개별사회사업과 함께 사회복지실천방법으로 인식되기 시작한 것은 1930년대 이후이다. 체계화된 전문적. 이론적 기술이 필요해지면서 집단사회사업에 대한 전문교육이 시작되었고, 1946년 미국사회복지회의에서 집단사회사업을 공식적으로 사회복지실천기술로 인정하였다.

- 지역사회조직론의 발달
  1920년대부터 주 단위로 공공복지기관이 설치되고 활동하는 사회복지사수가 늘어나가고, 지역사회실천이 발달되어 전문화되어, 지역사회조직이 사회복지방법론의 한 분야로 정착하게 되었다.

### (2) 전문화와 일반화

① 기존의 전통적 3대 방법론의 한계 대두
복잡하고 다양해지는 사회변동과 사회문제에 대해 과거 방법론별 접근방법으로는 대응할 수 없다는 한계가 대두됨
3대 방법론 각각의 실천방법론 간에 공통적 요소를 찾으려는 움직임이 1929년 밀포드회의에서 시작된 이후 1950년대 이후 통합적 방법에 관한 이론 구축을 위한 노력이 전개되었다.

② 통합방법론 등장
다양한 사회복지방법에는 사회복지사가 수행하는 어떤 공통적인 역할과 요소가 있다는 것을 전제하여 통합적 방법론이 등장하였으며, 방법의 통합화로 개별사회사업, 집단사회사업, 지역사회조직사업을 통합한 통합적 방법론이 등장하였다.
핀커스와 미나한의 4체계모델, 펄만의 문제해결모델, 콤튼과 갤러웨이의 6체계모델, 권한부여모델, 사례관리 등이 있다.
통합방법론의 특징은 인간이 지닌 사회적 문제와 사회적 기능 (일상생활기능)수행상의 어려움을 개별적, 집단적, 조직적, 사회적으로 도움을 제공하여 해결하기 위한 사회복지 실천방법의 통합이다.
통합방법론의 의의는 사회복지사들이 개인, 집단, 지역사회에 제기되는 사회문제에 대처해나가고자 할 때 활용할 수 있는 공통된 하나의 원리나 개념 제공이다.

③ 다양화, 확장기

사회의 다양화와 더불어 절대 진리나 절대적 설명체계를 밝히려는 연구의 한계 노출, 다중관점의 필요성 대두이다. 다양한 이론적 관점 수용은 클라이언트에 보다 관심을 가지고 문제해결이 개인적 차원뿐만 아니라 사회·정치적 측면이 동시에 해결되어야 한다는 필요성이 있다.

병리(치료적 측면)보다는 강점에 초점을 두며, 클라이언트의 상황에 맞는 역할 및 개입전략의 다양성을 중시한다.

새로운 모델과 이론들이 다양하게 등장한다(예: 과제중심모델, 강점관점, 역량강화이론 등)(김성철외,2016).

CHAPTER

5

# 한국의 사회복지실천

# ⑤ 한국의 사회복지실천

## 1. 현대국가이전과 일제강점기

### 1) 현대국가이전

#### (1) 고대

① 구석기 시대

한국의 역사는 전기 구석기 시대부터 현재까지 이어지고 있다. 현재까지 알려진 가장 오래된 토기는 기원전 8000년 무렵의 것이다.

② 신석기 시대와 청동기 시대

기원전 6000년 이전에 신석기 시대가 시작되었고, 기원전 1500년 무렵에 청동기 시대로 이어졌다. 삼국유사를 비롯한 다른 고려 중기의 기록에 따르면, 고조선 왕국이 기원전 2333년에 세워졌다고 한다. 그 후, 고조선은 기원전 108년 한나라의 공격으로 멸망하여 여러 나라로 나뉘었다.

### (2) 삼국 시대

기원전 1세기 무렵부터 삼국시대를 맞아 고구려, 백제, 신라가 원삼국시대의 여러 국가를 정복하였고 한반도와 만주의 상당 부분을 차지하였다. 이들 세 국가는 경제와 군사 면에서 서로 경쟁과 협력을 반복하였다. 고구려와 백제는 강력하였고, 특히 고구려는 대규모의 군사 행동을 하곤 하였다. 신라의 힘은 점진적으로 커져서 결국 676년에 한반도의 대부분을 차지한다.

### (3) 중세

신라가 9세기 후반에 국력이 쇠퇴하자, 후삼국시대가 시작되었고, 왕건이 건국한 고려가 후삼국을 통일하면서 종식되었다. 비슷한 시기, 926년 발해가 거란족에게 멸망한 이후 많은 발해 사람들이 고려로 넘어왔다. 고려 시대에는 고대보다 법률이 체계적으로 정리되고, 과거제가 소개되었으며, 불교가 번성하였다. 993년~1019년 동안 고려는 거란과 전쟁을 벌여서 거란을 격퇴하였다. 1238년 몽골이 침입하였고 30년에 가까운 전쟁 끝에 양측은 평화 조약을 맺었다.

### (4) 근세

이성계는 위화도 회군 이후, 신진사대부와 손을 잡고 1392년 조선을 건국하였다. 세종이 왕위에 있던 시기, 한글이 창제되고 측우기, 앙부일구와 같은 과학기술의 발전도 이루어졌다. 그 후 1592년 임진왜란이 일어났지만, 수군을 이끈 이순신 장군의 노력과 곳곳에서 일어난 의병을 비롯한 저항이 거세게 일어난 덕분에 결국 왜군을 물리칠 수 있었다. 1620년대와 1630년대에 걸쳐 조선은 청나라의 침입으로 어려움을 겪었다.

문화적으로는 새로운 경향이 나타났다. 판소리, 탈춤, 한글 소설, 서민 음악이 유행하였고, 생활 도예가 공예의 중심이 되었다.

### (5) 대한제국

대한제국(大韓帝國)은 1897년(광무 원년) 10월 12일부터 1910년(융희 4년) 8월 29일까지 존속한 제국이다.

대한제국의 성립을 전후하여 독립협회의 입헌군주제 추진 운동과 민권운동이 활발했으며, 정부 주도의 근대적 개혁인 광무개혁이 실시되었다. 그러나 이러한 개혁 정책은 근본적인 개혁이 아닌 '구본신참' 성격의 점진적인 개혁으로 집권층의 보수적 성향과 열강들의 간섭을 받아 큰 성과를 거두지는 못하였으며, 독립협회도 수구파의 거센 저항을 받아 해체되었다. 또한 이 시기에 서구의 문물과 사상이 더욱 유입되었다.

한편 일본은 러시아와 대립하면서 1904년 2월, 일본제국이 대한제국에게 '한반도내에 영토,시설등 군사적 이용을 협조할 것'을 강요하는 내용의 한일 의정서를 체결하였고, 나아가 1904년 제1차 한일 협약을 강제로 체결하여 외교, 재정 등 각 분야에 고문을 두고 대한제국의 내성에 간십하였다(고문정치).

1904년 한반도와 만주의 패권을 둘러싸고 러일 전쟁이 발발했는데, 1905년 포츠머스 조약을 통해 일본제국이 전략적인 승리를 얻게 되어 한반도에 영향권을 행사하게 된다. 이어서 1905년 11월, 일본은 일방적으로 공포분위기를 조성해 제2차 한일 협약의 성립을 발표하여 대한제국의 외교권을 강탈하고, 한성에 한국통감부를 설치하였다(통감정치).

이에 사회의 각계각층에서는 일본제국의 침략을 규탄하고, 을사 조약의 폐기를 주장하는 운동이 거세게 일어났다. 특히 오적 암살단 등이 조직되어 친일파 처단에 앞장섰으며, 다시 의병이 조직되어 무장 항전을 벌였다. 1905년 이후에는 대한 자강회와 대한 협회, 신민회 등이 국권 회복을 위한 애국 계몽 운동을 전개하였다.

1907년 헤이그 특사 사건의 결과로 일본에 의해 고종 황제가 강제로 퇴위당하고, 순종이 즉위하였다. 순종이 즉위한 직후 일본은 통감부의 권한을 더욱 강화하기 위해 한일신협약을 강제로 체결하여 대한제국 정부의 각 부처에 일본인 차관(次官)을 두어 제국의 내정에 노골적으로 간섭하였으며(차관정치), 이면 협약을 통해 군대를 강제로 해산(軍隊害刪)하였다.

이에 반발한 군인들이 의병과 가담하여 의병 운동의 양상은 전국적인 의병 전쟁으로 확대되기도 하였다. 그러나 일제는 1909년의 기유각서를 통해 대한제국의 사법권과 경찰권을 빼앗고, 전국적인 의병의 저항을 남한 대토벌 작전 등으로 무력 진압하였다.

결국 대한제국은 1910년 8월, 한일 병합 조약(韓日併合條約)으로 일제(日帝)의 특별 행정 구역으로 들어가며 국권을 강탈당했다.(경술국치)

사회복지는 주로 종교적 동기, 봉사정신에 의하여 설립 · 운영된 시설이 많았다. 1906년에 미국 감리교선교단체에 의해서 원산에 반열방이라는 인보관 성격의 우리나라 최초 민간기관의 사회복지관 설치하였다.

## 2) 일제강점기

1921년: 미국 감리선교부에서 태화여자관 설치
현대적 의미의 민간사회 복지관 활동 전개
1921년: 조선총독부 내무국에 사회과 신설, 우리나라
사회복지사업의 지도 · 통제를 전담(시혜적 수준에 불과)
1921년: 조선사회사업연구회 조직(민간 사회복지 조직들의 상호교류와 사회복지사업에 대한 조사 · 연구를 목적)
1944년: 조선구호령 공포, 실시 → 공공구호행정 전개

일제 강점기(日帝強佔期, 1910년 8월 29일 ~ 1945년 8월 15일)는 한국의 역사에서 한국의 근현대사를 시대별로 나누었을 때 주요 시대 중 하나로 한반도와 그 부속 도서가 일본 제국의 직접적 지배 아래 놓였던 시기이다. 한일병합 이후 형식적으로, 비록 옛 대한제국의 황제에게 일본 제국이 주는 것은 통치하는 것이 아니라, 일본 천황이 조선총독에게 명령을 내려 조선총독이 조선총독부를 통해 일본 제

국 천황의 명을 받아 통치하던 식민지로, 정치적으로나 외교적으로나 독자적 권한이 박탈된 일본 제국의 영토였다.

일반적으로 이 시기를 일본의 한반도 지배 정책에 따라 세 시기로 구분하는데, '헌병 경찰 통치기(무단 통치기)'(1910년~1919년), '문화 통치기'(1919년~1931년), '민족 말살 통치기'(1931년~1945년)로 각각 지칭한다. 8월 15일에 일본의 항복과 함께 해방되었으나 조선총독부는 이후에도 한동안 존속, 9월 2일 미군정과 소련 군정 주둔 후 행정권 인수인계 기간을 거쳐 9월 28일까지 유지되었다.

차별 신분의 개방과 교육의 보급 등의 변화가 진행되었으며. 한편, 조선인에 대한 차별적인 정책과 독립 운동에 대한 탄압이 이루어졌다.

일제강점기(日帝强占期))는 일본 제국(이하 일제)이 한반도를 강제적으로 점령하여 식민지로 삼은 시기로서, 제1기인 무단 통치 시기, 제2기인 민족 분열 통치 시기(소위 문화통치), 제3기인 민족 말살 통치시기로 나뉜다.

### (1) 1910년대

1910년대는 일제가 조선 총독부를 설치하고, 군대를 파견하여 의병 활동을 억누르고 국내의 저항 세력을 무단으로 통치한 시기이다. 언론, 집회, 출판, 결사의 자유 등의 기본권을 박탈하고, 독립운동을 무자비하게 탄압하였다. 또, 헌병 경찰과 헌병 보조원을 전국에 배치하고 즉결 처분권을 부여하여 한국인을 태형에 처하기도 했다.

토지조사사업을 공포하여 식민지 수탈을 시작하였고, 회사령을 공포하여 국내의 자본 세력을 억압하고 일본 자본 세력의 편의를 봐주었다. 이 시기의 한국인 노동자는 극악한 환경과 저임금, 민족적 차별까지 받으며 혹사되었다.

또 산림령, 광업령, 어업령을 공포하여 민족자원약탈을 적극적으로 수탈하였다.

한편 한일병합으로 국내에서 민족 해방 운동이 어렵게 되자 민족 해방 운동가들은 국내에서는 비밀결사형태로 조직되었다. 근대 때부터 존재해왔던 대표적 비밀결사 항일 운동 단체인 신민회는 안악 사건과 105인 사건을 계기로 해체되고 말았다.

해외에서는 만주와 연해주. 미주 지역 등에서 민족 해방 운동의 근거지를 마련하는 데 힘을 쏟았다. 특히 만주와 연해주 일대는 토지조사사업으로 토지를 빼앗긴 농민들이 많이 이주하여, 간도 일대에 한인촌, 연해주 일대에 신한촌 등을 형성하여 독립운동 기지 건설에 큰 도움이 되었다.

일제의 탄압에 핍박받던 한국인들은 제1차 세계 대전 직후 전개된 세계적인 민족해방운동의 조류에 편승하여 1919년 대규모 민족해방운동인 3 · 1 운동을 전개했다. 미국 대통령 우드로우 윌슨의 민족 자결주의 발표는 국내의 독립운동가들을 고무시켰고, 이는 파리 강화회의에 신한청년당 대표 김규식을 파견하는 것과, 2 · 8 독립 선언과 3 · 1 운동으로 이어진다.

3 · 1 운동이 발발하자 일제는 무단통치로는 조선을 효과적으로 지배할 수 없다는 판단하에, 친일파를 육성하기 위한, 이른바 '문화통치'을 시행했다. 이 문화 통치는 가혹한 식민 통치를 은폐하려는 술책에 불과했다. 헌병 경찰제를 보통 경찰제로 전환하였지만, 경찰의 수와 장비는 오히려 증강되고, 독립 운동가를 색출하기위한 '고등경찰제'를 도입하여, 일제의 행태는 더욱 악랄해졌다.

### (2) 1920년대

이때 3.1 운동의 무자비한 진압을 보고 충격을 받은 한국의 독립운동 진영 내에서는 무장 투쟁론과 외교 독립론 외에 실력 양성론이 나타난다. 윤치호, 안창호, 이광수, 신흥우, 김성수, 안재홍 등으로 대표되는 이들은 교육과 문화 사업 등을 통해 민족의 실력을 양성한 뒤에 독립이 가능하다 판단하고, 학교 설립, 신앙 활동, 계몽 활동, 언론 활동, 문화 사업 등을 추진해 나간다.

그리고 일제는 무단통치시기에 금지되었던 언론출판의 자유를 일부 허용하여 신문 발행을 허가하였다. 이 때에 탄생한 동아일보와 조선일보는 후일 한국 사회의 주류 언론으로 성장한다. 그러나 20년대 초 신문에 대한 검열을 통해 삭제,

정간, 폐간을 자행하였다. 또한 결사의 자유를 일부 허용하여 단체의 설립을 일부 인정하였으나, 1925년 치안유지법을 제정하여 조선인을 기만하였다.

또 조선인의 교육의 기회를 늘리겠다고 선전하였다. 그러나 식민지 노동력 양성을 위한 산학과 같은 초급 학문이나 기술 교육만을 허용하였고, 민립 대학 설립을 위한 운동도 탄압하였다.

무장투쟁 외에도 자체적인 실력 양성론이 전개되어 김성수 계열과 조만식 계열을 중심으로 일본과 외국계 자본에 대항하는 국내 자본 양성 노력이 시도되었다. 안재홍과 정인보 등은 유적지 발굴과 역사 연구를 진행해 나갔고, 장택상 등은 해외로 반출되는 고미술품을 매입하여 유물의 반출을 차단하였다.

### (3) 1930년대와 1940년대

1920년대 대공황에 시달리던 일제는 그 타개책으로 식민지 확보를 통한 블록경제를 선택하였다. 그에 따라 1930년대 일제는 만주사변을 시작으로 대륙침략을 본격적으로 시작하면서 한반도를 대륙 침략의 병참기지로 삼았다. 또한, 1941년 일제가 미국의 진주만을 선전 포고도 없이 불법적으로 기습함으로써 태평양 전쟁이 발발하였다.

조선에서는 일제의 강제 징용으로 이른바 국가총동원령을 내려, 한국인 노동력이 착취되었고, 학도 지원병, 징병제 등을 실시하여 수많은 젊은이를 전쟁에 동원하였다. 또, 젊은 여성을 정신대라는 이름으로 강제 동원하여 군수 공장 등에서 혹사시켰으며, 그 중 일부는 전선으로 끌고 가 일본군 위안부의 명목아래 성노예로 삼는 만행을 저질렀다.

한편 침체되었던 대한민국 임시 정부의 독립 활동은 김구를 중심으로 한인 애국단의 활약으로 다시 살아나기 시작했다. 애국단의 일원이었던 이봉창, 윤봉길의 의거로 중국 국민당 정부의 지원도 끌어내 후에 중일전쟁 이후에 창설된 한국 광복군의 발판이 될 수 있었다.

30년대의 독립 운동의 중심점은 김원봉과 김규식이 주도하는 조선민족혁명당

이었다. 이후 김원봉과 김규식, 그리고 민족혁명당 산하의 조선의용대 일부 세력이 대한민국 임시 정부에 합류하였다.

만주지역에 자유시 참변과 미쓰야 협정으로 사실상 중단된 무장 독립 투쟁 노선도 1930년대 초반부터 한중연합작전을 전개해 다시 재개되었다. 그러나 만주 침략이 본격화 된, 만주국 수립 이후에는 만주에서의 무장 투쟁이 힘들어지자, 지청천과 같은 혁신의회 계열의 한국독립군 인사들은 임정의 요청을 받고 중국 관내로 이동하기도 하였다. 하지만 이 같은 여건 속에서도 만주에서는 한중연합작전을 넘어선 한중연합부대인 동북항일연군을 조직하여 활동하기도 하였다.

중일 전쟁 이후 중국 관내에서는 많은 항일 무장 부대가 편성되기 시작하였다. 김원봉과 김규식, 지청천, 조소앙이 주도하는 조선민족혁명당 산하의 조선의용대와, 임시정부의 한국광복군, 김두봉 등이 주도한 조선독립동맹 산하의 조선의용군 등이 대표적이다. 조선민족혁명당의 주도 인사들이 충칭의 임시정부로 합류하자, 당 산하의 조선의용대의 다수의 세력은 화북으로 이동하여 조선의용대 화북지대로 개편하였다. 그 후 화북지대는 조선의용군으로 개편하고 독립동맹의 산하 군조직으로 편성되었다.

1910년 이후로 침체되었던 외교독립론은 1933년 이승만이 제네바 회의에 참석한 것을 이후로 여러 국제 회의에 참석하여 한국의 독립을 승인해줄 것을 호소하였다. 외교 활동은 1930년까지도 미미하다가 1932년의 윤봉길, 이봉창의거를 계기로 활기를 띄게 된다. 이승만은 미국 정부를 상대로 한국 독립의 승인을 요청했고, 1941년의 태평양 전쟁 이후 그의 노력이 부분적으로 성과를 거두게 된다.

임시정부는 1941년 12월 9일, 연합군에 가담해 일본과 독일에 대해 선전포고를 발표하고 한국 광복군을 연합군과 연합작전을 시행하였다. 미얀마와 인도 일대에서는 영국군의 지원요청으로 주로 심리전 역할을 담당하였고, 미국의 OSS 전략사무국과 함께 정진군을 편성하여 국내진공작전을 준비하였으나, 도중에 일본이 항복하여 그 계획은 무산되었다.

일제강점기는 제국주의 일본이 연합군에게 패망함으로써 1945년 8월 15일 종료되었다(김성철외,2016).

## 2. 문민정부이전

### 1) 제5공화국의 탄생과 문민정부이전

1970년대까지는 외국으로부터의 원조에 근거한 고아원과 양로원과 같은 시설 중심의 응급구호사업이 우리나라 사회복지실천의 주축이었고, 전문기관의 미성숙, 즉 사회복지서비스의 전달체계가 전문적 사회복지실천을 실시하기에 여의치 않은 실정이었음.

초창기 사회복지 활동은 해방 이후 급격한 사회변동으로 인한 극심한 혼란과 한국전쟁으로 인해 급증하였던 불우한 환경 속의 아동, 노인, 장애인, 여성 등을 위한 수용시설이 거의 전부였음.

대한민국 제5공화국(第五共和國)은 1979년 12 · 12 군사 반란과 1980년 5 · 17 비상계엄 전국확대 이후 헌법 개정을 통해 탄생한 대한민국의 다섯 번째 공화국이다. 1981년부터 1988년까지 존속했다.

이후 5공화국에 들어 다시 한 번 새로운 법률의 제정과 기존 법률의 정비가 이루어지기도 하는 데 사회복지기금법 (1980.12.31) 제정, 심신장애자복지법과 노인복지법의 최초 도입(1981.6.5), 아동복리법의 아동복지법으로의 전면개정(1981. 12. 31), 사회복지사업법의 부분개정(1983.5.21), 생활보호법 전면개정(1982.12.30) 및 시행령 개정(1983.12.30), 시행규칙 제정(1984.3.31) 등이 대표적인 예이다.

어쨌든 이 시기에 대개인 사회서비스에서는 진일보한 흔적이 역력함을 부정하기 힘들다. 60년대의 아동시설보호 및 입양, 위탁보호, 결연사업 등을 중심으로 이루어진 것에 비하여 여성, 노인, 장애인에 대한 복지서비스가 별도의 독립된 체계로 준비. 장애인복지서비스, 아동복지서비스, 노인복지서비스(1981)에 기틀이 잡힌 것이다.

특히 부분적으로는 아동보호에 있어서 60년대 이후 탈시설화 경향이 드러나기도 하였는데, 1961년 고아입양 특례법의 제정으로 해외입양이 합법화되면서 정부의 재정부담 극소화와 요보호아동 발생의 예방이란 기치아래 시설보호아동의 가정 복귀를 적극적으로 추진한다.

그러나 이 시기 민간운영에 대한 시설보호체계 내에서 아동시설을 장애인시설, 노인시설로 전환하기 위한 행정적 지도와 감독등이 전개되기 시작하였으며 각종 사회복지서비스법의 제정으로 전국민 대상의 보편주의적 개념규정이 도입되었으나 서비스제공의 임의규정으로 시설보호중심의 정책을 크게 탈피하지는 못하였다.

5,6차 경제발전 5개년 계획하에서도 대인사회서비스에 있어서는 비영리민간을 활용하고 가족보호를 중시하는 경향이 그대로 잔존하였으며 경제발전에 맞는 복지시책, 자립촉진, 가족기능의 강화, 자원봉사자의 적극 활용 등이 제시되었다.

이후 5공화국에 들어 다시 한 번 새로운 법률의 제정과 기존 법률의 정비가 이루어지기도 하는 데 사회복지기금법(1980.12.31) 제정, 심신장애자복지법과 노인복지법의 최초 도입(1981.6.5), 아동복리법의 아동복지법으로의 전면개정 (1981. 12. 31), 사회복지사업법의 부분개정(1983.5.21), 생활보호법 전면개정(1982.12.30) 및 시행령 개정(1983.12.30), 시행규칙 제정(1984.3.31) 등이 대표적인 예이다.

어쨌든 이 시기에 대개인 사회서비스에서는 진일보한 흔적이 역력함을 부정하기 힘들다. 60년대의 아동시설보호 및 입양, 위탁보호, 결연사업 등을 중심으로 이루어진 것에 비하여 여성, 노인, 장애인에 대한 복지서비스가 별도의 독립된 체계로 준비. 장애인복지서비스, 아동복지서비스, 노인복지서비스(1981)에 기틀이 잡힌 것이다.

특히 부분적으로는 아동보호에 있어서 60년대 이후 탈시설화 경향이 드러나기도 하였는데, 1961년 고아입양 특례법의 제정으로 해외입양이 합법화되면서 정부의 재정부담 극소화와 요보호아동 발생의 예방이란 기치 아래 시설보호아동의 가정 복귀를 적극적으로 추진한다.

그러나 이 시기 민간운영에 대한 시설보호체계 내에서 아동시설을 장애인시설, 노인시설로 전환하기 위한 행정적 지도와 감독등이 전개되기 시작하였으며 각종 사회복지서비스법의 제정으로 전 국민 대상의 보편주의적 개념규정이 도입되었으나 서비스제공의 임의규정으로 시설보호중심의 정책을 크게 탈피하지는 못하였다.

5,6차 경제발전 5개년 계획 하에서도 대인사회서비스에 있어서는 비영리민간을 활용하고 가족보호를 중시하는 경향이 그대로 잔존하였으며 경제발전에 맞는 복지시책, 자립촉진, 가족기능의 강화, 자원봉사자의 적극 활용 등이 제시되었다.

10·26 사건으로 새로 등장한 이른바 신군부 세력은 1979년 12월 12일 병력을 동원하여 군사권을 차지했고, 5월 17일 24시를 기해 비상계엄 전국 확대 조치로 정권을 장악했다. 신군부는 이에 항거한 광주 민주화 운동을 비롯한 국민들의 민주화 요구를 무력으로 진압하고, 헌법을 개정하여 제5공화국 헌법을 공포했다. 제5공화국의 대통령으로는 제12대 전두환이 선출되었으며, 정의사회구현, 복지사회건설, 선진조국창조 등을 슬로건으로 내세웠다.

제5공화국은 제4공화국과의 차별성을 부각시키는 데 주력했다. 제5공화국은 영구집권이 가능한 제4공화국의 6년 연임제 대신 7년 단임제를 고수했으며, 통금 해제 및 교복 자율화 등의 유화 조치를 취했다. 이후 6월 민주 항쟁과 6.29선언을 통한 개헌으로, 국민이 직접 뽑은 선거를 통해 선출된 노태우 대통령의 취임, 제6공화국의 탄생과 함께 제5공화국은 소멸하였다.

### 2) 문민정부와 IMF

1986년의 6월 항쟁과 1987년의 대선을 계기로 소위 복지폭증현상이 엿보이기도 하였으며 이전시기의 클라이엔탈리즘적, 임의적, 노동자계급 배제적 원칙에서 벗어나 보편주의적, 강제적, 노동자계급 포섭적 원칙이 실현되는 특징을 사회복지제도에 불어넣었다.

국민연금제(1988년), 의료보험제도의 전국민 확대(1989년), 고용보험의 도입(1995년) 등은 사회보험제도의 성숙을 가져오게 한다.

그러나 복지제도의 내용이 시장 순응적으로 구성되어 개별시민들이 그들 시장에서의 상대적 위치가 상이함에 따라 기본적인 욕구충족의 보장정도가 상이하며 따라서 개인의 삶이 시장에 상당부분 의존하는 성격은 여전히 남게 되는 한계도 존재한다.

한편 개인 복지서비스 부문에서는

첫째, 기존의 수용시설중심에서 이용시설 위주로

둘째, 기업이나 개인의 사회복지사업 참여 유도

셋째, 사회복지전문요원의 임명 등을 통한 공적인 사회복지서비스 전달체계의 도입

넷째, 민간부문의 복지서비스 공급주체의 다양화 등이 이루어졌다.

그러나 이 시기에도 역시 공공서비스전달체계가 명확히 확립되지 않고 비영리 민간에 대한 극소한의 재정지원을 통 한 최저생계비 미만계층의 대인서비스 제공은 민간활용방식이 지니는 결점을 극대화하게 되었다. 게다가 서비스공급이 지역적으로 불균형을 이루었고, 불충분한 재정지원과 비전문 자원봉사자 활용 강조에 따른 서비스의 질 저하, 민간기관의 활동과 조정의 결여로 서비스 중복 등등 많은 문제점을 노정(露呈)시키고 있음도 사실이다.

여러 가지 큰 개혁에도, 지나친 산업 확대와 수출산업 강화, 임금인상, 물가 상승, 외화낭비 등 경제적 팽창과 더불어 부실이 커져 국가 차원의 파산 위기(외환위기)를 맞았고, 결국 국제통화기금(IMF)의 지원을 받아 겨우 위기를 모면할 수 있었다(1997). 그 결과 국가의 재정을 바닥낸 정부라는 오명을 안게 되었고, 한편으로는 OECD의 가입이 성급하게 이루어졌다는 비판도 받았다. 정권 출발 시에 참신성을 강조하였지만, 정치자금의 부정으로 인상을 크게 훼손하여 과거의 행태에서 벗어나지 못한 면을 남기고 말았다.

IMF 경제위기를 맞이한 1997년 말부터 한국사회에는 엄청난 경제위기와 함께 중산층의 붕괴와 대량실업자의 양산 등이 폭발적으로 등장함으로써 '사회안전망(social safety net)'의 부재를 각성하게 되었고 이러한 조짐 속에서 사회복지제도 전반에 대한 점검과 함께 제도의 양적 확대 및 질적 변환을 추구하려는 노력이 시도되었다. 특히 상대적으로 복지에 대해서는 친화적인 속성을 지닌 정권의

등장과 경제 · 사회적 위기상황이 맞물려, 사회복지제도의 혁신을 가져오는 환경적 요인이 형성되었다고 볼 수 있고, 사회복지계의 노력과 맞물려 주요한 제도적 변화와 확대, 조정등의 시도가 행해지는 시기이다.

## 3. 미래의 복지실천

### 1) 2000년대 이후

#### (1) 2000년대 이후의 사회복지실천

2000년부터 시행되고 있는 「국민기초생활보장법」에 근거한 자활사업 영역이 사회복지실천 영역으로 추가되면서 근로능력이 있는 저소득층의 자활을 위한 일자리 제공, 자활 의욕 고취 및 자활능력 배양이 사회복지사의 직무가 되었다.

가족 해체의 급증에 따른 가족의 문제와 아동, 노인, 장애인 등 취약계층의 복지 욕구, 이주노동자 및 결혼이민자, 탈북자 등 소수자 집단의 복지 욕구에 대한 사회적 관심이 커지면서 이에 대한 사회복지적 대응으로 실천현장이 다양해짐.

사회복지 교육과정의 과도한 양적 팽창 문제와 자격제도 관련 현안 해결이 필요하다.

2000년: 국민기초생활보장법 시행
2003년: 제1회 사회복지사1급 자격국가시험 시행
2004년: 사회복지사무소 시범사업 실시
2005년: 시 · 군 · 구에서 지역사회복지협의체 운영
2006년: 7월 주민생활지원서비스 전달체계 실시
2007년: 동사무소 → 동주민센터로 명칭 변경
2009년: 희망복지 전달체계 개편안 발표. '공공전달체계', '민간전달체계', '사

회복지 통합관리망' 등 3개 분야 시범사업 시작

- 2003년부터 국가자격시험 실시: 1급 사회복지사 자격 획득절차
- 사회복지 전담공무원, 정신보건사회복지사의 자격제도 시행
- 사회복지사 자격증제도: 한국사회복지사협회에 의해 실시

### 2) 미래의 복지실천

- 사회복지 사무 지방 이양과 재정분권화
- 사회복지 서비스 중심축의 중앙으로부터 지방으로의 이동
- 공공복지 전달체계의 개편
- 사회복지 실천 영역의 세분화와 통합화

[한국 사회복지조직의 변화와 향후과제]

① 우리 사회에 맞는 사회복지실천에 대한 작업적 정의가 필요하다.
사회의 급격한 변화, 세계화 등의 변화에 대한 사회복지실천가의 변화를 요구하면서 사회복지실천에 대한 개념정의가 필요하게 되었다.

② 사회복지실천을 위한 가이드라인이 체계적으로 개발되어야 한다.
가이드라인을 개발하는 프로토콜은 우선 간행, 미간행 조사의 결과를 찾아 검토하고, 결과를 요약하고, 예를 들어 메타분석과 같은 방법으로 요약하는 것이다. 가이드라인 패널이 모여 확인하고, 반복을 통해 재검토 하고 전문가, 클라이언트 등의 피드백을 받는다. 합의가 이루어진 것과 불확실성이 남아있는 것에 대한 노트를 해야 한다.

③ 클라이언트의 계층의 다양성과 실천현장의 확대에 대한 준비를 해야 한다.
앞서 우리나라의 사회복지실천 대상은 미국과 비슷한 경로로 다양화 되고 있음을 보았다. 기존의 요보호 자와 경제적 빈곤 인구에서 중산층에게로 클라이언트의 계층이 다양화 하고 있음에 주목해야 한다.

④ 전문적 확립과 타 전문직과의 협력적인 관계를 이루어 나가야 한다.

실천의 전문성을 위해서는 사회복지 현장실습교육이 더욱 강화되어야 한다. 또한 사회복지실천현장의 확대와 함께 주의해야 할 점은 타전문직과의 관계이다. 사회복지실천영역이 확장되면서 타전문직과의 갈등도 수없이 야기되어 왔다.

⑤ 이론, 실천, 연구의 3대축을 기능적으로 잘 결합하는 사회복지실천이 이루어져야 한다.

이론을 바탕으로 하는 실천기술의 중요성은 이미 주지하는 바와 같다. 의학 분야에서는 이미 1990년대 초기 실천과 훈련의 철학으로 증거기반의 실천이 등장하였고, 심리학에서는 1950년대와 60년대에 증거기반의 실천에 관심을 가졌고, 심리학적 치료의 선택은 조사연구의 증거에서 기인해야한다는 목소리가 높았다(김성철외,2016).

CHAPTER

6

# 사회복지실천의 가치와 윤리

# ⑥ 사회복지실천의 가치와 윤리

## 1. 사회복지실천의 가치

### 1) 가치의 개념

가치(value)란 사람들이 무엇이 좋고 바람직하다고 생각하는 삶의 방식이나 믿음, 기준, 그리고 신념이다. 가치란, 사회복지사가 클라이언트를 원조함에 있어서 어떠한 생각을 하는 것이며, 바람직하며, 문제를 해결할 때 어떻게 처리하는 것이 바람직한 것인지를 판단할 수 있는 근거이다.

바틀렛은 사회복지실천의 본질적인 3대 요소인 지식, 기술, 가치 중에서 가치를 중시하는데 가치란 선(good)이나 바람직한 (desirable) 것이며 정서를 가진 질적인 판단이다.

사회복지실천을 위해 전문가 들이 지향해야 할 목적이나 목표를 제시한다. 레비(Levy, 1973)는 가치란 사람에 관하여 그리고 사람을 다루는 적절한 방법에 대하여 전문직이 갖고 있는 신념이다. 로웬버그(Loewenberg, 1988)는 가치란 믿음과 같은 것으로 좋고 바람직한 것에 대한 지침이며 적절한 행동의 선택에 대한 지침이다.

바커(Barker, 1995)는 가치란 문화, 집단 혹은 개인이 바람직한 것으로 여기는 관습, 행동기준, 원칙이라고 정의 한다.

### 2) 가치의 특성

윌리암스(Williams, 1952)는 가치의 기본적인 특성에 대하여 다음과 같이 네가지로 설명한다.

첫째, 가치는 개념적 요소를 갖고 있다.

순수한 감각, 감정, 반응 또는 욕구 이상의 것이며, 가치는 개인의 즉각적 경험의 흐름으로부터 도출된 추상 적인 개념이다.

둘째, 가치는 효과적으로 부과, 잠재적인 감정적 흐름을 대표하는 것을 의미한다.

셋째, 가치는 행동의 구체적 목표가 아니라 목표에 의해 선택된 기준이다.

넷째, 가치는 사소하거나 가벼운 관심 정도가 아니라 매우 중요한 것이다.

네가지 내용을 요약해 보면 가치의 특징은 목표를 결정하는 기준이며, 감정적인 특성이 강하여 현실적으로 표현될 잠재성이 있고, 인간행동의 방향을 제시하는 정서적 성격을 지니는 규범이다.

또한 개념적 요소로서 정서, 반응, 욕구 그 이상의 의미를 지니고 있으며 무엇이 보다 나은 것인가에 관련된 것을 말한다.

### 3) 사회복지실천 가치의 분류

#### (1) 사회복지실천의 기본적 가치

일반적, 추상적 또는 절대적 가치이다. 예) 개인의 자유, 사회적 정의, 자기결정

구체적이고 직접적으로 적용할 수 있는 가치, 목적에 유용하기 때문에 실용적 가치라고도 한다. 예) 타인의 수용, 교육의 기회균등, 비밀보장

개인을 위한 권리 또는 선을 생각하는 가치이다. 예)개성, 자존심, 자기의존, 비밀, 자기실현

사회적으로 지향된 방법으로 인간을 위한 선과 권리를 생각하게 되는 가치이

다. 예)이타주의, 상호부조, 사회복지, 책임 및 사랑

비물질적 또는 종교적 신념에 의한 가치이며, 정신적 가치라고도 한다.

과학자들이 합리성, 객관성, 진보성과 비판적 연구를 결정해야 할 것이라고 믿는 가치이다.

능력, 클라이언트의 관심을 우선시하는 전문적 행동의 기준으로서 수용하는 것으로 전문직업인들이 자기 자신을 맡기는 가치이다.

정직, 공명정대한 행동처럼 특히 대인관계에서 정의와 의무의 기준 에 의하여 반대되거나 유익한 어떤 일의 성질에 관한 가치이다.

도덕적 가치관의 한 형태이며 이상적인 용어로서 인간행동을 지배하는 책임 있는 행동에 관한 가치이다. 예) 성실, 타인에 대한 존경, 정직

현실적으로 활용되면서도 비도덕적 가치가 함께 하는 어떤 가치이다.

### (2) 실천 가치에 우선하는 전문직 가치(Levy, 1973)

클라이언트를 개별화된 개인으로 보고 능력을 인정하는 가치이다. 예) 인간존중, 상호적 책임, 소속의 욕구, 개인의 독특성

서비스를 제공한 후 결과에 대한 가치이다. 예) 동등한 사회참여 기회보장, 사회적 책임에 대한 믿음

서비스를 수행하는 방법과 수단에 대한 가치관이다. 예) 인간에 대한 존엄성과 자율성 존중, 개인의 역량강화

### (3) 상대적인 중요성에 따른 가치(Johnson, 1995)

사회나 시대적 상황에 관계없이 불변하는 가치이다. 예) 인간의 존엄성, 사회정의(배분적 평등)

사회문화적 영향이나 개인의 경험에 의한 가치이다. 예) 낙태, 동성애에 대한 개인적 가치

*실천원칙들: 자기결정권, 비밀보장, 수용 등
궁극적 가치를 달성하기 위한 수단이나 방법으로서의 가치이다.

(4) 사회복지사의 차원에 따른 가치(Congress, 1999)

개인을 위한 선을 생각하는 가치 예) 개성, 자기실현
인간에 대한 선과 원리를 생각하는 가치 예) 상호부조
기관의 역할, 기능, 책임에 따른 고유한 가치
전문 직업들이 자기 자신을 맡기는 가치

(5) 사회복지실천에서 중요시 하는 가치(양옥경, 2001)

인간의 존엄성 존중과 배분적 정의 (사회복지 실천의 이중적 가치 체계)
전미사회복지사협회의 사회복지실천가치 예) 개인의 존엄성, 자기결정권, 다양성 존중, 사람우선가치, 결과우선가치, 수단우선가치이다(김성철외,2016).

## 2. 사회복지실천의 윤리

### 1) 사회복지실천의 윤리의 정의

사회복지사는 사회복지실천 과정에서 다양한 윤리적 문제에 직면하고 이 과정에서 사회복지사가 윤리적 판단에 근거한 방향을 제시한다.
이러한 결정 과정에서의 행동지침을 사회복지실천 윤리라고 한다.
레비(Levy, 1976)는 사회복지실천 윤리에 대해 다양한 배경을 지닌 사회복지사들이 복잡한 실천분야에서 직면할 수 있는 다양한 윤리적 쟁점에 대하여 올바른 판단을 내릴 수 있도록 하는 체계적인 준거틀이라고 정의한다.

로웬버그와 돌거프(Loewenberg & Dolgoff, 1996)는 사회복지실천 윤리란 사회복지실무자에게 무엇이 윤리적으로 올바른 실천방법인지 인식할 수 있게 도와주며 전문적인 사회복지실천 상황에서 초래되는 윤리적 측면과 관련적인올바른 실천행위를 결정하고 행동에 옮길 수 있는 방법이라고 정의한다.

결론적으로 사회복지실천 윤리란 사회복지실천 현장에서 경험하는 윤리적 문제 및 갈등 상황에서 전문가로서 전문적 견해와 기술을 바탕으로 사회복지사가 올바른 판단과 결정을 할 수 있도록 하는 근거와 방향을 제시해 줄 수 있는 것이 바로 사회복지실천 윤리이다.

## 2) 사회복지실천윤리의 필요성

리머(Reamer, 1995)는 사회복지실천은 전문가 자신의 가치관과 다른 사람들 즉, 클라이언트, 지역주민, 동료, 직장 상사 등의 가치관 사이에 어떤 공통점과 차이점이라고 했다.

사회복지실천 방법을 개발하거나 전문가의 전문경력을 발전시키기 위하여 필요하고 윤리적 갈등을 이해하고 이에 대처할 수 있는 능력을 갖추기 위해서도 필요하다.

최근에는 사회복지의 현재 주류의 가치가 얼마나 정당한가를 반성하고 나아가 시대적 조류에 맞는 가치를 정립하기 위해라도 사회복지실천 윤리는 반드시 필요하다.

## 3) 사회복지실천 윤리의 발달과정

사회복지실천 윤리에 대한 본격적인 논의는 1970년대에 들어와서 구체적으로 시작하였다.

사회복지의 가치와 윤리의 출현과 그 발달 과정을 살펴보면, 1920년대 전문직 윤리강령을 만들고자 하는 노력을 시도하였고, 메리 리치몬드 여사가 최초로 개별 사회사업가의 실험적 윤리강령을 세웠다. 이어 1951년에는 미국사회복지사협회(American Association of Social Workers, AASW) 대표자 회의에서 윤리강령을 채택하였으며, 1960년대에 들어 전미사회복지사협회(NASW)는 처음으로 윤리강령을 공식적으로 채택하였다.

1970년 대 들어서 사회복지실천의 윤리가 본격적으로 논의되기 시작하였고 1976년에는 레비(Levy)가 《사회복지실천윤리》를 출간하면서 사회복지 가치와 윤리에 대한 관심이 확산되는 결과이다.

사회복지실천 윤리는 매우 짧은 역사인데 사회복지의 발달과 성장 속에 사회복지실천 윤리의 중요성이 강조되면서 사회복지사 윤리 강령의 필요성이 대두되었다.

윤리강령에 대한 첫 노력의 결실이 1973년 사회복지사 윤리강령에 대한 초안을 제정하면서 시작하였다.

사회복지사 윤리강령은 이후 1988년 3월에 개정을 하고, 같은 해 4월에 공식적으로 선포하였다.

1992년 1차 개정이 있었으며 그해 사회복지사 윤리강령이라는 이름으로 윤리강령을 공포하였고, 2001년 12월에 2차 개정된 사회복지사 윤리강령이 선포되면서 윤리강령의 지속적인 발전을 이루었다.

## 3. 사회복지실천의 윤리적 갈등

### 1) 윤리적갈등의 정의

윤리적 갈등이란 사회복지사가 전문가로서 지켜야 하는 윤리적 의무와 책무가 서로 충돌함에 따라 어떤 실천행동을 선택하는 것이 윤리적으로 올바른 결정을 하는 것인지를 판단하기 어려운 상태이다. 사회복지사는 두 가지 이상의 상충하는 윤리적 갈등 상황에서 한 방향을 선택해야 할 때 혹은 선택하고자 하는 각 대안들이 한 사람 또는 여러 사람에게 바람직하지 못 한 결과를 초래하게 될 때 윤리적 갈등을 경험하게 되는데 이러한 현상을 윤리적 갈등상황 즉, 윤리적 딜레마라고 한다.

### 2) 윤리적갈등의 주요요인

로웬버그와 돌거프(Loewenberg & Dolgoff, 2005)는 윤리적 갈등의 주요 요인을 다음과 같이 설명한다.

첫째, 상충하는 가치에 따른 요인으로 이 요인은 사회복지사가 두 개 또는 그 이상의 경쟁적 가치와 직면했을 때 발생하는 가치이다.

둘째, 상충하는 의무 사이의 갈등. 이는 기관의 의무와 클라이언트에 대한 의무가 상충하는 상황에서 나타난다.

셋째, 다수의 클라이언트 체계로 인한 요인으로 이 요인은 하나 이상의 복잡성을 가진 클라이언트 체계와 함께 일할 때 발생하는 요인이다.

넷째, 결과의 모호성. 이는 윤리적 결정이 장기적 효과성 면에서 모호할 때를 말한다.

다섯째, 힘의 불균형 상태인데 이 상태는 사회복지사와 클라이언트 관계에서 힘의 불균형이 일어날 때 발생하는 갈등 요인이다.

### 3) 윤리적갈등의 주요쟁점

사회복지실천 현장에서는 두 가지 이상의 윤리적 의무가 있지만 한 가지를 위반하지 않고서는 다른 것을 지킬 수 없는 상황이 반드시 발생한다.

사회복지사는 사회복지실천 전문직의 가치, 사회복지사의 개인적 가치, 사회적 가치 사이에서 갈등을 하게 되는데 이러한 가치 갈등은 다양한 윤리적 딜레마를 파생 시킨다.

딜레마 상황을 파생시키는 주요 요인들과 쟁점들을 살펴보면 다음과 같다(김성철외,2016).

### (1) 클라이언트의 자기결정권

클라이언트의 자기결정권은 클라이언트 스스로가 선택하고 결정할 수 있도록 권리와 욕구를 인정하는 사회복지 윤리원칙이다. 이러한 윤리 원칙도 클라이언트가 너무 어리거나 정신적 연령이 낮아 스스로 결정할 능력이 없거나 법, 관습과 타인의 권리, 자신에게 해를 끼칠 것으로 예상되는 상황이나 생명에 위험을 초래하는 결정 등에서 제한한다.

클라이언트의 자기결정 원칙은 온정주의와 관련되어 복잡한 이슈를 야기할 수 있다. 클라이언트의 이익을 위해 클라이언트의 바람을 제한하거나 자유를 방해하는 결과를 가져올 수 있기 때문이다.

### (2) 비밀보장

비밀보장이란 사회복지사가 클라이언트의 동의 없이 클라이언트에 대한 정보를 누설하지 않는다는 원칙이다. 이러한 원칙 역시 다른 전문가나 조직에서 클라이언트에게 도움을 줄 수 있을 경우 또는 제삼자의 자유와 안녕 또는 기본적인 권리를 위협하는 경우 제삼자의 알권리와 상충 한다.

교육목적이나 수퍼비전을 위한 전문가 회의 등에서 클라이언트에 대한 내용이 공개될 때 클라이언트의 개인적 권리를 최대한 보장해 주어야 하며 반드시 사전에 동의해야 한다.

### (3) 온정주의

사회복지실천은 온정주의를 바탕으로 실천한다. 사회복지사는 클라이언트의 복지증진을 위해 최선을 다하고자 하는 자신의 전문적 가치에 의해 영향을 받는다.

이 과정에서 사회복지사가 더 나은 선택을 할 수 있도록 정보를 제공할 때 사회복지사의 가치관에 의해 영향을 받는다.

### (4) 동료에 대한 존중

사회복지사는 사회복지실천 전문가로서 동료 사회복지사와 다른 전문가를 존중해야 한다. 동료 사회복지사가 클라이언트나 전문직에 해를 끼치는 행동을 했을 때, 클라이언트와 전문직의 보호와 상충한다.

이때 동료의 비전문적인 실천이나 비윤리적 행위의 공개는 사회복지 위상을 떨어뜨릴 수 있으므로 이를 공론화하는 것에 갈등을 일으킨다.

### (5) 한정된 자원의 분배

사회복지 실천 과정에서 활용 가능한 자원을 분배하여 클라이언트에게 제공할 때 동등하게 자원을 분배한다. 하지만 이 과정에서 형평성의 기준을 찾는 것은 어렵고, 분배를 위한 원칙을 세우는 일에도 가치가 개입된다.

자원이 한정되어 있는 경우 동등한 분배가 어려워지고, 분배는 이러한 과정에서 윤리적 문제가 된다.

### (6) 상충되는 의무와 기대

클라이언트는 동료, 상사, 기관, 사회 등이 서로 기대를 가질 때 사회복지사는 누구를 우선으로 의무를 행사해야 하는지 갈등이 된다.

클라이언트와 동료 사회복지사와 상사, 기관과 사회 등이 서로 상충되는 기대를 갖게 될 때 갈등을 경험한다.

### (7) 개인적 가치와 전문적 가치

사회복지사는 때때로 자신의 개인적 가치와 전문가로서의 가치의 상충을 경험한다. 사회복지사는 전문직으로서의 가치와 클라이언트의 개인적 가치가 상충 된다.

이러한 과정에서 사회복지사의 개인적 가치와 전문가로서의 가치 사이에서 판단의 어려움과 혼란이 된다(김성철외,2016).

CHAPTER

7

# 사회복지실천 현장의 이해

# ⑦ 사회복지실천 현장의 이해

## 1. 클라이언트, 사회복지사와 기관

### 1) 클라이언트

케이스워크 등의 원조를 요청해 찾아오는 내담자를 일반적으로 원어 그대로 부른다. 원래 고객이라는 의미에서 점차 변호사나 사회사업가 등의 전문가의 원조를 청해 상담을 의뢰하는 사람의 뜻으로 쓰이게 되었다. 엄밀하게는 원조가 필요하여 신청한 단계에서는 아직 신청자(applicant)이지만 사회복지시설이나 기관에서는 일정한 수속절차에 따라 동의해 계약이 이루어진 사회사업가와의 접촉이 개시된 시점부터 클라이언트라고 부른다(사회복지학사전, 2009).

#### (1) 사회복지사의 클라이언트에 대한 윤리기준

① 클라이언트와의 관계

사회복지사는 클라이언트의 권익옹호를 최우선의 가치로 삼고 행동한다. 사회복지사는 클라이언트에 대하여 인간으로서의 존엄성을 존중해야 하며, 전문적 기술과 능력을 최대한 발휘한다.

사회복지사는 클라이언트가 자기결정권을 최대한 행사할 수 있도록 도와야 하며, 저들의 이익을 최대한 대변해야 한다.
사회복지사는 클라이언트의 사생활을 존중하고 보호하며, 직무 수행과정에서 얻은 정보에 대해 철저하게 비밀을 유지해야 한다.
사회복지사는 클라이언트가 받는 서비스의 범위와 내용에 대해, 정확하고 충분한 정보를 제공 함으로써 알 권리를 인정하고 존중해야 한다.
사회복지사는 문서 · 사진 · 컴퓨터 파일 등의 형태로 된 클라이언트의 정보에 대해 비밀보장의 한계 · 정보를 얻어야 하는 목적 및 활용에 대해 구체적으로 알려야 하며, 정보 공개시에는 동의를 얻어야 한다.
사회복지사는 개인적 이익을 위해 클라이언트와의 전문적 관계를 이용하여서는 안 된다.
사회복지사는 어떠한 상황에서도 클라이언트와 부적절한 성적관계를 가져서는 안 된다.
사회복지사는 사회복지 증진을 위한 환경조성에 클라이언트를 동반자로 인정하고 함께 일해야 한다.

② 동료의 클라이언트와의 관계

사회복지사는 적법하고도 적절한 논의 없이 동료 혹은, 다른 기관의 클라이언트와 전문적 관계를 맺어서는 안 된다.
사회복지사는 긴급한 사정으로 인해 동료의 클라이언트를 맡게 된 경우, 자신의 의뢰인 처럼 관심을 갖고 서비스를 제공 한다.

## 2) 사회복지사와 기관

### (1) 사회복지사

1970년 제정된 사회복지사업법에 따라 보건사회부(지금의 보건복지부) 장관이 일정한 자격을 가진 자에게 교부하는 자격증 제도로 시작되었다. 처음에는 사회복지사업종사자라고 불렀으나, 1983년 법률 개정에 따라 지금의 명칭으로 변경되었다. 개정된 사회복지사업법은 사회복지사를 '사회복지의 전문지식과 기술을 가진 자'로 규정하고, 보건복지부 장관이 교부하는 자격증을 3등급으로 구분한다.

1 · 2 · 3급으로 구분하는 자격증은 등급에 따라 학력별 기준의 차이가 있다. 1급 자격은 국가시험에 합격한 사람에게 부여된다. 2급 자격은 대학원, 대학, 전문대학 등을 통하여 사회복지사업법 시행령에 규정된 소정의 과목을 이수한 뒤 졸업한 사람 또는 3급 자격증 소지자로서 3년 이상 실무경험이 있는 사람 등에게 부여된다. 3급 자격은 전문대학 졸업자나 3년 이상의 실무 경력자로서 소정의 기관에서 일정기간 사회복지사업에 관한 교육훈련을 이수한 사람 등에게 부여된다.

사회복지법인 및 사회복지시설을 설치 · 운영하는 자는 사회복지사업법 시행령에 따라 사회복지사를 종사자로 채용하도록 규정되어 있다(13조). 또 시 · 도와 시 · 군 · 구 및 읍 · 면 · 동 등에서는 사회복지사업에 관한 업무를 담당하게 하기 위하여 사회복지사 자격을 가진 사회복지전담공무원을 눌 수 있다(14조).

사회복지사업에는 사회복지 상담과 부랑인 및 노숙인 보호, 직업보도, 무료숙박, 지역사회복지, 의료복지, 재가복지, 사회복지관 운영, 정신질환자 및 한센병력자 사회복귀에 관한 사업 등과 이와 관련된 자원봉사 활동 및 복지시설의 운영 또는 지원을 목적으로 하는 사업이 포함된다.

① 윤리강령전문

사회복지사는 인본주의 · 평등주의 사상에 기초하여, 모든 인간의 존엄성과 가치를 존중하고 천부의 자유권과 생존권의 보장활동에 헌신한다. 특히 사회적 · 경제적 약자들의 편에 서서 사회정의와 평등 · 자유와 민주주의 가치를 실현하는데 앞장선다. 또한 도움을 필요로 하는 사람들의 사회적 지위와 기능을 향상시키기 위해 저들과 함께 일하며, 사회제도 개선과 관련된 제반 활동에 주도적으로 참여한다. 사회복지사는 개인의 주체성과 자기 결정권을 보장하는 데 최선을 다하고, 어떠한 여건 에서도 개인이 부당하게 희생되는 일이 없도록 한다. 이러한 사명을 실천하기 위하여 전문적 지식과 기술을 개발하고, 사회적 가치를 실현하는 전문가로서의 능력과 품위를 유지하기 위해 노력한다. 이에 우리는 클라이언트 · 동료 · 기관 그리고, 지역사회 및 전체사회와 관련된 사회복지사의 행위와 활동을 판단 · 평가하며 인도하는 윤리기준을 다음과 같이 선언하고 이를 준수할 것을 다짐한다.

② 사회복지사의 기본적 윤리기준

- 전문가로서의 자세

  사회복지사는 전문가로서의 품위와 자질을 유지하고, 자신이 맡고 있는 업무에 대해 책임을 진 다.

  사회복지사는 클라이언트의 종교 · 인종 · 성 · 연령 · 국적 · 결혼상태 · 성 취향 · 경제적 지위 · 정 치적 신념 · 정신, 신체적 장애 · 기타 개인적 선호, 특징, 조건, 지위를 이유로 차별 대우를 하지 않는다.

  사회복지사는 전문가로서 성실하고 공정하게 업무를 수행하며, 이 과정에서 어떠한 부당한 압 력에도 타협하지 않는다.

  사회복지사는 사회정의 실현과 클라이언트의 복지 증진에 헌신하며, 이를 위한 환경 조성을 국가와 사회에 요구해야 한다.

  사회복지사는 전문적 가치와 판단에 따라 업무를 수행함에 있어, 기관 내외로부터 부당한 간섭이나 압력을 받지 않는다.

  사회복지사는 자신의 이익을 위해 사회복지 전문직의 가치와 권위를 훼손해서는 안된다.

  사회복지사는 한국사회복지사협회 등 전문가단체 활동에 적극 참여하여, 사회정의 실현과 사회 복지사의 권익옹호를 위해 노력해야 한다.

- 전문성 개발을 위한 노력

  사회복지사는 클라이언트에게 최상의 서비스를 제공하기 위해, 지식과 기술을 개발하는데 최선 을 다하며 이를 활용하고 전파할 책임이 있다.

  클라이언트를 대상으로 연구하는 사회복지사는 저들의 권리를 보장하기 위해, 자발적이고 고지 된 동의를 얻어야 한다.

연구과정에서 얻은 정보는 비밀보장의 원칙에서 다루어져야 하고, 이 과정에서 클라이언트는 신체적, 정신적 불편이나 위험 · 위해 등으로부터 보호되어야 한다.

사회복지사는 전문성을 개발하기 위해 노력하되, 이를 이유로 서비스의 제공을 소홀히 해서는 안된다.

사회복지사는 한국사회복지사협회등이 실시하는 제반교육에 적극 참여하여야 한다.

- 경제적 이득에 대한 태도

사회복지사는 클라이언트의 지불능력에 상관없이 서비스를 제공해야 하며, 이를 이유로 차별대우를 해서는 안 된다.

사회복지사는 필요한 경우에 제공된 서비스에 대해, 공정하고 합리적으로 이용료를 책정해야 한다.

사회복지사는 업무와 관련하여 정당하지 않은 방법으로 경제적 이득을 취하여서는 안 된다.

③ 사회복지사의 동료에 대한 윤리기준

사회복지사는 존중과 신뢰로서 동료를 대하며, 전문가로서의 지위와 인격을 훼손하는 언행을 하지 않는다.

사회복지사는 사회복지 전문직의 이익과 권익을 증진시키기 위해 동료와 협력해야 한다.

사회복지사는 동료의 윤리적이고 전문적인 행위를 촉진시켜야 하며, 이에 반하는 경우 제반 법률규정이나 윤리기준에 따라 대처해야 한다.

사회복지사가 전문적인 판단과 실천이 미흡하여 문제를 야기시켰을 때에는, 적절한 조치를 취 하여 클라이언트의 이익을 보호해야 한다.

사회복지사는 전문직 내 다른 구성원이 행한 비윤리적 행위에 대해, 제반 법률규정이나 윤리기준에 따라 조치를 취해야 한다.

사회복지사는 동료 및 타 전문직 동료의 직무 가치와 내용을 인정 · 이해하며, 상호간에 민주적인 직무관계를 이루도록 노력해야 한다.

### (2) 기관

① 사회복지실천현장의 분류

- 기관의 목적에 따른 분류
  - 1 차 현장: 기관의 일차적 기능이 사회복지서비스를 제공하기 위한 것으로사회복지사가 중심이 되어 활동하는 실천현장
    (예; 지역사회 종합사회복지관, 노인복지관, 사회복귀시설 등)
  - 2 차 현장: 기관의 일차적 기능은 따로 있으며 필요에 의해 사회복지 서비스를 제공
    (예: 의료기관, 교정시설, 학교, 읍 · 면 · 동사무소 등)
- 사회복지기관의 설립주체와 재원의 조달방식에 의한 분류
  - 공공기관: 정부지원으로 운영되며 사회복지사 업무도 정부의 규정이나 지침에 따라지도 · 감독 받음
  - 민간기관: 사회복지 관련사업을 목적으로 사회복지법인, 재단법인, 사단법인, 종교단체,시민사회단체 등에서 운영하는 비영리기관을 총칭
- 서비스 제공방식에 따른 분류
  - 행정기관: 사회복지서비스 전달체계를 효율적으로 운영하기 위해 행정업무를수행하고 기관 간의 협의 및 연계업무를 담당(예; 보건복지부, 노동부, 민간행정조직등)
  - 서비스 기관: 클라이언트에게 직접 서비스를 제공하는 것을 목적으로 하는 기관(예; 지역사회복지관, 노인복지시설 등)
  - 주거시설 제공여부: 생활시설, 이용시설

## 2. 사회복지실천서비스의 목적

### 1) 사회복지실천서비스의 목적

[목적과 목표의 개념상의 차이]

- 목적: 추상적 · 관념적 · 장기적 · 통합적
- 목표: 구체적 · 행동적 · 단기적 · 세분화

#### (1) 사회복지실천 목적의 특징

궁극적인 목적인 '인간의 삶의 질 향상'은 시대나 사회가 변해도 달라지지 않는다. 하지만 인간의 삶의 질의 내용은 사회나 문화, 시대적 상황과 기대 등을 반영하기 때문에 달라질 수 있다. 목적은 사회구성원의 대다수가 합의하는 내용이어야 한다.

#### (2) 사회복지실천 목적에 관한 실질 성명(1979)

"모든 사람의 삶의 질 향상을 위해 개인과 사회 간 서로 유익한 상호 작용을 촉진 또는 회복시키도록 돕는 것"

[목적(삶의 질 향상)에 내포되어 있는 요소]

① 모든 사람 = 모든 사회구성원=〉 특히 상대적으로 소외되고 있는 사회적 약자에 대한 관심 집중=〉 사회정의가 구현되는 사회여야 한다.

② 사회구성원과 사회체계 사이의 유익한 상호작용을 회복 또는 촉진시키는 노력이 있어야 한다.

사회구성원과 사회체계의 관계의 중요성, 사회복지사들의 믿음(신념) =〉 사회복지실천 목적을 구현하기 위한 전제조건이다.

#### (3) 사회복지실천의 기능

① 개인의 사회적 기능 증진

- 사회적 기능: 인간의 기본욕구를 충족하는데 필요한 과업과 활동을 완수하고 지역사회에서 요구하는 주요 사회적 역할을 수행하기 위한 개인의 활동이다. 사회복지실천가는 개인의 삶의 질을 좌우하는 사회적 기능을 향상하는데 실천의 초점이다.

② 사회정의 구현

- 사회정의: 사회구성원에게 그들의 기본적인 권리, 보호, 기회 그리고 사회적 혜택을 인정하고 지원하는데 있어 이상적인 조건이나 상태이다.
- 사회복지 실천가는 공정하고 정의롭게 모든 사람들의 기본권을 인정하고 책임있게 행동하도록 사람들에게 촉구함으로써 권리를 인정받지 못하거나 무시당하는 클라이언트를 위해 대변자 역할을 하는등의 실천에 초점이다.

### 2) 사회복지실천의 장

사회복지사가 직접 또는 간접적으로 사회복지서비스를 전달하는 장으로 '장소'의 개념을 넘어 사회복지실천이 이루어지는 '장', '문제', '대상집단'을 모두 포괄하는 개념이다.

[사회복지실천현장의 광의의 개념과 협의의 개념]

- 광의의 개념: 실천분야 또는 서비스의 초점이 되는 문제영역을 포괄하는 개념과서비스를 제공하기 위해 직접 · 간접으로 관련되는 모든 현장이다.
- 협의의 개념: 사회복지서비스를 직접 또는 간접적으로 제공하는 사회복지기관이다.

[사회복지기관의 설립주체와 재원의 조달방식에 의한 분류]

- 공공기관: 정부지원으로 운영되며 사회복지사 업무도 정부의 규정이나 지침에 따라지도 · 감독 받는다.
- 민간기관: 사회복지 관련사업을 목적으로 사회복지법인, 재단법인, 사단법인, 종교단체,시민사회단체 등에서 운영하는 비영리기관을 총칭한다.

[서비스 제공방식에 따른 분류]

- 행정기관: 사회복지서비스 전달체계를 효율적으로 운영하기 위해 행정업무를수행하고 기관 간의 협의 및 연계업무를 담당한다. (예; 보건복지부, 노동부, 민간행정조직등)
- 서비스 기관: 클라이언트에게 직접 서비스를 제공하는 것을 목적으로 하는 기관이다. (예; 지역사회복지관, 노인복지시설 등)
- 주거시설 제공여부: 생활시설, 이용시설

## 3. 사회복지사 역할

### 1) 사회복지사의 다양한 역할

미시적 · 거시적 측면에서의 사회복지사의 역할은 개인의 문제나 욕구를 해결하는 것 같은 미시적 개입과 사회문제를 예방하고 해결하는 것 같은 거시적 정책개입으로 나뉜다.

1970년대 사회복지사업종사자로 시작하여 1983년 5월 사회복지사업법이 개정되면서 사회사업가 또는 사회사업종사자의 명칭이 "사회복지사"로 규정되어 사회복지사 자격증이 발급되기 시작하였다.

이후 사회사업은 사회사업학의 학문적 체계에서 사용되어지고, 사회복지사의 영문표기는 "Social Worker"로 사용하고 있다.

우리나라는 사회복지사업법 제 11조제1항의 규정에 의하여 “사회복지에 관한 전문지식과 기술을 가진 자”를 사회복지사로 규정하고 있다.

사회복지사업법 시행령 제6조제1항에서는 다음의 업무를 수행하는 자를 사회복지사로 채용하도록 규정하고 있음

- 사회복지프로그램의 개발 및 운영
- 시설 거주자의 생활지도 업무
- 사회복지를 필요로 하는 자에 대한 상담업무

**[학자별 사회복지사의 역할]**

| | 밀리와 동료들 | 페데리코 | 쉐퍼 등 | 제스트로 |
|---|---|---|---|---|
| 1) 미시적 차원의 역할 (개인/가족) | 조성자(enabler)<br>중개자(broker)<br>옹호자 (advocate)<br>교사(teacher) | 서비스제공자 (care giver)<br>행동변화유발자 (behavior changer)<br>촉진자(mobilizer)/ 조성자(enabler)<br>중개자(broker)<br>옹호자(advocate)<br>교사(teacher) | 상담가/임상가<br>사례관리자<br>중개자<br>옹호자<br>교사 | 조성자(enabler)<br>집단 촉진자 (group facilitator)<br>중개자(broker)<br>옹호자(advocate)<br>교육가(educator) |
| 2) 중범위 차원의 역할 (조직/공식적 집단) | 촉진자(facilitator)<br>중재자(mediator)<br>훈련가(trainer) | 행정가(administratior)<br>사무가(consultant) | 행정가<br>업무량관리자<br>직원개발자 | 중재자(mediator)<br>협상가(negotiator)<br>조정가 (coordinator) |
| 3) 거시적 차원의 역할(지역사회/ 사회) | 계획가(planner)<br>행동가(activist)<br>현장개입가 (outreach) | 계획가 (community planner)<br>현장 개입가(outreach) | 사회변화 대행자 | 주창자 (initiator)<br>행동가 (activist) |
| 4) 전문가 차원의 역할(사회복지 전문가 집단) | 동료(colleague)<br>촉매자(catalyst)<br>연구자 (researcher)/ 학자(scholar) | 자료 관리자 (data manager)<br>평가자(evaluator) | 전문가 | 연설가(public speaker)<br>연구자(researcher) |

### 2) 사회복지 실천현장의 분류별 역할

#### (1) 일반영역

① 공적사회복지영역

사회복지사업법 제14조: 사회복지사업에 관한 업무를 담당하게 하기 위하여 시도, 시군구 및 읍면동 또는 복지사무전담기구에 사회복지사 자격증을 가진 사회복지전담공무원을 두도록 규정하고 있음.

② 사회복지기관 및 시설 영역

지역복지사업, 아동복지, 노인복지, 장애인복지, 모자복지 등의 민간 사회복지지관 영역

③ 보건의료영역(의료법, 정신보건법에서 규정)

의료사회복지사 (Medical Social Worker)

병원이나 진료소에서 임상치료팀의 일원으로 질병의 직 · 간접적인 원인이 되고 치료에 장애가 되는 환자의 심리 · 사회적인 문제들을 해결하도록 도와주며, 환자가 퇴원한 후에도 정상적인 사회기능을 발휘할 수 있도록 환자와 그의 가족에게 전문적인 사회복지서비스를 제공하는 사회복지사

④ 정신보건사회복지사(Mental Health Social Worker)

사회복지사 1급 자격증 소지자중에서 정신보건분야의 전문적인 지식과 기술을 가지고 정신질환자의 개인력 및 사회조사, 정신질환자에 대한 사회사업지도 및 방문지도, 사회복귀 촉진을 위한 생활훈련 및 직업훈련, 정신질환자와 그 가족에 대한 교육 · 지도 및 상담업무, 정신질환 예방 활동 및 정신보건에 관한 조사연구를 하는 사회복지사

### (2) 확장영역

① 학교사회복지사(School Social Worker)

학생 개개인의 지적, 사회적, 정서적 욕구와 문제해결에 관심을 갖도록 도와주며, 이를 통하여 모든 학생들이 학교에서 공평한 교육기회와 성취감을 제공받을 수 있도록 사회복지의 다양한 실천방법을 활용하는 사회복지사

② 자원봉사활동관리 전문가(Voluntary Activities Coordinator)

자원봉사자들을 모집, 배치, 상담, 훈련하고 자원봉사자 활용 프로그램의 개발과 시행, 평가하는 사회복지사

③ 교정사회복지사(Correctional Social Worker)

현행 법무부산하의 교정시설에서 범죄인의 재활과 범죄 예방에 개입하고 있는 사회복지전문직은 교정사회복지사로 통칭되고 있음.

④ 군사회복지사(Military Social Worker)

- 군대내의 의무직에 속하여 환자의 상담과 복귀를 위한 복지업무를 담당하는 사회복지사
- 병과분류 764/의무병과 · 의무행정 · 사회사업으로 분류.

⑤ 산업사회복지사(Industrial Social Worker)

기업체에서 노동자들의 비복지적 문제의 개선을 위해 사회복지학의 전문지식을 활용하여 문제해결을 수행하는 사회복지사(김성철외,2011).

CHAPTER

8

# 체계이론과 생태체계이론

# 8
# 체계이론과 생태체계이론

## 1. 체계이론

### 1) 체계이론의 주요개념

체계는 상호연관성이 있으며 상호의존적인 구성요소들로 이루어진 전체를 의미한다. 체계 이론은 여러 종류의 체계들로 물리적인 세계가 구성되어 있으며, 이 체계들은 각기 고유한 목적을 가지고 기능을 하며, 다른 체계들과 상호 작용하면서 성장하고, 발달하는 특징을 가진다. 이러한 특성으로 인하여 생물학적 체계 또는 사회적 체계의 행동은 예측이 가능하며, 특정 체계에 의도된 변화를 유도하기 위한 전략을 수립하는 것도 가능하다.

사회복지실천에서 체계 이론은 클라이언트에 영향을 미치는 생물학적 체계 와 사회적 체계에 초점을 맞춘다. 체계 간의 상작용성으로 인하여, 클라이언트 체계는 다른 체계와 지속적으로 상호작용하면서 영향을 받고, 그에 맞게 체 계의 상태를 변화시켜 간다. 클라이언트 체계는 클라이언트 자신 또는 그가 속 한 체계를 의미하며, 크기에 따라서 개인, 가족, 조직, 지역사회 등으로 구분할 수 있다. 실제로 클라이언트 체계에 개입하여 지속적으로 상호작용을 전개하 면, 클라이언트 체계의 변화를 유도할 수 있으므로, 체계이론은 클라이언트 체 계의 개념과 변화과정을 설명하는 이론적인 틀을 제공한다.

(1) 체계(System)

체계는 상호의존적이며 상호 영향을 주고받는 부분으로 이루어진 전체 로, 시스템이라고도 한다. 체계는 여러 구성 요소들로 이루어진 단순집합이 아니라, 상호 의존적이며 서로 상호작용하는 특별한 관계로 연결된 전체를 의미한다. 실제로 체계는 하위 구성 요소들로 이루어진 단순 합 이상을 의 미하며 하위 구성 요소들 사이의 상호작용과 의존성까지 포함한 복합적인 개념이다. 이런 체계의 속성은"전체는 부분의 합보다 크다."라는 개념으로 정리할 수 있는데, 체계는 각 부분들로 이루어진 단순 합보다 크다.

(2) 경계(Boundary)

살아 있는 동물과 식물들은 수억 개의 세포로 이루어졌고, 세포는 세포막이라는 경계에 의해 구분된다. 체계는 외부와의 접촉과 상호작용을 통제 하는 비(非)가시적인 경계를 가지고 있다. 실제로 클라이언트가 속하거나 클라이언트에게 영향을 주는 사회 체계 중에서 조직, 지역사회처럼 경계가 뚜렷하지 않는 경우도 있다. 하지만, 가족과 관련된 체계 중에서 부부, 부 모, 형제자매, 학부모 등과 같이 경계가 뚜렷한 사회 체계도 있다. 생물은 세포막이라는 경계를 통하여 외부와 상호작용하고, 세포에서 필요한 산소 와 물을 공급받는 것처럼 체계는 경계를 통하여 외부 체계와 상호작용을 하 고, 다른 체계와 에너지와 정보를 교환한다.

### (3) 개방 체계와 폐쇄 체계

개방 체계는 체계 경계의 투과성이 높아서 체계와 다른 체계 사이에 높은 수준의 상호작용이 일어나는 체계이다. 따라서 개방 체계는 다른 체계와 에 너지 및 정보 교환을 활발하게 실행하는 속성이 있으며, 체계의 성장에 필요한 에너지와 정보를 빠르게 받아들여서 체계의 기능을 향상시키고, 체계 의 상태를 안정화시키며, 새로운 상태로 발전해가는 특성을 가진다.

폐쇄 체계는 체계의 투과성이 낮아서 체계와 다른 체계 사이의 상호작용 이 거의 일어나지 않는 체계이다. 따라서 체계 내부로 투입되는 에너지도 거의 없고, 체계 외부로 발산하는 산출량도 거의 없다. 폐쇄 체계는 외부의 에너지와 정보 유입이 차단되기 때문에 시간이 흐를수록 구성원들 사이에 구별이 없어지고 점차 동질화되는 경향이 있다. 폐쇄 체계의 동질화는 체계 의 고유 특성인 상호의존성 및 상호작용성 원칙을 훼손시키기 때문에 체계 내의 조직 구성 및 기능은 점점 쇠퇴하게 된다.

### (4) 엔트로피와 부적 엔트로피

엔트로피는 열역학의 개념으로 무작위성, 무조직성을 의미하며 체계 내 에 불확실성을 야기하기 때문에 체계의 행동이나 행동의 결과를 예측하는 것이 불가능하다. 따라서 엔트로피는 분해되고 해체되는 체계의 속성이며, 무너지거나 사멸되는 체계에서 관측된다. 엔트로피가 높은 체계는 불확실성을 극복하고 예측 가능성을 높이기 위하여 많은 양의 정보가 필요하다. 이때 구성 요소 사이의 상호작용 수준이 낮아서 정보 양이 감소하면 체계를 유지하고 발전시키는 에너지가 감소한다. 특히, 폐쇄 체계는 외부와의 상호 작용이 거의 없기 때문에 엔트로피 작용으로 의하여 소멸할 가능성이 높다.

부적 엔트로피(negative entropy) 또는 네겐트로피(negentropy)는 엔트로피의 반대 개념으로, 체계를 유지하고 발전시키며 생존하게 하는 체계의 힘을 말한다.

이때 불확실성이 감소하고 체계의 결과에 대한 예측 가능성이 증가하며, 체계의 질서가 증가한다. 부적 엔트로피는 개방 체계에서 주로 나타나는 현상으로, 체계의 성장에 필요한 정보나 에너지를 자유롭게 받아들임으로써 체계 자체의 기능을 유지 발전시킬 수 있다. 일반적으로 활발하게 성장하는 체계는 비교적 명확하고 반투과적인 경계를 갖고 있으며, 그 경계의 유연성을 유지하는 장치들을 갖고 있다(Compton & Gallaway, 1999).

### (5) 홀론

홀론(holon)은 희랍어의 '전체(holos)'와 '작은 분자(proton)'의 합성어로, 전체이면서 동시에 부분을 의미하며,'부분적 전체'로 정의할 수 있다. 체계는 그 체계에 속한 하위 구성 요소 입장에서는 전체이지만, 그 체계가 속한 보다 큰 체계의 입장에서는 부분, 또는 구성 요소가 되는 현상을 의미 한다. 사람의 인체 구조를 보면, 세포가 모여 심장을 구성하고, 장기들이 모 여 인체를 만들 듯이 클라이언트 체계(개인, 가족, 조직, 지역사회 등)도 각기 하위요소를 포함하고 있으며, 또다른 상위체계의 부분이 되는 것이다.

### (6) 항상성

체계는 현재의 평형상태를 유지하려는 방향으로 작동하는데, 이처럼 체 계 스스로 안정된 상태를 유지하고 복원하려는 경향을 항상성(homeostasis)이라 한다. 체계의 항상성은 피드백에 의한 제어를 반복적으로 수행함으로써 달성된다. 예를 들어, 가족 체계에서 문제가 발생하여 가족 내부에 갈등과 불확실성이 증가하면, 가족들은 의사소통과 피드백의 과정을 거치면서 가족 구성원의 행동반경과 전환방식을 조절하는데, 이를 통하여 가족 체계의 산출을 일정한 한계 또는 범위 안으로 통제한다.

### (7) 피드백

체계 사이의 상호작용은 투입, 전환, 산출, 그리고 피드백의 4단계의 제어과정을 통하여 조절된다. 투입(inputs)은 체계 외부에서 체계 내부로 유입되는 에너지나 정보를 의미한다. 전환(throughputs)은 체계 기능 유지에 필요한 형태로 투입물을 처리하는 것을 의미하며, 산출(outputs)은 전환 활동을 통해 체 계 밖으로 산출되는 결과물이다. 피드백(feedback)은 체계가 산출물을 모니터 하여 체계의 기능을 점검하고, 새로운 행위를 산출하거나 기존의 행위를 조절함으로써 체계의 상태를 유지하거나 체계의 목적을 향해 나아가도록 하는 과정 이다.

피드백은 긍정적 피드백과 부정적 피드백으로 나뉜다. 긍정적 피드백은 산출이 바람직하다고 확인시켜줘서, 전환의 빈도를 증가시키거나 강도를 상향 조 정하도록 장려하는 행동이나 과정이다. 따라서 긍정적 피드백은 현재의 행동, 상황을 지속하거나 강화하도록 한다. 반면에 부정적 피드백은 체계의 산출이 질적, 양적으로 기대에 못 미친다는 평가를 내려서, 체계의 전환 행동을 중단하거나 조정하도록 한다. 그러므로 부정적 피드백은 현재의 행동이나 상황을 중단하도록 하는 환류 과정이다. 대부분 부정적 피드백은 체계의 안정이 극심하게 위협받는 한계 상황에서 뚜렷하게 작동되는데, 클라이언트가 위기상황이나 일탈에서 벗어나 원래의 안정된 상태로 돌아가도록 하는 작용을 한다.

## 2) 사회복지실천을 위한 체계의 개념

사회복지실천의 클라이언트 체계는 개인, 가족, 조직, 지역사회로 구분할 수 있으며, 이들의 문제나 욕구를 해결하기 위하여, 클라이언트 체계에 영향을 미치는 다양한 체계들의 유기적인 역할을 필요로 한다. 체계는 서로 의존적이며 상호작용하는 특성이 있으므로, 사회복지사가 클라이언트의 문제를 효과적으로 해결하려면 클라이언트 체계와 상호작용하는 체계들과 활동하여야 한다. 체계이론은 클라이언트의 문제를 원인과 결과로 진단하던 원조적 관점에서 벗어 날 수 있게 하였고, 체계 문제를 연속적인 관계를 통하여 상호 연결된 전체 속에서의 접근할 수 있게 하였다.

핀커스와 미나한(Pincus & Minahan, 1973)은 사회복지 현장에서 클라이언트의 문제해결에 관련된 체계를 클라이언트 체계, 표적 체계, 변화매개 체계, 행동 체계의 네 종류 체계로 구분하여, 4체계 이론을 제시하였다. 콤프톤와 갤러웨이(Compton & Gallaway, 1999)는 4체계 이론에 전문가 체계를 추가하여 5체계이론을 제시하였다.

### (1) 클라이언트 체계

클라이언트 체계(client system)는 사회복지사에게 서비스를 요청하는 사람 또는 서비스 제공을 받아들이는 사람이나 조직을 의미한다. 서비스 요 청은 클라이언트가 하기도 하지만, 클라이언트의 가족, 이웃, 동료, 또는 교사 등에 의해 이루어지는 경우가 많다. 이들은 클라이언트의 문제와 욕구 가 해결되기를 기대하는 사람들이며, 사회복지실천 과정을 통하여 혜택을 받는 사람들이다. 클라이언트 체계는 그들이 기대하는 서비스 혜택을 받기 위하여, 사회복지사와 함께 사회복지 실천 과정에 참여하여 공동의 노력을 기울이겠다는 것을 명시적 또는 묵시적으로 동의한 사람들이다.

비행청소년, 아동 성폭력, 알코올 환자 등에 대한 집단치료처럼, 대부분 사회복지 서비스는 클라이언트 체계의 요청에 의해 일어난다. 하지만, 클라이언트 체계가 분명하지 않은 경우도 있다. 예를 들어 독거노인을 보호하기 위하여 정기적으로 가정을 방문하여 노인돌봄서비스를 제공하는 요양보호 사나 밑반찬을 전달하는 사회복지사의 경우, 독거노인이 직접 서비스를 신 청하지 않았다면 클라이언트 체계는 국가나 지역사회 등이 될 수 있다.

### (2) 표적 체계

표적 체계(target system)는 사회복지실천의 목적을 달성하기 위하여 변화시키거나 영향을 주어야 할 대상을 의미한다. 알코올 중독이나 마약 중 독처럼 클라이언트의 문제를 해결하기 위하여 클라이언트 자신이 변해야 하는 경우, 클라이언트가 표적 체계가 된다. 만일 클라이언트의 문제해결을 위해 다른 체계를 변화시켜야 한다면, 변화시킬 대상 체계가 표적 체계가 된다. 예를 들어, 가출 청소년의 상담을 부모가 의뢰하였다면 부모가 클라이언트 체계가 되고, 가출 청소년은 표적 체계가 된다.

사회복지실천 과정에서 표적 체계는 클라이언트 체계로 전환되기도 하므 로 매우 신중하게 사회복지실천을 접근하는 것이 바람직하다. 비행청소년 을 대상으로 하는 프로그램을 실행하는 과정에서 가해자 학생은 심리적, 정 신적 상처를 입을 수 있으며, 원래 문제와는 별도로 새로운 문제가 발생하 여 문제해결을 너욱 어렵게 만드는 경우도 있다.

### (3) 변화매개 체계

변화매개 체계(change agent system)는 클라이언트체계에 변화가 일어나도록 매개하는 체계로서, 사회복지사와 사회복지사가 속해 있는 기관이나 조직을 의미한다. 변화매개 체계는 문제해결과 관련된 체계들을 파악 하고, 그 체계들을 자원화하기 위한 계획을 수립하며, 체계들과 공동 노력 을 통하여 표적 체계에 계획된 변화를 유도한다. 사회복지사뿐만 아니라 사 회복지사가 속한 사회복지관, 아동상담소, 치료기관 등이 변화매개 체계에 속한다. 변화매계 체계는 사회복지사 권위의 근거가 되며, 기관의 방침과 활동영역 범위 안에서 자원 제공 및 연결을 통하여 사회복지사의 활동에 영향을 준다.

### (4) 행동 체계

행동 체계는 사회복지사 및 사회복지 조직이 문제해결을 위하여 공동으로 노력하는 모든 체계이다. 행동 체계로는 가족, 이웃, 동료, 전문가 등이 해당하며, 사회복지사는 단계에 따라 서로 다른 행동 체계와 협력할 수 있다. 예를 들어, 비행청소년 문제를 다룰 경우 학교 선생님, 학급 동료 친구 들, 부모와 가족, 보호관찰관, 청소년 단체 등이 행동 체계에 해당한다. 이때 사회복지사는 행동 체계와 다양한 형태로 협력 클라이언트의 문제 발견, 사회복지실천의 목표 설정, 변화 과정의 승인 등에 관여하고, 각각의 과정 에 참여하여 표적 체계에 영향을 미치는 행동을 함께 하기도 한다.

### (5) 전문가 체계

전문가 체계(expert system)란 사회복지가의 전문성과 위상을 강화하고 높이기 위하여 노력하는 전문가 단체들로서, 사회복지 협의체와 같은 전문 가 단체나 전문 기관의 연합체를 의미한다. 전문가 체계는 사회복지사에게 권위를 부여하며, 사회복지사의 윤리강령이나 가치 체계를 작성하여 전문가의 자질을 강화하는 것을 목적으로 활동한다. 사회복지사는 전문가 체계 의 명목적, 실제적 지원을 바탕으로 자신의 영향력을 확대하고, 활동의 정 당성을 확보하며, 표적 체계의 변화를 위한 각종 지원과 지지를 확보할 수 있다.

## 3) 체계이론의 의의

체계 이론은 사회복지실천 분야에 큰 영향을 미쳤다. 실제로 체계 이론이 정립되기 전까지, 사회복지실천을 설명할 수 있는 구조적인 틀이 제공되지 않았다. 체계 이론으로 인하여 사회복지실천의 성격을 구체적으로 설정할 수 있었는데, 체계 이론의 의의를 살펴보면 다음과 같다.

첫째, 체계 이론은 사회복지실천을 위한 개념적인 틀을 제공하였다. 체계 이론이 정립되기 전까지 개별사회사업은'원인과 결과'의 관점으로 클라이언트의 문제를 접근하였고, 문제를 해결하기 위한 원인 제거에 지나치게 치중하여, 개인의 잘못된 원인 행위를 진단하고 치유하는 것에 집중하였다. 따라서 개별 사회사업이 진단과 치료 중심이었으며, 원조적인 관점을 크게 벗어나지 못하였다. 하지만 클라이언트 문제를 해결하기 위하여 상호 의존적인 체계들 사이의 상호작용을 강조하는 체계 이론이 등장하면서 클라이언트의 문제를 관련 체계 전체의 문제로 바라보는 시각으로 전환할 수 있게 되었다.

둘째, 상호작용에 근거한 역동성을 사회복지실천에 활용할 수 있게 되었다. 클라이언트에게서 발생하는 문제의 원인을 개인적인 차원에서 진단하려던 과 거의 전통에서 벗어나, 체계 이론은 개인과 환경 사이의 상호작용에서 문제의 원인을 찾고, 이를 해결하기 위한 실천 과정도 체계들 사이의 상호작용을 통해 서 실행한다. 실제로 클라이언트의 문제는 지극히 개별적이고 다양한 원인에 의해 발생하는데, 체계 이론은 문제 원인 및 해결과 관련된 체계들 사이의 상호 작용을 강조함으로써, 클라이언트의 문제를 근본적으로 해결하는 길을 열었다. 또한, 클라이언트 개인 차원에서 문제를 접근하던 한계에서 벗어나 생활환경 속에서 관련 체계들의 협력을 통한 문제해결의 길을 열었다.

셋째, 체계 이론은 파문 효과(ripple effect)를 효과적으로 활용할 수 있다. 문제해결 과정에서 특정 요소가 변화하면 그 변화는 의존적인 다른 요소에 영 향을 주고, 상호작용하는 다른 체계에 영향을 준다. 예를 들어 알코올 중독인 남성이 치료되면 그 효과는 건강회복에 국한되지 않고 노동의욕 향상, 수입의 증가, 가장 역할 수행의 촉진, 가정 화목으로 이어져서 긍정적인 효과가 연쇄적으로 발생하는 파문 효과를 갖게 된다. 따라서 체계 이론은 문제해결의 효과가 개인에게 국한되지 않고, 클라이언트와 관련된 다양한 체계로 확산되는 것을 이론적으로 제시하고 있다.

넷째, 체계 이론은 문제 진단과 해결을 체계 사이의 관계 속에서 파악하는 분석틀을 제공하지만 구체적인 방법론을 제시하지는 않는다. 사회복지실천을 개인에서 체계 전체로 옮기는 관점의 변화에는 기여했지만, 어떻게 행동하고 문제에 대하여 어떤 처방을 내려야 하는지에 대한 구체적인 지침은 제공하지 않는다. 따라서 사회복지사는 체계 이론을 활용하여 전체적인 분석의 틀을 유지하고, 세부적인 실천 이론들은 다른 분야의 실천 이론들을 활용하는 것이 바람직하다(김성철외, 2016).

## 2. 생태체계이론의 환경과 수준

### 1) 생태체계 이론의 주요개념

생태체계 이론은 체계 이론(Bertalanffy, 1967)과 생태 이론(Auerswald, 1968)의 합성어로 생태체계론(ecosystems), 생태적 체계론(ecological systems), 생태적 관점(ecological perspective) 등의 용어와 혼용되고 있다. 브론펜브래너(Bronfenbrenner, 1979)는 인간 발달 과정을 분석하는 가운데 체계론적 관점을 확대하여 생태적 체계(ecological systems)라는 용어를 사용 하였고, 이 용어는 저메인과 지터맨(Germain & Gitterman,1980)이 생활모 델이라는 사회복지모델을 제시하는 가운데 생태체계모델(ecoi-systemic model)을 도입하면서사회복지실천의 모델로 자리 잡게 되었다.

생태학은 생물 상호 간의 관계 및 생물과 환경과의 관계를 연구하는 학문이다. 생태학의 기본 가정은 개인이 그를 둘러싼 환경과 지속적으로 상호작용한 다는 것이다. 그 상호작용은 개인의 일상생활뿐만 아니라 정치 및 교육제도, 사 회문화 수준에 이르기까지 다양한 차원에서 이루어진다. 개인은 환경에 적응하려고 노력하며, 자신의 욕구를 환경과의 역동적인 관계 속에서 효과적으로 충족시키려고 한다. 따라서 생태체계적 관점은 환경 속의 인간(person-in-environment)에서 제시하는 주요 개념을 사회복지실천적인 의미로 구체화한 것으로 이해할 수 있다.

### (1) 적소

적소(niche, 適所)는 생태계에 존재하는 특정 종(種)이 가장 효과적으로 생활할 수 있는 특정 장소나 환경을 의미한다(Sheafor & Horejsi, 2008). 클라이언트가 기능을 효과적으로 발휘할 수 있는 분야나 장소가'적소'이 며, 클라이언트는 환경 속에서 자신에게'가장 적합한(fit best)'적소를 갖고 있다.

### (2) 적응

적응(adaptation)이란 개인과 그 개인이 속한 환경 사이의 적합 상태 (person: environment fit)(German & Gitterman, 1995)를 의미한다. 여기서 적합(fit)이란 개인 또는 집단의 욕구, 권리, 목적, 능력 등이 개인이 나 집단이 처한 문화, 역사적인 맥락 속에 존재하는 물리적, 환경적 성질이나 조건 사이의 맞물림 상태, 즉 개인의 욕구와 사회적 욕구 사이의 조화 와 균형의 정도를 의미한다(엄명용 외, 2010). 적합이란 개인과 환경이 적절하게 결합된 상태로써 개인의 욕구와 환경의 자원이 잘 부합된 상태를 의미한다. 잘 적응된 개인은 그가 속한 사회 체계와 긍정적으로 상호작용하면 서, 자신의 욕구를 충족시키고 능력을 발휘할 수 있다. 반면에 적응이 잘안 된 상태에서는 개인의 건강, 심리적인 안정, 사회적 기능에 부정적으로 작용하며, 그가 속한 환경과 사회에도 나쁜 영향을 미치게 된다.

### (3) 전문화

변화하는 환경에 대처하기 위하여 생물체는 적응력을 높여야 하는데 그 중에 한 형태가 전문화(specialization)이다. 전문화는 경쟁의 이점을 감소시키는 이점이 있지만 고도로 전문화된 종은 급변하는 환경의 영향에 더 취약하다. 일반적으로 전문화는 상대적으로 안정된 환경에서 종의 생존력을 향상시키지만, 급변하는 환경에서는 생존력이 감소하게 된다(김혜영 외, 2010 재인용).

## 2) 생태체계 이론의 환경

인간은 자신의 문제를 해결하고 욕구를 충족하기 위하여 다양한 수준의 환경과 상호작용한다. 이때 개인이 상호작용하는 환경은 물리적인 환경에서 개념 적이고 관념적인 환경까지 다양하며, 개인이 활동하는 일상생활에서 법률, 제 도, 정치, 규범 등을 포괄하는 사회 환경에 이르기까지 그 수준이 다양하다. 개인은 이들과 지속적으로 상호작용하면서 직접, 간접적인 영향을 받고 산다.

### (1) 환경 속의 인간(person-in-environment)

인간행동은 겉으로 드러난 행동뿐 아니라 사고, 감정 등 인지적, 정서적 요소들까지 포함함으로써 복잡한 체계 내에서 다양한 요인들에 의해 특정한 행동이 유발된다. 그러므로 인간행동은 개인을 둘러싼 환경 내에서 이해되어야 한다.

### (2) 인간발달의 이해

인간행동을 정확히 이해하기 위해서는 인간을 신체-심리-사회적 요인이 통합되어 있는 전체로서의 인간으로 이해하여야 한다. 인간의 신체, 심리, 사회적 요인과 이들 요인간의 상호작용과 수정에서부터 사망에 이르기까지의 전 생애에 걸친 성장, 성숙, 노화의 과정인 발달은 역동적으로 변화하기 때문이다.

### (3) 인간 성격의 이해

인간행동은 주로 개인의 성격에 의해 결정되므로, 인간행동 이해를 위해서는 인간의 성격을 이해하여야 한다. 인간의 성격을 이해하게 되면 인간행동을 있는 그대로 기술(description)하고, 그 행동의 원인을 설명(explanation)할 수 있게 되며, 미래의 행동을 예측(prediction)할 수 있고, 그 행동을 바람직한 형태로 변화 또는 통제할 수 있는 방안을 찾을 수 있게 된다.

#### (4) 부적응 행동에 대한 이해

사회복지실천에서는 개인, 집단, 가족 수준에서 이러한 클라이언트의 이상행동이나 부적응 행동을 보다 바람직한 적응적 행동으로 변화시키고 클라이언트의 사회적 기능을 향상시키고자 한다. 따라서 사회복지실천에 기초가 되는 인간행동의 이해와 변화를 위해서는 이상행동과 부적응 행동에 관한 정확한 이해를 갖추어야 한다.

### 3) 생태체계 이론의 수준

브론펜 브레너(Bronfenbrenner, 1979)는 클라이언트가 네 가지의 서로 다른 수준의 생태학적 환경에 속해 있다고 제시하였는데, 미시 체계, 중간 체계, 외부 체계, 거시 체계가 그것이다. 이때 각 수준의 환경에는 다양한 체계들이 존재하며, 이 체계들은 보다 높은 수준의 체계 내부에 놓여 있어서 상위 체계와 의 상호작용 결과에 따라서 해당 체계들의 기능이나 활동의 양상이 결정된다.

#### (1) 미시 체계

미시 체계(micro system)는 가족, 친구, 동료, 선생님처럼 클라이언트가 일상생활 속에서 상호작용하는 사람을 의미하며 가정, 놀이터, 학교, 또래 여가생활과 같이 클라이언트가 참여하는 장소나 모임을 의미하기도 한다. 미시 체계는 개인마다 다르며, 같은 체계에 속한 클라이언트에게 직접적인 영향을 주기 때문에 개인의 행동과 정서발달에 매우 중요한 영향을 미친다. 특히 영아기, 유아기, 아동기까지는 미시 체계의 영향이 절대적이며, 청소년기를 지나면서 미시 체계의 중요성은 서서히 감소한다.

미시 체계는 상위 수준의 체계에 영향을 받으며 기능을 수행한다. 예를 들 어, 개인에게 요구되는 역할 기대는 사회 전반적인 규범이나 개인이 속한 하위문화에 영향을 받아서 형성된다. 따라서 미시 체계 구성원들의 역할은 하위문화 또는 사회규범이라는 거시 체계의 특성에 직접 영향을 받기도 한다.

### (2) 중간 체계

중간 체계(mezzo system)는 클라이언트가 참여하는 미시 체계 사이의 상호작용 관계이다. 예를 들어, 친구와 친구 사이의 관계, 아버지와 어머니의 관계처럼 나를 제외한 미시체계 사이의 관계를 의미하며, 중간 체계는 클라이언트의 심리적 태도와 행동에 매우 큰 영향을 미친다. 아동의 아버지와 어머니가 모두 잘 대해주지만 부부관계가 아주 나쁘다면, 아동의 정서발달에 부정적인 영향을 주게 되고 탈선의 원인이 될 수도 있다. 또한, 아내 에 대해 폭력적인 아버지는 아동에게 부정적인 역할모델이 되어 미래 아동 의 미시 체계를 왜곡시킬 수도 있다. 중간 체계는 클라이언트가 속한 가정, 학교, 이웃, 직장 사이의 상호작용과 그로 인한 관계로 정의할 수 있으며, 클라이언트의 심리적 안정과 기능의 발달에 직접적인 영향을 준다.

### (3) 외부 체계

외부 체계(exo system)는 클라이언트가 직접 참여하지는 않지만 클라이언트에게 영향을 주는 환경을 의미한다. 외부 체계의 첫째 유형으로 부모가 다니는 직장, 형제가 다니는 학교와 같이 미시 체계가 지속적으로 참여하는 유형이 있다. 아버지의 직장을 아동이 직접 참여하지는 않지만, 아버지의 직장은 가정의 안정, 자녀 양육 방식 등에 대한 부모의 태도에 영향을 주어 아동에게 간접적으로 영향을 준다.

외부 체계의 둘째 유형으로 대중매체, 교육기관, 사회복지기관의 활동, 교통

수단, 지역사회의 놀이터, 문화시설과 같이 클라이언트에게 간헐적으로 영향을 주는 물리적 시설이나 사회적 환경들이 포함된다. 지역사회에 개인이 활용할 수 있는 문화시설이나 자원이 풍부하면, 개인의 경험의 폭이 확대되어 개인의 정서 발달 및 환경에 대한 적응력을 향상시킬 수 있다.

#### (4) 거시 체계

거시 체계(macro system)는 클라이언트가 속한 사회의 이념이나 제도를 의미하며 일반적인 문화와 규범, 법과 제도, 사회적 체계, 경제적 제도 등을 포괄한다. 거시 체계로서의 문화는 비형식적이며 관습이나 생활습관 또는 신념의 형태로 나타나는데 사회 전반에 걸쳐 적용되는 문화도 있지만 특정 집단에만 제한적으로 나타나는 하위문화도 있다. 예를 들어 아동에 대 한 양육 태도와 방식은 각 나라의 사회문화적 배경에 따라 결정되는 경우가 많으며 이런 신념이나 가치관은 사회 전반에 걸쳐서 광범위하고 지속적으로 영향을 준다.

## 3. 생태체계이론의 개입과 적용

### 1) 생태체계 이론의 개입

생태체계 이론은 사회복지실천을 위한 구체적인 개입 기술을 제시하는 실천모델이 아니라 문제해결을 위한 개입의 준거 틀을 제공하며 클라이언트가 현재 상황을 체계의 관점에서 종합적으로 사정하는 도구로 사용될 수 있다.

생태체계학적 접근방법에는 다른 접근방법과 같은 기법과 기술을 쓰고 있지만, 내담자의 행동, 자율성, 자존감, 유능성의 증진을 통하여 적응능력을 고양하고 환경적 속성을 변화시키는 데 목적을 두고 쓰이고 있다는 점에서 다른 접근방법과 다르다. 가장 많이 활용되는 사회적 관계망 분석, 가계도 그리고 권한강화기법이 있다.

## 2) 생태체계 이론의 적용

동식물이 자연환경과 상호작용하는 생태학의 모형처럼 클라이언트는 사회 환경 속에서 다양한 체계들과 상호작용하는데, 이런 생태체계 이론의 관점을 효과적으로 활용할 수 있는 도구가 생태도(eco-map)이다.

### (1) 사회적 관계망 분석

내담자와 환경 사이의 상호교류를 눈으로 확인할 수 있게 대표적인 도구가 생태체계도이다. 이는 생활공간 속에서 가족이 차지하는 위치를 도면으로 표시해 주며, 각종 선들의 굵기나 형태를 통해 가족과 다양한 체계사이의 연결성을 파악할 수 있다.

사회적 관계망의 구조에는 결속(tie)의 수와 유형(친족, 친구 및 이웃), 결속의 상호관련성이 포함된다. 이러한 관계를 통하여 주고받는 지지나 서비스의 종류도 분석한다.

### (2) 가계도

"가계도(genogram)"는 적어도 3세대 이상의 가족성원과 그들의 관계와 관련된 정보를 상징(symbol)을 사용하여 기록하는 도표이다. 이를 통해 원조자는 가족구조와 복잡한 현재 가족유형의 전체적 형상을 파악할 수 있으며, 제시된 문제의 진화과정과 가족맥락(family context) 사이의 관련성 그리고 주요타인의 영향력에 대한 정보를 파악할 수 있다. 또 한 가족구조, 관계 그리고 기능적 측면을 수직적으로 그리고 수평적으로 평가할 수 있게 된다. 이를 활용함으로써 원조자는 가족과 합류할 수 있는 방법을 발견할 수 있으며, 가족성원들은 새로운 관점에서 가족문제와 가족관계를 이해할 수 있다.

### (3) 권한강화

내담자의 권한강화(empowerment)는 생태학적 접근방법에서의 문제해결에 있어서 가장 중요한 요소이다. 이는 자신의 문제를 통제할 수 있다는 감정을 갖게 함으로써 유능감을 증진시키고 나아가 내담자의 권한강화가 이루어지도록 하는 것이라고 본다. 권한강화는 발달을 촉진시키고 대인관계상의 영향력을 증대시켜주는 개인의 기술을 강화하는 과정이다.

현재 개발된 권한강화기법으로는 사회변화에 대한 대처기술과 적응능력을 증진시키는 기법, 동기증진기법, 정신적 안정감과 자존감 증진기법, 문제해결 및 자아지향성 증진기법, 사회적 변화 증진기법 등이 있다(김성철외, 2011).

CHAPTER

9

# 강점관점과 임파워먼트, 다문화 관점

# ⑨ 강점관점과 임파워먼트, 다문화 관점

## 1. 강점관점

### 1) 강점관점의 개념

"강점관점"이란 클라이언트를 독특한 존재로서 다양성을 인정하고 존중하면서 클라이언트의 결점보다는 강점에 초점을 두고 가능한 모든 자원을 활용하여 클라이언트의 역량을 실현해 나가도록 돕는 것이다.

클라이언트의 강점을 강화시키는 과정이 클라이언트의 역량을 향상시켜 가장 신속하게 클라이언트에게 권한을 부여하고자 하는 전략이다.

인간의 존엄성, 가치, 자기결정을 증진시키고자 하는 사회복지의 가치와 클라이언트의 내재된 잠재력, 능력, 강점을 인지하여 이를 실현할 수 있도록 하고자 하는 강점 관점의 가치가 일치한다.

강점관점은 사회복지의 기본적인 가치와 일치한다. 강점관점은 클라이언트의 자아존중감 향상을 위해 문제와 병리에 초점을 두는 것이 아니라 강점과 자원에 초점을 두고, 인간의 변화하고 성장하는 잠재력을 믿으며 클라이언트 스스로의 문제해결 능력과 역량을 강화하는 것을 중요시 하는 연구방법으로 강점기반의 초점은 클라이언트가 그들 자신의 직접적인 문제를 해결할 능력이 충분할 뿐만 아니라 그것을 넘어서서 제도화된 억압과 이것을 유지시키는 구조 그리고 그들에게 미치는 다양한 영향을 충분히 분석할 수 있다는 것이다. 그래서 그들은 억압조건에 도전할 목적으로 자신들을 변화시키고 또 임파워시키기 위하여 내적자원을 강화할 수 있는 능력과 가족, 집단, 지역사회 차원에서 협동적으로 일할 수 있는 능력이 있다고 보는 것이다

역량강화(Empowerment)라는 용어는 사회적, 조직적 환경에 대한 클라이언트의 통제력(control)을 증가시키고자 하는 임상실제의 과정, 개입, 기술을 의미한다.

1970년대에 일반체계이론과 생태학이론이 사회복지의 주요 이론틀로서 활용되면서, 생태체계 관점에 근거한 강점(Strength) 지향 혹은 해결 중심 접근(solution-focused approach)의 중요성이 대두되었고, 이는 Chestang, Solomon, Pinderhughes 등의 학자들을 통하여 1970년대 중반 역량강화 모델로서 새롭게 나타나게 되었다(김동배 외, 1998).

강점 관점(strength perspective)은 클라이언트의 강점을 강화시켜서 클라이언트의 문제를 스스로 해결할 수 있도록 하는 사회복지실천 기술이다. 말루치오(Maliccio,1981)에 의하면, 인간은 자신의 잠재력과 자아실현을 추구하는 존재이므로 사회복지사가 클라이언트의 잠재력을 지지하면 클라이언트가 성장 할 가능성이 향상된다. 강점 관점은 인간의 잠재능력을 신뢰하는 인본주의적 관점을 채택하고 있으므로 사회복지사가 클라이언트의 잠재적인 자원을 파악 하고 그의 강점과 창조성 같은 잠재력을 지지하는 것이 중요하다.

강점 관점은 인간의 존엄성과 사회정의를 추구하는 사회복지의 기본 가치와 맥락을 같이 하므로 사회복지사는 기본적으로 강점 관점을 가지고 있어야 한다. 사회복지사는 클라이언트의 결점보다는 강점에 초점을 맞추고, 이를 적극적으로 지지하여 클라이언트의 역량을 향상시키는 데 집중하여야 한다.

강점 이론을 이론적으로 정립한 사람은 살리비(Saleebey, 1992)인데, 그는 강점의 영역을 일상생활에서 개인이 가지고 있는 기술, 재능, 자신에 대한 가치 와 특성, 상호작용 기술, 인간 자원, 환경 자원, 문화적 의식이나 지식, 역경을 통해 얻는 지식, 직업이나 부모 역할에서 얻은 지식, 영성과 믿음, 그리고 꿈과 희망

등을 모두 포함하였다.

살리비가 언급한 강점의 영역을 살펴보면, 강점은 일상생활을 통해서 누구 나 경험하고 획득하는 지식과 경험으로 구성되어 있다. 기존에 우리가 강점이 라고 인정하는 것은 이 중에서 극히 일부이며, 강점이라고 생각하지 않는 것들 이 강점 영역의 대부분을 차지하고 있다. 그러므로 일상생활을 통해서 획득된 경험적 지식과 정보들을 강점으로 인식하고, 그것에 새로운 의미를 부여하는 것이 중요하다.

인간의 존엄성, 가치, 자기 결정을 증진시키려는 사회복지의 가치와 클라이언트의 내재된 잠재력, 능력, 강점을 실현하도록 돕는 강점 관점의 가치는 서 로 일치한다. 따라서 사회복지사는 다음과 같은 가정을 갖는다(양옥경 외, 2010 재인용).

[강점관점의 가정]

① 인간은 성장과 변화를 위한 개별적인 잠재능력을 가지고 있다.
② 클라이언트 체계는 변화를 이끌어 내는 지원과 역량을 이미 가지고 있다고 인정한다.
③ 새로운 자원을 구축하기 위해서는 현재의 강점을 기반으로 상호작용과 협력을 해야 한다.
④ 긍정적인 변화는 미래에 대한 희망과 가능성을 기반으로 한다.
⑤ 클라이언트 체계는 자신의 상황을 가장 잘 알고, 선택이 주어진다면, 자신의 상황을 해결하는데 가장 적절한 해결을 할 수 있다고 확신한다.
⑥ 무기력보다는 지배(mastery)와 역량을 가능하게 하는 과정을 지지한다.
⑦ 체계의 결점보다는 체계사이의 상호교류 안에서 관심이 되는 이슈와 도전을 중시한다.

(출처: Saleebey(1992), Introduction: Power in the people., In Saleebey(Ed), 'The strength perspectives in social work practice'. 15)

Weick(1992)은 모든 사람에게는 자연적인 힘이 있어서 사회복지사가 이 잠재력을 지지하면 긍정적인 성장을 위한 가능성이 강화된다고 보았다. Maluccio(1981)도 Weick의 견해와 맥을 같이하여 인간을 잠재력과 자기실현을 지향하는 존재로서 보고 있다. 강점 관점이란 클라이언트를 독특한 존재로서 다양성을 인정하고 존중하면서 클라이언트의 결점보다는 강점에 초점을 두어 가능한 모든 자원을 활용하여 역량을 실현해 나가도록 돕고자 하는 것이다.

이러한 강점 관점은 인간의 존엄성과 사회 정의를 실천하고자 하는 사회복지의 기본적인 가치와 맥을 같이 하는데, 이러한 맥락에서 Saleebey(1992)는 '강점 관점이 사회복지의 전문적 가치를 실천하는데 필수적이다'라고 지적하였다. 즉 인간의 존엄성, 가치, 자기결정을 증진시키고자 하는 사회복지의 가치는 클라이언트의 내재된 잠재력, 능력, 강점을 인지하여 이를 발현할 수 있도록 하고자 한다는 것이다(김성철외,2011).

### 2) 병리적 관점과 강점관점

강점(strength)관점과 병리(pathology)관점을 보면 병리관점으로부터 강점관점으로의 변화는 몇 가지 핵심적인 변화 양상으로 나타나게 된다. 주요한 변화는 병리관점에서의 문제는 강점관점에서 변화를 위한 하나의 도전(challenge)으로 간주되며, 병리적 관점이 과거 지향이라고 한다면, 강점 관점은 현재(here &now)를 기반으로 한 미래를 강조한다는 것이다. Saleebey(1996)는 이러한 병리 대 강점관점의 차이를 〈표〉와 같이 구체적으로 제시하고 있다.

기존의 병리주의 관점은 사회복지사가 클라이언트를 진단하면서 클라이언트의 결점과 문제점에 집중하였고, 그 문제를 제거하기 위한 과학적인 처방을 찾으려 하였다. 하지만, 강점 관점은 클라이언트의 강점을 강화시켜서 클라이언트 스스로 문제를 극복하거나 해결하도록 지지하는 기술이다.

강점관점은 첫째, 역량강화가 클라이언트에게 동기부여, 능력, 기회 등을 제공하며 사회적 기능 수행에 필요한 힘을 도출하는데 초점을 둔 반면 강점관점은 클라이언트들의 잠재능력, 재능, 자질을 강화하여 사회적응을 보다 가능하게 하

**[병리관점과 강점관점의 비교]**

| 구 분 | 병리(pathology) 관점 | 강점(strength) 관점 |
|---|---|---|
| 개인 | 개인을 '사례' 즉 진단에 따른 증상을 가진 자로 규정한다 | 개인을 독특한 존재 즉 강점을 가진 기질, 재능,자원을 가진 자로 규정한다 |
| 치료의 초점 | 치료의 초점이 문제에 있다 | 치료의 초점이 가능성에 있다 |
| 클라이언트의 진술 | 클라이언트의 진술은 전문가에 의해 재해석되어 진단에 활용된다 | 클라이언트의 진술은 그 사람을 알아가고 평가하는 중요한 방법 중 하나이다 |
| 사회복지사의 태도 | 사회복지사는 클라이언트의 진술에 회의적이다 | 사회복지사는 클라이언트의 진술을 인정한다 |
| 외상경험 | 어린시절 상처는 성인기의 병리를 예측할 수 있는 전조이다 | 어린시절의 상처는 개인을 약하게 할 수도 있고 강하게 할 수도 있다. |
| 주된 치료활동 | 치료의 핵심은 실무자에 의해 고안된 치료 계획이다. | 치료의 핵심은 개인, 가족, 지역사회의 참여이다 |
| 전문가 | 사회복지사는 클라이언트 삶의 전문가이다 | 개인, 가족, 지역사회가 클라이언트 삶의 전문가이다 |
| 개인적 발전 | 개인적 발전은 병리에 의해 제한된다 | 개인적 발전은 항상 개방되어 있다 |
| 변화를 위한 자원 | 변화를 위한 자원은 전문가의 지식과 기술이다 | 변화를 위한 자원은 개인, 가족, 지역사회의 장점, 능력, 적응기술이다. |
| 원조목적 | 원조 목적은 행동, 감정, 사고, 관계의 부정적인 개인적, 사회적 결과와 증상의 영향을 감소하는 것이다. | 원조 목적은 그 사람의 삶에 함께 하며 가치를 확고히 하는 것이다. |

출처: Saleebey(1996),'The Strength perspective in Social Work Practice:Extensions &Cautions'

는 데 초점을 둔다. 둘째, 이 관점은 중증의 정신질환자에 대한 실천 모델로 개발되어 병리보다 강점, 자기결정을 강조하여 정신질환자도 학습하고 성장하고 변화할 수 있다는 생각을 갖는다. 워커가 클라이언트에게 내재된 힘을 지지할 때 긍정적인 성장 가능성을 고양시킬 수 있다. 이런 점에서 강점관점은 사회사업의 기본적인 가치와 일치한다.

[강점이론의 특성]

① 문제가 아닌 도전을 강조한다. 문제(수치감, 비난, 죄책감, 낙인 등 부정적 개념) → 도전(성장, 강점, 기회)

② 병리가 아닌 강점을 강조

③ 과거가 아닌 미래를 중시

④ 언제, 왜, 어떻게 문제가 발생하였는지 보다 성장을 위해 이용할 수 있는 새로운 자원을 발굴하기 위해 현재를 탐색한다.

강점 관점을 실현하려면 클라이언트에게 권한을 부여하여야 한다. 사회복지사가 권한을 갖고 있으면, 클라이언트는 사회복지사에게 의존하려 할 것이다. 따라서 클라이언트를 변화의 대상에서 함께 계획하는 자, 또는 파트너로 인식 하는 것이 필요하다. 또한, 결점에 기초한 진단보다는 클라이언트의 강점을 강조하면서 실제 행동에 필요한 권한을 부여하여 클라이언트에 의한 대안 선택의 탄력성을 높이는 것이 바람직하다.

강점 관점을 현장에서 수행하기 위해서는 클라이언트에게 권한부여(empowerment)가 되고 이것이 클라이언트의 역량 강화로 이어지는 과정이 연속적으로 수행되어야 한다. 생태 체계 관점은 환경에 대한 적응력에 관심을 갖기 때문에, 클라이언트의 강점을 인정하고 강화하는 것이 초점을 맞춘다. 두 이론이 모두 클라이언트의 강점을 인정하고 있지만, 생태체계 관점이 사회복지사 중심으로 문제해결 과정을 진행하는데 반해서, 강점 관점은 클라이언트가 중심이 되어 문제를 해결하도록 하는 점에서 차이가 있다(김성철외,2011).

# 2. 임파워먼트

## 1) 임파워먼트

지난 20년 동안 다양한 차원들에서 임파워먼트(empowerment) 개념의 사용이 매우 확산되었다. 임파워먼트란 용어는 힘이나 권위를 주는 것, 능력을 주는것, 가능하게 하는 것, 허용하는 것 등으로 사전에서 풀이되고 있다. 여기서는 힘이란 것이 누가 누구에게 줄 수 있음을 함축하고 있는데, 이 점으로 인해 현재 사회복지실천에서 사용되고 있는 임파워먼트의 의미는 사전적 의미와는 상당한 거리를 두고 있다. 즉 임파워먼트 이론 및 접근에서는 임파워먼트를 힘이나 자기결정을 구하는 사람들 스스로에 의해서만 개시되고 유지되는 반성적 활동(reflective activity)과정으로 규정하면서 타인들은 이러한 과정을 단지 도와줄 수 있는 존재로서만 간주하고 있다.

이러한 임파워먼트에는 세 가지 차원들이 있는데 (1) 자신에 대한 긍정적이 고 잠재적인 이해의 개발, (2) 자신을 둘러싼 환경의 정치 · 사회적 현실에 대한 비판적 이해를 위한 지식과 능력의 구축, (3) 개인적 · 사회적 목표, 즉 해방을 성취하기 위한 자원과 전략 같은 좀 더 기능적인 능력의 축적 등이 포함된다.

임파워먼트 접근법은 개인이 지니는 고통을 사회경제적 지위, 성역할, 연령, 성정체성, 육체 혹은 정신적 기능 등의 차별성에 근거한 외부적 억압에서 비롯되는 것으로 이해하고자 하며, 이러한 차별성으로 인한 장벽들에 개인이 직면하도록 하는 데 원조의 초점을 둔다. 이러한 점에서 이 접근법은 개인의 잠재력 발현과 관련한 개인의 변화와 함께 정치 · 사회적 측면에서의 변화를 추구 하는 이중초점적 특징을 지닌다. 임파워먼트 접근법은 개인이 지니는 고통을 사회경제적 지위, 성역할, 연령, 성정체성, 육체 혹은 정신적 기능 등의 차별성에 근거한 외부적 억압에서 비롯되는 것으로 이해하고자 하며, 이러한 차별성으로 인한 장벽들에 개인이 직면하도록 하는 데 원조의 초점을 둔다.

## 2) 임파워먼트에 관련된이론

### (1) 권한부여

강점 관점을 현장에서 수행하기 위해서는 클라이언트에게 권한부여(empowerment)가 되고 이것이 클라이언트의 역량 강화로 이어지는 과정이 연속적으로 수행되어야 한다. 생태 체계 관점은 환경에 대한 적응력에 관심을 갖기 때문에, 클라이언트의 강점을 인정하고 강화하는 것이 초점을 맞춘다. 두 이론이 모두 클라이언트의 강점을 인정하고 있지만, 생태체계 관점이 사회복지사 중심으로 문제해결 과정을 진행하는데 반해서, 강점 관점은 클라이언트가 중심이 되어 문제를 해결하도록 하는 점에서 차이가 있다.

강점 관점을 실현하려면 클라이언트에게 권한을 부여하여야 한다. 사회복지사가 권한을 갖고 있으면, 클라이언트는 사회복지사에게 의존하려 할 것이다. 따라서 클라이언트를 변화의 대상에서 함께 계획하는 자, 또는 파트너로 인식하는 것이 필요하다. 또한, 결점에 기초한 진단보다는 클라이언트의 강점을 강조하면서 실제 행동에 필요한 권한을 부여하여 클라이언트에 의한 대안 선택의 탄력성을 높이는 것이 바람직하다.

### (2) 권한부여 모델의실천

클라이언트에게 권한을 부여하는 이유는 문제해결 과정에서 클라이언트의 강점을 최대한 부각시키려는 것이다. 클라이언트는 문제해결에 필요한 강점(다양한 재능, 능력, 자원, 경험)을 이미 가지고 있으므로, 클라이언트가 자신의 강점을 활용할 수 있도록 권한을 부여하는 것이 필요하다. 사회복지사는 클라이언트의 강점을 지지하고, 클라이언트에게 권한을 부여하여 스스로 문제를 해결 할 수 있도록 원조하고 지지해야 한다.

강점 관점은 사회복지사의 지식이나 전문적인 문제해결 기술에 의존하여 클라이언트의 문제를 해결하는 접근법이 아니라, 이미 클라이언트가 획득하고 보유하고 있는 경험과 지식을 강점으로 활용하여 클라이언트의 역량을 극대화하고, 클라이언트 자신이 해결방법을 선택하여 스스로 변화를 이끌어냄으로써, 문제를 해결하고 클라이언트가 성장하도록 지지하는 것이다.

#### (3) 권한부여모델의 개념

권한부여 용어는 다의적으로 사용되고 있으나 사회적 조직적 환경에 관한 클라이언트의 통제력을 증진시키고자 하는 임상실천의 과정 ,개입, 기술을 의미한다.

이 접근법은 개인의 잠재력 발현과 관련한 개인의 변화와 함께 정치적 사회적 측면에서의 변화를 추구하는 이중 초점의 특징을 지닌다.

권한부여모델의 토대는 인보관 운동이며 1차세계대전 이후 문제해결 중심적이고 의료적인 모델이 되는 개별 사회사업이 활성화 되면서 인보관 운동의 쇠퇴와 더블어 이 접근법조 약화 되었다

1970년중반 강점 중심의 개입이 부상되면서 클라이언트의 문제 중심이 아니라 강점 중심으로 보고 사회복지사와 클라이언트는 협력적 파트너십을 기반으로 문제해결 과정에 참여한 AIDS집단.수용시설 거주자.청소년 집단에 효과적인 것으로 나타났다. 이모델에서는 클라이언트를 독특한 존재로서 다양성을 인정하고 존중하며 결점보다는 강점에 초점을 두고 가능한 모든 자원을 활용하여 클라이언트의 역량을 실천해 나가도록 돕는데 초점을 둔다.

## 3. 다문화관점

### 1) 다문화관점의 이론

사회복지사들이 직면한 가장 중대한 도전 중 하나는 사회의 급속한 인구학적

변화에 따른 다문화관점의 이 세계화의 물결에 따라 국가 간 지역 간 인구이동이 한층 자유로워지면서 취업이민, 결혼이민, 외국인 근로자, 난민 등의 형태로 외국인들이 유입이 늘어나고 있다. 21세기 한국사회에도 예외 없이 적용되고 있는 인구의 혼성성 증가는 정부로 하여금 '다문화주의' 를 지향한다고 선언하게 하였다. 사회복지현장은 이 새로운 클라이언트 집단에 대한 종래의 개입방식이 언어를 포함한 문화적 다양성에 대한 준비부족으로 인해 효과를 거두지 못함을 목격하게 되었다. 이에, 실천가들은 단일문화(monoculture)를 가정했던 지금까지와는 달리 사회복지실천현장의 다문화적 접근(multicultural approach)의 필요성에 주목하게 되었다. 다문화관점은 체계관점이나 강점관점 등에 비해 논의가 시작된 지 오래지 않은 탓으로 아직 관점인지, 접근방법(methodology)인지에 대해 학문적 합의가 명료하게 이루어지지 않았다.

돌이켜 보면 이주민, 난민, 문화적 비주류집단은 언제나 사회복지의 전통적 클라이언트 집단이기도 했다. 미국의 사회복지사협회(NASW)는 사회복지사 윤리강령에서 사회복지사는 "문화가 무엇인지, 사회와 인간행동에 대한 문화의 기능을 이해하고, 각 문화의 강점에 대한 인식과 지식을 가지고 클라이언트의 문화에 민감한 서비스를 제공하여 사회복지사의 역량을 보여 주어야 한다."고 규정하고 있다. 즉, 사회복지실천현장에서 다문화관점은 가치와 윤리, 실천 지식과 기술 및 사회복지교육과 사회변화의 추구와 같은 사회복지실천의 모든 차원에서 중요한 기반이라고 지적한다.

### (1) 다문화관점의 정의

다문화관점을 이해하려면 우선 '다문화가족' 등과 같은 실용용어로 인해 혼돈을 겪고 있는 '문화(culture)' '인종(race)' '민족(ethnicity)'의 개념을 살펴볼 필요가 있다. 문화란 "인간의 사고, 의사소통, 행동, 관습, 신념과 가치 그리고 인종적, 민족적, 종교적 또는 사회적인 집단을 포함하는 인간 행동의 통합된 유형"이다. 문화는 사회화과정을 통해 한 세대에서 다음 세대로 전수된다. 문화는 한 개인의 행동과 경험의 거의 모든 측면에 영향을 미치기 때문에, 사람들이 삶의 문제를 인식하고 경험하고 해결하는 방식도 그 사람이 속한 특정한 문화적 맥락의 영향을 받게 된다. 또한 문화는 개인이 환경을 어떻게 인식하고 어떻게 적응하는지에 대한 공유된 경험을 제공한다.

한편, 인종(race)이란 기본적으로 생물학적, 유전적인 근거보다는 사회적 범주에 따른 분류다. 인종은 다인종 간 결혼과 출산이 증가하면서 인종집단 간의 차이보다 한 인종집단 내 다양성으로 인한 차이가 더 커져서, 이제 더 이상 생물학적 분류로 보기 어렵다. 인종적 범주는 오히려 사회적 · 정치적으로 구성된 것으로 보는 것이 옳다. 예를 들어, 유럽계 백인과 아프리카계 흑인을 생물학적 부모로 둔 자녀들은 부모 중 어느 쪽의 인종으로 분류되어야 하는가? 이들은 부모로부터 각기 50%씩의 동일한 유전적 정보를 받았지만 현실에서 이들이 흑인으로 분류되는 것은 생물학적 결정이 아니라 그 사회의 사회적 · 정치적 결정인 것이다. 즉, 인종은 과학적이거나 인류학적인 근거에 의해서보다 조상과 사회적 · 문화적 특징 에 따른 분류이며 출신국가에 따라서도 영향을 받는, 그 사회가 택한 '적절한 과학적 방법론'에 따른 구분이다.

그런가 하면 민족(ethnic)이란 집단 구성원들이 동일한 역사적 유산을 공유하는지에 따른 분류로서, 유산이란 그 집단의 행동, 신념, 관습, 언어와 상징들을 말한다. 유럽계 백인이라는 동일한 인종으로 분류되더라도 리투아니아계, 아일랜드계로 분류되는 것은 어떤 역사적 경험을 공유해 온 집단인가에 따른 민족성에 관한 분류인 것이다.

그러면 다문화주의란 무엇인가? 다문화주의(multiculturalism)란 대체로 한 사회 내에 존재하는 다양한 인종이나 민족집단들의 문화를 지배적인 하나의 문화에 동화시키지 않고 서로 인정하고 존중하면서 공존하게 하는 데 목적이 있는 이념체계를 말한다. 다문화주의는 사람들의 정체성과 행동에 영향을 미치는 민족적 · 문화적 · 인종적 · 종교적 다양성과 관련된 이데올로기로서 한 국가의 국가정체성과 세계무대에서 그 국가의 평판을 조성하는 데 결정적인 역할을 한다. 또한 한 국가의 제도와 정책에 영향을 미치며 사회복지사들이 원조전문가로 다문화사회에서 다양성을 이해하고 반응하는 기준이기도 하다.

다문화주의란 인종, 민족의 다양성과 함께 문화의 다양성을 포괄하는 것으로서 한 사회에서 어느 하나의 인종이나 민족 또는 문화가 우월하지 않고 각 인종과 민족, 문화집단의 생활기준이 동등하게 존중되는 것을 말한다.

다문화주의를 표방하기 위해서는 세 가지 조건이 필요한데 첫째, 인종 · 민족 · 문화적으로 다원화된 인구학적 현상이 있어야 하고 둘째, 사회문화적 다양성을 긍정적으로 인식하고 가치 있게 여기고 존중하려는 사회적 이념이 존재해야 하며 셋째, 사회문화적 다양성을 보호하고 인종 · 민족 · 국적에 따른 차별과 배제 없이 모든 개인이 기회에 동등하게 접근할 수 있도록 보장하는 정부의 정책과 프로그램이 존재해야 한다.

따라서 사회복지에서 다문화관점은 다문화주의에 입각하여 개인의 삶의 현실이 그 사람의 인종, 민족성, 언어, 문화, 성(性)적 지향, 신체적 · 정신적 능력, 종교와 사회경제적 지위와 관련을 가지면서 그 사람의 역할, 배경 그리고 인생경험들로 수렴되는 것임을 인식하여 사회복지실천활동을 전개하는 것을 말한다. 럼(Lum)은 다문화주의에 기반한 사회복지실천을 "사람들 사이에 존재하는 다양성과 차이점을 존중하고 원조관계에서 작용하는 문화적 요소를 인식하는 사회복지실천"이라고 하였다.

### (2) 다문화관점 발달의 역사

다문화주의가 처음 공식적으로 등장한 것은 1800년대 말이었다. 이때, 지식인들은 유럽이 북미와 아프리카를 식민지화한 결과로 도래한 문화적 다원주의를 목격하게 되었다. 실용주의 철학자 제임스(James)는 문화적 다원주의 사회야말로 시민들이 다양성을 포용하고 인본주의적이며 평등한 사회를 위해 일해 나갈 수 있는 기회를 제공하리라고 보았다.

현대 사회의 다문화주의는 이러한 단순한 낙관주의와는 상당한 차이가 있다.

다문화주의의 대가인 킴리카(Kymlicka)는 서구사회에서 다문화주의가 등장한 배경을 첫째, 선진국의 저출산과 고령화로 인한 이주노동자의 유입, 둘째, 1960년대 인권운동으로 인한 소수인종집단 권리의식의 고양, 셋째, 민주주의 확립, 넷째, 법전의 종식으로 지정학적 안전의 확보와 그로 인한 소수인종집단을 억압하거나 통제할 필요성의 감소, 다섯째, 자유민주주의에 대한 광범위한 합의와 지지의 존재 등으로 지적하였다. 현대적 의미의 다문화주의의 재등장은 이민국가인 캐나다와 호주에서 국가의 민족적 다양성을 관리하기 위한 정부정책의 주요 항목으로 다문화주의를 표방하면서부터였다. 캐나다는 1971년에 서구 국가들 중에서 처음으로 다문화주의를 국가정책으로 채택하여 소수인종집단의 문화 보호와 기회평등을 확장하였다. 캐나다의 대표적 다문화주의학자인 테일러(Taylor)는 문화가 성, 인종과 종교 등과 함께 복잡한 현대사회에서 개인 정체성의 가장 중요한 측면이라고 하면서 사람들이 서로의 상이성을 인식하고 가치를 부여할 때에야 비로소 개인의 권리보호나 진정한 평등에 도달할 수 있다고 보았다.

이제, 다문화주의에 관련된 논쟁은 대부분 정체성, 평등과 차별에 관한 것으로써 현대 자유민주주의 사회에 독특한 도전이 되고 있다. 다문화 사회에서 상이한 집단들이 완전한 경제적 · 정치적 · 사회적 · 교육적 포용(inclusion)을 경험하면서 동시에 그들의 문화집단의 독특한 전통과 행동양식을 지켜나갈 수 있도록(Gray & Webb)하기가 쉽지 않기 때문이다. 결론적으로 다문화주의는 다양한 문화적 주체들의 특수한 삶의 권리에 대한 제도적 보장이며, 정치적 · 사회적 · 경제적 · 문화적 · 언어적 불평등을 시정하는 일종의 사회통합의 이념으로서, 구체적인 정책을 유도해 내는 지도원리라고 할 수 있다.

### (3) 다문화관점과 사회복지

다문화관점은 한 국가의 정책방향뿐 아니라 사회복지실천현장에서 사회복지사들이 클라이언트와 어떻게 상호작용해야 하는지에도 영향을 미친다. 다문화관점과 관련된 현재까지의 논의는 담론적 입장에서는 다문화주의를 하나의 정책이념으로 다루고 있고, 사회복지실천의 임상적 수준에서는 어떻게 클라이언트 개인의 문화적 다양성을 이해하고 접근할 것인가에 초점을 맞추고 있다.

### 2) 문화적 다양성

다문화사회복지실천은 클라이언트의 특성을 이해하고 보편적이면서 동시에 클라이언트의 문화적 특수성을 고려한 전략을 개입과정에 도입하고, 개인주의와 집단주의의 균형을 이루어야 한다. 다문화사회복지실천에서도 전통적인 접수와 관계형성 단계–자료수집 단계–사정 및 계획 단계–개입 단계–평가 및 종결 단계가 적용된다.

#### (1) 접수와 관계형성 단계

접수와 관계형성 단계에서는 라포(rapport)를 형성하고 문제를 확인하고 문제해결에 대한 희망을 제시하게 되는데 이 과정에서 클라이언트의 문화적 배경이 중요하게 고려될 것임을 알게 해 주는 것이 좋다.

#### (2) 자료수집 단계와 사정 및 계획단계

자료수집 단계와 사정 및 계획단계에서는 기존의 가계도, 생태도 등의 자료수집 내용에 덧붙여 다문화특성을 이해하기 위한 작업이 추가적으로 필요하다. 이때 콩그레스가 가족의 문화적 다양성과 민족이슈를 고려한 실천을 위해서 가족사정 도구로 개발한 문화도 작성이 도움이 될 수 있다. 문화도(culturagram)는 클라이언트의 이주의 이유, 정착기간, 법적 지위, 이주 시 연령, 사용하는 주요 언어, 서비스기관 접촉 정도, 트라우마(trauma)나 위기경험, 그리고 가족 · 교육 · 일에 관련된 문화집단의 가치를 확인하도록 한 것이다. 대한 클라이언트와 가족의 태도, 클라이언트의 문화적응 수준, 가족의 문화적응에 대한 태도 등의 정보를 수집해야 하며 이 과정에서 클라이언트의 문화적응 스트레스가 문제가 되는지도 점검할 필요가 있다.

### (3) 개입 단계

개입단계에서 유용한 모델은 임파워먼트 모델이나 강점 모델이다.

구미의 경험을 보면 다문화배경을 지닌 클라이언트에 대한 사회복지실천은 권리중심, 강점관점 등의 접근이 부각되고 있는데, 이들 접근법에서 공통적으로 나타나는 것은 이주자들의 자기결정, 권리, 주체성, 비판적 사고, 유능성의 획득과 같은 개념들로, 이들의 임파워먼트에 의미를 두고 있다. 임파워먼트 접근은 대상자의 개별적인 강점과 약점의 이해는 물론 대상자의 삶을 둘러찰 미시·중도·거시의 세 가지 차원을 포함한 전체 사회체계 내에서의 지위에 대한 비판적 사고를 통한 리더십 배양을 목적으로 하고 있어, 사회복지사의 문화적 역량과 조화를 이루었을 때 매우 적합한 실천적 접근이 될 수 있다.

### (4) 평가 및 종결 단계

마지막으로 평가 및 종결 단계에서는 종결의 정서적 이슈와 과정과 결과에 대한 평가 이슈가 있다. 종결은 목적을 성취한 결과로서의 종결이든 원치 않는 종결이든 간에 클라이언트의 이후의 삶에 영향을 준다. 다문화클라이언트는 모국을 떠났다는 중대한 분리 경험으로 인해 사회복지실천의 종결이 또 다른 상실의 의미로 다가올 수 있기 때문에 사회복지사의 종결에 임하는 자세가 더 민감해야 한다. 또한 문화적 소수자 클라이언트 집단은 초기 정착 단계에 잦은 이사나 직장 이동 등으로 인해 높은 중도탈락률을 나타내는 경향이 있는데, 이런 경우 종결이 사회복지사의 클라이언트에 대한 관심의 철회가 아님을 분명히 할 필요가 있다. 다문화 클라이언트를 포함한 사회적 소수자와의 개입이 주로 임파워먼트나 강점 모델에 기반하는 경우가 많아, 평가는 이들 사용한 모델의 지침에 따라 평가하는 것이 바람직하다. 특히 다문화클라이언트에게는 개인적·집단적 차원의 역량강화의 정도를 점검하게 하고 자조집단 조직과 같이 정서적 지원을 받고 사회적으로 힘을 기를 수 있는 실질적 경험을 제공하는 것이 중요하다.

### 3) 문화적 역량

다문화사회복지실천에서는 사회복지사의 다문화역량(cultural competency)이 필수적이다. 다문화역량이란 사회복지사가 자신의 인종과 문화적 유산이 실천 활동에 미치는 영향을 인식하고, 다른 인종적·민족적 배경을 지닌 클라이언트집단에 대한 지식을 갖추어 사회복지실천의 사정·진단·평가 과정에 내재되어 있을지도 모르는 문화적 편견과 차별적 요소들을 인식하고, 경험에 기반하여 실천하는 능력을 말한다. 이렇게 하기 위해서 사회복지사는 클라이언트의 문화적 유산, 역사적 배경, 생애경험, 가치관, 가족구조, 도움을 구하는데 대한 태도와 적응전략 등에 대한 지식을 갖추어야 한다.

Lum(2003)도 문화적으로 역량 있는 서비스를 제공하는 데에는 첫째, 문화적 상이성에 대한 수용과 존중, 둘째, 자기 자신의 문화적 정체성과 편견에 대한 분석, 셋째, 이민족 클라이언트에게서 볼 수 있는 상이성의 역동에 대한 인식, 그리고 넷째, 다문화클라이언트와 일하는 데 요구되는 부가적인 지식, 연구, 자원의 필요성 인식이라는 네 가지가 필요하다고 하였다.

지식과 기술을 강조하기 전에 다문화역량에 필수적인 것은 자기인식이다. 사회복지사도 인간이기 때문에 자신의 문화에 의해 형성된 일정한 편견이나 가치와 신념을 가지고 있다. 이러한 특성이 클라이언트와 일할 때 어쩔수 없이 스며드는 것이다. 다문화역량을 갖춘 사회복지사는 자신의 실천이 가치관과 무관하게 객관적이며 중립적이기는 어렵다는 사실을 인지하고 자신의 문화적 배경과 삶의 경험이 심리적 과정에 영향을 주기 때문에 자신의 결정 이때로는 자기민족중심적일 수 있다는 점을 인식한다.

그 결과, 클라이언트의 문화적 특성을 존중하고 목적 성취를 위해 자신의 감정과 사고 및 행동을 기꺼이 변화시켜야 함을 알게 된다.

오늘날과 같은 다문화사회에서 다양한 클라이언트와 일해야 하는 사회복지사가 다문화역량을 갖춘다는 것은 필수적인 일이기 때문에 이것을 게을리 하는 것은 사회복지사의 윤리적 책임 위반이라고 미국사회사업가협회는 지적한다. 사회복지사가 인종, 문화, 성, 성적 지향의 차이를 고려하지 않고 단일문화의 기준을 무의식적으로 강요한다면 문화적 억압을 하는 셈이 된다는 것이다.

사회복지실천가가 다양한 문화집단의 개인 경험을 무시하거나, 지배적인 문화와 다른 문화의 가치와 차이점을 이상행동이나 병리적인 것으로 보거나, 지배적인 가치를 강요하면서 다른 집단의 문화에 뿌리내린 전통적 보호방법을 부정하는 것은 위험을 초래할 수 있다. 크로스 등은 다문화역량이 실천가 개인의 개입과정에서만 필요한 것이 아니라 전문직 분야 전체와 기관조직 및 서비스 전달체계 전체 차원에 반영되어야 한다고 하였다.

한편 다문화 역량이라는 개념에 대해서는 비판도 많다. 딘(Dean, 2001)은 다문화역량이라는 개념 자체가 획득 불가능한 목표로서 신화에 불과하다고 하였다.

윌리엄스(Williams)도 다문화역량이란 강력한 이론적 근거에 뿌리를 둔 사회복지 실천 접근의 하나의 방법이라기보다 객관적인 '테크닉'으로 표현되고 있다고 하였다. 과연 사회복지사가 실제로 '자신의 문화적 영향' 을 보류하고 중립성을 지킬 수 있는지 의문을 제기하는데, 왜냐하면 자신을 도구로 이용한다는 것도 자신의 문화적 정체성을 포함하는 것이기 때문이다(김성철외, 2016).

CHAPTER

10

# 사회복지실천의 관계론

# ⑩ 사회복지실천의 관계론

## 1. 관계의 개념

### 1) 사회복지 실천 관계의 개념

관계란 둘 이상의 사람이 관련을 맺는 것을 말한다. 사람은 관계를 떠나서 살 수 없다. 그런 의미에서 사람은 관계적인 존재(relational being)이다. 사회복지실천은'관계'를 다룬다. 또한'관계'를 통해서'관계'를 해결하도록 돕는다. 사회복지실천에서의 관계는 사회복지사와 클라이언트의 관계를 말한다. 사회복지사와 클라이언트와의 관계에서 사회복지사가 다루는 것은 주로 클라이언트를 둘러싸고 있는 개인 혹은 환경과 클라이언트와의 관계를 다룬다.

관계가 올바르거나 건강하면 사회복지실천은 불필요하게 된다. 그러나 관계가 어그러지거나 깨어질 위험이 있을 경우 또는 깨어졌지만 회복되기를 원하는 경우에 도움이 필요하게 된다. 이러한 상황에서 자신의 힘으로 이러한 관계를 회복하기 어렵다고 판단되어 도움을 요청하는 사람을 클라이언트(client)라고 한다. 그러한 요청을 받아들여 도움을 제공하려는 사람을 사회복지사(social worker)라고 한다. 즉 사회복지사와 클라이언트와의 관계를 원조 관계 (helping relation, 援助關係)라고 한다.

케이스워크에서의 관계란"클라이언트와 사회복지사간에 혹은 사회자원들 과의 교류를 가능하게 하는 연결통로로서, 클라이언트와 그를 둘러싸고 있는 환경간의 보다 나은 적응을 가져오도록 개인의 능력과 지역 사회자원을 적절히 동원하고 활용할 수 있도록 돕는 목적을 갖고 있다."고 정의하고 있다. 펄만(Perlman, 1978:2)은 관계란"하나의 촉매제로서, 문제해결과 도움을 향한 인간의 에너지와 동기를 지지하고 양성하며 자유롭게 하는 원동력이다."라고 정 의하고 있으며, 노던(Northen, 1969:53)은 인간의 행동이 각기 다른 정서적인 반응을 불러일으키는 것처럼, 관계란 일차적으로 한 사람으로부터 다른 사람에 게로 흘러가는 감정적인 반응으로 구성된다."라고 서술했고, 체계이론을 활용 한 통합방법론을 창조해낸 핀커스와 미나한(Pincus & Minahan)은"관계란 사회복지사와 그가 관계하는 다른 체계들 간의 정서적인 유대로 볼 수 있으며, 이들 관계에는 협력, 협상 또는 갈등의 분위기가 포함될 수 있다."고 강조하였다. Johnson(1995:167)은 사회복지사가 클라이언트와 좋은 관계를 발전시키 는 것이야말로 실천노력에서 필수적인 요소라고 할 수 있다.

이와 같은 정의에서 보다시피 관계에 대한 합의되고 통일된 정의는 찾아볼 수 없지만, 사회복지실천에서 가장 필수적인 요소이며, 또한 정서적이고 감정 적인 반응으로 보고 있는 것임에 틀림없다.

사회를 구성하고 있는 사람들 사이에는 수많은 관계가 존재한다. 그러한 관계 중에서 사회복지사와 클라이언트와의 관계는 독특한 특징을 갖는다. 이 관계는 친구와의 관계, 부부 혹은 부자관계, 가족관계, 채무자와 채권자와의 관계 와 전혀 다른 특징을 갖는다. 그러나 사회복지실천에서의 관계는 사람을 돌보 는 전문적인 원조관계의 특징을 갖는다. 즉 도움을 주고 도움을 받는 관계로서 계약에 근거한 전문적인 그러나 동등한 관계를 의미한다.

Johnson(2001)은 전문적 원조관계로서의 특징을 다음과 같이 제시하고 있다.

① 서로 합의된 의식적인 목적이 있다.

② 클라이언트와 구체적인 한정된 기간을 가지고 관계를 맺는다.

③ 사회복지사는 자신의 이익보다는 클라이언트의 이익을 위해 자기 자신을 헌신한다.

④ 특화된 지식 및 기술, 그리고 전문직의 윤리강령에서 비롯된 권위를 지닌다.

⑤ 현재 진행 중인 사례에 대해 객관성을 유지하고 자기 자신의 감정, 반응, 충동을 자각하고 그 책임을 진다는 의미에서 통제된 관계이다.

본래 사회복지사는 사회복지윤리강령에 근거하여 활동한다. 이러한 의미에서 사회복지직은 전문직이며, 사회복지사는 전문가이다. 사회복지사는 사회복지를 실천해야 한다. 사회복지사가 실천해야할 사회복지의 기본은 전문적인 원조관계에 근거한 실천 활동이어야 한다. 이는 목적에 대하여 동의가 있어야 하면, 시간제한적, 클라이언트의 이익에 대한 사회복지사의 헌신, 윤리강령에 근거한 전문화된 기술이 있어야 한다는 점이다.

전문적인 원조관계의 기본 요소를 콤튼과 캘러웨이(Compton & Galaway, 1994)와 존슨(Johnson, 2001)의 것을 결합하여 정리하였다.

### (1) 타인에 대한관심(concern for others)

사회복시사는 이타적(altruistic)이어야 한다. 사회복지사에게 원조를 의뢰한 클라이언트에게 따뜻하고, 진지하고, 책임성 있게 대하여야 한다. 클라이언트로 하여금 사회복지사가 진심으로 자신의 일, 즉 자신이 가지고 있는 고민과 겪고 있는 아픔에 대하여 이해하려고 노력하며 함께하려는 태도를 가지고 있음 을 알게 해야 한다. 다시 말하면 사회복지사는 클라이언트를 도우려는 열망을 가지고 클라이언트를 대하여야 한다. 특히 클라이언트의 문제를 해결해 주는 것이 아니라 클라이언트에게 자신의 문제를 해결할 능력이 있다는 사실을 알게 하고, 그 능력을 활용함으로써 자신의 문제를 해결할 수 있다는 신뢰를 갖도록 돕는 것은 사회복지실천의 핵심이다.

클라이언트에게 일어난 일에 대해 진실된 관심을 가지며, 이들의 감정과 교류할 수 있어야 함을 의미한다. 사회복지사는 목적의식을 가지고 클라이언트와의 관계를 유지해 나가는 민감성과 책임성이 있어야 한다. 책임감, 배려, 존중, 타인에 대한 이해는 필수적인 요소이다. 하지만 다른 사람을 도우려고 할 때 깊이 있는 관계를 맺어야 하는 것이 사실이지만, 정서적으로 유대가 가까워지면 질수록 해결해야 할 문제에 대해 과도하게 관여하게 될 위험이 있다. 전문적 관계에서 타인에 대한 진정한 관심은 자신의 기술과 지식, 그리고 자기 자신을 이 용하여 목표를 달성하는 방향으로 나아가는 것을 의미한다. 따라서 항상 도움 받는 사람을 주체로서 존중하고, 봉사하며, 클라이언트가 자유로울 수 있도록 도와야 한다.

### (2) 헌신(Commitment)과 의무(Obligation)

헌신과 의무는 돕는 과정에서의 책임감을 의미하는 것으로 일관성을 포함 하는 개념이다. 전문적 관계에서 관계의 목적을 달성하기 위해서는 사회복지사 뿐만 아니라 클라이언트도 관계에 대한 헌신과 의무를 가져야 한다.

헌신은 클라이언트에 대한 집중도(concentration)을 의미하고, 의무는 책임 성(responsibility)을 의미한다. 클라이언트는 사회복지사가 자신의 일에 최선 을 다해서 집중하기를 원한다. 아울러 자신과의 약속과 관계에 대한 책임을 가지고 대하기를 바란다. 사회복지사는 계약(contract)에 나타난 조항을 최선을 다해서 준수해야 하며, 클라이언트와의 관계를 방해하는 요소를 사전에 예측하고 최소화시켜야 한다. 사회복지사는 시간약속을 철저하게 지키고, 약속된 만남을 다시 한 번 확인하여 클라이언트로 하여금 자신에게 충실하다는 사실을 확신시킬 뿐 아니라 클라이언트가 가지고 있는 문제에 대한 초점을 유지하고 성 장과 변화를 도모하는 일에 책임을 지는 것을 말한다.

### (3) 수용(Acceptance)

사회복지사는 클라이언트를 있는 그대로 받아들여야 한다. 비심판적이며, 비

비판적인 자세를 갖는 것은 사회복지사가 가져야 할 가장 현실적인 태도이다. 클라이언트가 사회복지사에게 다가왔을 때에는 자기 자신 조차도 자신을 받아들이기 힘들 뿐 아니라 다른 사람도 자신을 받아주지 않을 것이라는 상황 에 처해있을 때이다. 하지만 사회복지사는 이러한 자기 자신을 받아 주리라는 기대를 갖고 있다. 클라이언트 자신을 인정할 수 없는 사실과 감정까지고 사회복지사가 판단이나 비판적인 자세를 견지하지 않고 클라이언트가 처해진 상황을 인정해 주는 것이 수용이다.

### (4) 권위(authority)와 권한(Power)

권위는 클라이언트와 기관에 의해 사회복지사에게 위임된 권한(power)으로 정의된다. 클라이언트가 사회복지사를 찾아왔을 때에는 사회복지사가 가지고 있는 전문성에 대한 신뢰를 의지하는 것이다. 이 사실만으로도 사회복지사는 클라이언트에게 있어서 권위와 권력을 갖고 있는 존재로 보인다. 그러나 사회복지사가 가지고 있는 권위와 권한은 사회복지기관이 정한 규정과 사회복지사의 윤리강령에 근거한 권위이어야 한다.

### (5) 진실성(Genuineness)과 일치성(Congruence)

사회복지사는 먼저 자기 자신과 자신의 감정에 대하여 정직하여야 한다. 아울러 클라이언트가 가진 경험과 감정과는 사회복지사 자신의 경험과 감정을 분리할 수 있는 능력이 진실성과 일치성이다. 진실성은 사회복지사의 의사소통능력이 클라이언트에게 이해되어지고 위로가 제공될 때 가능하다. 사회복지사의 원조 스타일이 기술을 융통성 있게 사용하는 방법이어서는 안된다.

### (6) 명확한 의사소통(clear comminication)능력

사회복지사가 전하는 메시지가 클라이언트에게 명확하고 완전하게 이해되어지도록 전달되어야 한다. 추상적인 언어와 주어가 불분명한 언어, 그리고 내용이 모호한 긴 문장으로 전달되는 메시지는 혼란을 가중시킨다. 나아가 클라이언트의 연령, 지식, 경험 그리고 삶의 환경에 따라 클라이언트의 눈높이에 알맞은 내용으로 메시지가 구성되어야 한다. 구체적이고 부연설명이 그다지 필요 없을 정도의 명쾌하고 분명한 용어로 이루어진 짧은 문장으로 메시지를 전달할 때 명확한 의사소통능력이 검증되는 것이다.

### (7) 직접성 혹은 즉각적(Immediacy)과 직면선(confrontation)

사회복지사는 클라이언트가 현재 일어나고 있는 상호작용 속에서 당면하고 있는 행동, 감정, 사고에 있어서 현실을 구체적으로 묘사하고 명확하게 하는 능력을 요구받는다. 또한 현재의 순간에서 현실을 직접수정 할 수 있어서 클라이언트에 대하여 사회복지사가 느끼는 감정을 즉각적으로 표현하고 전달할 수 있어야 한다.

### (8) 그밖에 요구되는 전문가의 자질(양옥경:2006)

사회복지사에게 요구되는 그 밖의 전문가의 자질로는 성숙한 변호와 성장에 대해 두려움 없이 수용하고, 그 과정에서 자신을 성장하며 발전하는 인간으로 키워 가는 것이 있으며, 창조성도 요구된다. 창조성은 클라이언트의 문제 상황에 대한 해결책에 대해 개방성을 유지하며, 최선의 해결책을 찾기 위해 자신을 개방하는 것을 말한다.

사회복지사에게는 용기(courage)도 필요하다. 클라이언트를 원조하는 일에 있어서 실패할 수도 있고, 어려운 상황에 휘말릴 수도 있다. 때로는 통제할 수 없는 상황에서 감정적으로 억눌리거나 비난 또는 학대받는 일에 연관되었을 때 에도 기꺼이 수용할 수 있는 용기가 필요하다.

사회복지사에게는 클라이언트가 언어로 표현하지 않는 내면의 감정을 감지할 수 있는 민감성(sensitivity)이 요구되며, 새로운 것에 대한 개방성 및 변화 에 대한 준비 자세를 갖추는 것도 민감성과 관련이 있다.

특히 사회복지사에게는 인간다움의 성품(character)이 필요하다. 클라이언트와 함께 울고, 함께 웃고 고통을 함께 할 수 있는 인간다움이 필요하며, 때로는 긴장된 순간을 이완시키거나 너무 긴박하여 아무 것도 볼 수 없는 상황에서 주변 상황을 돌아볼 수 있는 여유를 갖게 하는 유머러스함(humor)도 필요하다.

## 2) 사회복지 실천원칙

변화를 방해하는 관계를 다루는 방법을 헵워스와 라슨(Hepworth & Larsen, 1993)은 저항다루기, 긍정적 재해석, 문제를 성장의 기회로 재규정, 직면으로 보았다. 여기에 불신과 비자발성(양옥경:2006)과 전이와 역전이 다루기를 추가하여 일곱 가지 방법을 설명하면 다음과 같다.

### (1) 저항(Resistance)

저항이란 클라이언트가 변화를 위하여 설정된 목표와 반대되는 행동을 보이거나 사회복지실천 과정을 거부하는 태도를 말한다. 클라이언트가 저항의 모습 을 보일 때 이는 변화과정에 있어서 장애요소가 될 수 있다. 이는 원조를 필요 로 하는 클라이언트 스스로 변화과정에 대한 불편한 감정을 회피하는 행동이라고 볼 수 있다. 즉 문제를 해결하기 위해서 변화해야 한다. 변화하기 위해서는 익숙해왔던 과거의 삶의 방식을 버리고 새로운 삶의 방식으로 살아가야 한다. 그런데 클라이언트는 새로운 삶의 방식에로의 변화를 두려워하거나 주저하여 거부하게 된다.

### (2) 긍정적 재해석(positive reinterpretation)

긍정적 재해석은 재명명(relabeling)기법과 유사한 것으로 클라이언트의 부정적이고 바람직하지 못한 감정들에 사회복지사가 긍정적인 의미를 부여하는 것이다. 긍정적 해석의 목적은 클라이언트의 왜곡된 생각이나 부정적 행동을 용서하거나 강화시키려는 것이 아니다. 오히려 클라이언트의 자기 방어를 최소화하고 상처받기 쉬운 자존심을 보호하고 강점관점(Strength Perspectives) 으로 바꾸어서 일관성 있게 행동하게 하는 것이다.

### (3) 문제를 성장의기회로 재규정

문제를 병리적인 관점에서 지적하고 그것을 치료하기 위하여 에너지를 사용하려는 관점에서 벗어나는 것이다. 문제를 도전과 성장의 기회로 바라보는 것이다. 문제를 변화의 기회로 확인하는 것이다. 문제가 있음에도 인식하지 못 하는 것 보다는 문제를 변화의 기회로 인식하고 이를 통하여 성숙과 성장의 계기로 삼게 하는 것이다. 결국 문제로 인하여 불안하고 아무 것도 시도하지 못하는 상황에서 전환하여 낙관적인 시각을 가지고 긍정적으로 바라보게 한다. 이 는 문제에 대한 관점을 전혀 새롭게 하는 것이다. 이를 통하여 클라이언트는 자 신의 상황을 부정적으로 바라보는 것이 아니라 긍정적으로 바라보게 된다.

### (4) 직면(Confrontation)

직면은 자신의 변화를 방해하는 부정적인 생각, 감정, 행동을 클라이언트 스스로 인식하도록 돕는 직접적인 방법이다. 많은 클라이언트는 자신에게 있는 부정적인 부분에 대하여 회피하려고 한다. 그러나 회피하려고 하는 한 해결될 가능성은 사라진다. 바로 이러한 점으로 인하여 변화를 향한 노력은 무의미하게 된다. 그래서 클라이언트 자신이 가진 생각, 신념, 행동에 있어서 모순을 직시하고, 그것으로 인하여 나타날 수 있는 역기능적인 면을 바라보게 하는 것이다.

### (5) 불신(Distrust, Mistrust)

변화를 방해하는 요인 중의 하나는 클라이언트가 사회복지사를 믿지 못하는 것이다. 사회복지사가 따뜻함, 관심, 공감의 태도로 일관성 있게 대한다 하여도 클라이언트는 믿지 못할 수 있다. 이러한 불신의 원인 중 하나는 클라이언트 자신에 대한 불신, 클라이언트 자신의 과거 혹은 경험에 근거한 불안요인이 매우 크다. 이러한 요인으로 인하여 클라이언트는 자기 자신을 솔직하게 드러내지 못하고 자기 자신에 대한 방어벽을 두텁게 하는 경향이 있다. 이런 경우 사회복지사는 클라이언트에게 시간을 허락해야 한다. 도리어 사회복지사는 클라이언트를 믿고 기다리는 자세가 필요하다. 클라이언트가 약속을 지키지 않는 등의 행동은 동기가 약한 것이 아니라 회피하는 경향이라는 사실을 사회복지사는 인식해야 한다. 사회복지사는 클라이언트로 하여금 회피행동 뒤에 숨어있는 두려움을 스스로 맞설 수 있도록 원조해야 한다.

### (6) 비자발성(Involuntariness)

비자발적 클라이언트의 경우는 자발적인 면이 약할 수밖에 없다. 누군가에 이끌려 사회복지기관 혹은 사회복지사를 찾아온 클라이언트는 자신이 클라이언트를 인정하지 않는다. 그렇기 때문에 클라이언트는 사회복지사에게 원조를 요청하기 보다는 자신이 왜 여기에 왔는지에 대하여 이해할 수 없거나 부당하다는 사실을 알리기 위하여 노력한다. 혹은 사회복지기관이나 사회복지사에게 적대적 감정이나 불만을 표현하기도 한다. 어떤 클라이언트는 변화의 노력을 거부하고 거짓과 위선으로 대하거나 혹은 형식적으로 원조를 받아들이고 자신 이 변화를 위하여 노력하는 것처럼 보일 수 있다.

### (7) 전이(Transference)와 역전이(Counter-transference) 다루기

전이는 클라이언트가 어린 시절 누군가에 대한 바람, 원망, 사랑, 두려움의 감정들을 사회복지사에게 보이는 비현실적인 인식과 반응을 말하며, 역전 이는 사회복지사가 클라이언트를 마치 자신의 과거 어떤 인물인 것처럼 느끼고 무의식적으로 그렇게 반응하는 것이다. 클라이언트가 전이를 드러내는 경우는 여러 가지 전제가 있다. 전에 만났던 사회복지사와의 불쾌한 경험이 있어서 그러한 경험이 재현될 것을 두려워하는 경우에 전이를 사용할 수 있다. 사회복지사에게 자신이 경험하는 문제에 대하여 적절한 대처방법을 강구하지 못해서 도움을 받기를 원하지만, 반면에 두려움이 공존하여 과거에 공포나 두려움을 주었던 대상이 사회복지사에게로 전이되는 경우가 그러하다.

이러한 경우에는 클라이언트가 갖게 되는 두려움을 인정하고, 나아가 그 두려움의 실재는 과거이며 현실이 아님을 차분하게 인식시킬 필요가 있다. 클라이언트로 하여금 과거의 문제에 대하여 대화를 하기 보다는 현재의 문제 혹은 현재의 과제에 대하여 대화를 하면서 문제해결방향을 바꾸는 것이 매우 중요하다.

역전이의 경우에는 사회복지사가 자신의 감정을 야기한 원인에 대하여 관심을 갖고 클라이언트와의 현실적인 관계에 집중할 수 있도록 노력하며, 만일 역전이 현상이 반복되거나 그 현상에서 헤어 나오기 힘들면 다른 사회복지사에게 클라이언트를 의뢰해야 한다(김성철외,2016).

## 2. 관계의 구성요소

### 1) 사회복지 실천구성요소

비에스텍(Biesteck, 1957)의'개별사회사업의 관계(Casework Relationship)'에서 사회복지사와 클라이언트간의 원조관계의 기본원칙을 개별화, 의도적인 감정표현,

통제된 정서적 관여, 수용, 비심판적 태도, 클라이언트의 자기결정, 비밀보장 등 7가지를 제시하여 설명하였다.

원칙 1: 모든 클라이언트는 개별적인 욕구를 가진 존재로 개별화해야 한다.(개별화)

원칙 2: 클라이언트가 감정을 자유롭게 표현하도록 해야 한다.(의도적 감정표현)

원칙 3: 클라이언트의 감정에 대해 사회복지사는 민감성과 이해로서 반응해야 한다.(통제된 정서적 관여)

원칙 4: 클라이언트를 있는 그대로 인정하고 받아들여야 한다.(수용)

원칙 5: 클라이언트를 심판하거나 비난하지 않아야 한다.(비심판적 태도)

원칙 6: 클라이언트를 자기결정을 최대한 존중해야 한다.(클라이언트의 자기결정)

원칙 7: 클라이언트의 비밀을 보장해야 한다.(비밀보장)

### (1) 개별화(individualization)

개별화는 사회복지의 기본적인 원칙에 근거한다. 즉"모든 사람은 독특하다. 모든 사람은 다르다."라는 원칙에 충실한 것이다. 모든 사람은 다른 사람과 비교하는 것을 좋아하지 않는다. 모든 클라이언트는 외모, 생각, 행동, 습관, 성격, 생활양식, 경험 등에 있어서 다른 사람들과 전혀 다를 뿐 아니라 개별적으로 존중받기를 원한다.

이는 많은 클라이언트를 만나는 사회복지사에게는 매우 중요한 원칙이다. 그 이유는 유사한 문제, 유사한 문제를 가진 클라이언트를 만나게 되면 사회복지사들은 문제를 범주화하거나 클라이언트를 분류하게 된다. 이러한 시도를 통 해서 선입관이나 편견을 갖게 된다. 결국 이러한 선입관과 편견을 통해서 클라이언트의 생각이나 행동에 대하여 잘못된 해석을 허가나 속단하는 우(愚)를 범 하게 된다. 예를 들면 장애인은 성적인 관심이 없다고 생각하거나 집안에서 생활하는 장애인은 외부활동을 싫어할 것이라는 판단을 통해서 장애인의 욕구를 과소평가하거나 무시할 수 있게 된다.

### (2) 의도적인 감정표현(purposeful expression of feelings)

사회복지사를 찾아온 클라이언트는 대체로 자신이 경험하고 있는 문제에 대하여 솔직하게 말하기 어려움 상황에 처해있을 경우가 많다. 또한 언제 어디에서나 누구에게나 자기의 문제를 툭 터놓고 말할 수 있는 처지에 놓여있지 않는 경우가 허다하다. 이러한 클라이언트에게 있어서 자신 안에 있는 부정적이고 억눌려 있는 감정을 솔직하고 자유롭게 표현하도록 돕는 것을 의도적 감정표현 이라고 한다.

사회복지실천에 있어서 클라이언트를 만나 원조하는 접근방식에 있어서 지적인 측면, 정서적인 측면, 의지적인 측면 등을 고려할 때 사람마다 다를 수 있다. 그러나 클라이언트에게 있어서"나의 마음을 아무도 몰라준다."는 면은 매 우 중요한 부분일 수 있다. 따라서 클라이언트의 정서적인 측면을 그 무엇보다 깊이 다루고 존중하는 것은 매우 중요하다.

이를 위해서 사회복지사는 클라이언트가 자기의 감정을 자유롭게 개방할 수 있는 편안한 분위기를 만들어 주어야 한다. 예를 들면 상담실의 조명의 밝기가 색깔, 창문의 위치와 커튼의 종류, 아늑하고 편안한 분위기 등의 조성은 의도적 감정표현에 있어서 필요한 부분이다. 또한'모든 사람은 자기에게 중요한 사람이나 사물에 대하여 부정적 감정을 가질 수 있다는 것','사회복지실천의 관계 내에서는 이러한 감정을 표현해도 좋다는 것','클라이언트에게 도움이 되고 싶다는 것'을 클라이언트에게 진지하고 솔직하게 알려주는 것도 의미 있으며, 클라이언트가 감정을 표현하도록 장려하고 감정표현을 경청하여야 한다. 동시에 클라이언트의 상황을 잘 이해하기도 전에 대안이나 충고를 제시하는 것은 주의하여야 할 일이다. 나아가 클라이언트의 부정적 감정표현을 비난하거나 때로는 비현실적인 해결책 제시 또는 보장은 관계형성에 있어서 가장 피해야할 장애요인이다.

### (3) 통제된 정서적 관여(controled emotional involvement)

통제된 정서적 관여는 클라이언트의 감정에 대한 사회복지사의 민감성과 그 감정들이 의미하는 것에 대한 이해, 클라이언트의 감정에 대한 의도적이고 적절한 반응을 말한다. 관여라고 하는 것은 참여 혹은 개입을 말한다. 다시 말하면 클라이언트의 감정 혹은 정서적인 측면에 동참하고 있다는 것을 말한다. 클라이언트는 자신이 경험하고 힘들어 하는 부분에 대하여 사회복지사가 함께 느끼고 있다는 사실을 필요로 한다. 때로는 감정이 복받쳐 눈물이 왈칵 쏟아지거나 너무 속상해서 분노가 치밀어 오를 때 그러한 마음에 사회복지사가 공감을 하여' 나만 힘들어하는 것이 아니다.'라는 마음을 갖기를 원한다.

### (4) 수용(acceptance)

수용은'있는 그대로'받아들이는 것을 의미한다. 모든 사람은'가치 있는 인간'으로 인정받고 싶은 인간의 욕구를 가지고 있다. 클라이언트가 가지고 있는 것이 장점이든 단점이든 간에 있는 그대로의 모습을 인정하는 것을 말한다. 다시 말하면 클라이언트 자신도 인정하는 단점이라 할지라도 사회복지사는 비판하지 않고 받아들이는 것이다. 이때 받아들여지는 것은 선한 것(the good)이 아니라 있는 그대로의 것(the real)을 말한다. 설령 클라이언트가 일탈이나 부정적인 행동을 하여도 허용하는 것이 아니라 단지 비판하지 않는 것이다.

### (5) 비심판적태도(non judgemental atitude)

사람은 누구나 타인에 의하여 판단이나 심판받는 것을 원하지 않는다.' 나 어때요 내가 한 행동을 어떻게 보셨어요. 솔직하게 말해주세요.'라고 의견을 묻는 경우가 종종 있다. 이러한 질문은 판단을 요구하는 것이 아니라 인정받기를 원하는 것이다. 그러나 사회복지사가 이러한 클라이언트의 욕구를 알지 못 하고 섣부르게 판단을 하는 것은 큰 잘못을 범하는 것이다.

물론 사회복지사가 사회의 법률, 도덕 등의 사회규범을 무시한 사회복지실천을 실천할 수 없다. 그럼에도 불구하고 사회복지사는 옳고 그름을 가리려고 하지 말고, 내 가치관에서 그들을 판단하고 결정을 내리지 말아야 한다. 비심판적 태도는 문제의 원인이 클라이언트의 잘못 때문인지 아닌지, 어느 정도 클라이언트에게 책임이 있는지 등을 심판하지 않으며 클라이언트의 특성 및 가치관 을 비난하지 않는 다는 원칙이다.

도움을 요청하는 클라이언트 경우 어느 정도 실패감과 열등감, 나약함, 불만 등의 감정을 지니고 있으며, 따라서 다른 사람으로부터 비난받는 것에 대해 매우 민감한 경우가 많다. 이때 사회복지사가 조금이라도 자신을 비난하고 있다고 생각되면 클라이언트는 실천과정 동안 자신을 방어하느라 많은 노력과 시간을 소모하게 될 것이다.

반면 사회복지사가 자신의 잘못을 심판하는 데에 관심을 두지 않는다는 것 을 알게 되면 클라이언트는 비난에 대한 두려움에서 벗어나 조금 더 자유롭게 자신의 문제와 욕구에 대해 논의할 수 있게 될 것이다. 기준과 가치에 위배되는 클라이언트의 행동에 사회복지사가 관심을 두는 경우 이는 클라이언트의 잘못을 비난하기 위함이 아니라, 현재와 미래에 대한 클라이언트의 건강한 적응을 위한 것임을 분명히 인식하는 것이 중요하다.

엘리자베스 빈민법(1600)이나 자선조직협회(Charity Organization Society)에서 사회복지를 실천하던 사회복지실천 초기에는'가치 있는 빈민, 가치 없는 빈민'등의 기준을 통해서 클라이언트의 범주를 구분했던 적이 있었다. 이는 클라이언트 자신보다는 클라이언트와 관련된 것을 기준으로 한 구분 이었다. 이러한 구분을 통해서 클라이언트는 심판의 대상이 되어왔던 것이 사실이다.

그러나 도움을 요청하는 클라이언트 경우 어느 정도 실패감과 열등감, 나약함, 불만 등의 감정을 지니고 있으며, 따라서 다른 사람으로부터 비난받는 것에 대해 매우 민감한 경우가 많다. 이때 사회복지사가 조금이라도 자신을 비난하고 있다고 생각되면 클라이언트는 실천과정 동안 자신을 방어하느라 많은 노력과 시간을 소모하게 될 것이다.

반면 사회복지사가 자신의 잘못을 심판하는 데에 관심을 두지 않는다는 것 을 알게 되면 클라이언트는 비난에 대한 두려움에서 벗어나 조금 더 자유롭게 자신의 문제와 욕구에 대해 논의할 수 있게 될 것이다. 기준과 가치에 위배되는 클라이언트의 행동에 사회복지사가 관심을 두는 경우 이는 클라이언트의 잘못을 비난하기 위함이 아니라, 현재와 미래에 대한 클라이언트의 건강한 적응을 위한 것임을 분명히 인식하는 것이 중요하다.

### (6) 자기결정(Self-determination)

살아가는 일은'결정'으로 이루어져 있다. 먹는 것에서부터 잠자는 것에 이르기까지 결정하지 않고 이루어지지 않는 것은 아무 것도 없다. 때로는'결정 하지 않음'조차도 하나의 결정이라는 사실이다. 따라서 결정에서 벗어나는 것 은 전혀 없나. 그런데 인생에서 가장 어려운 것이 역시 결정이다. 아무렇게나 결정하는 것이 아니다. 가장 적절한 시기에 가장 적합한 것을 결정하는 것이 최고의 선택이요 결정이기에 결정하는 것은 쉬운 일이 아니요, 매우 고달픈 일이 기도 하다. 그럼에도 불구하고 인생에서'대신 결정해 주는 일'은 결코 없다는 사실이다. 때로는 대신 결정해 주기를 바라는 마음이 있을 때에도 있다. 하지만 최종적으로 결정해야할 주체는 자기 자신이라는 사실이다.

자기결정(self-determination)이란 말은 목적이나 과정 또는 이 두 가지를 나타내는 것으로 ① 외부의 영향을 받지 않고 스스로 결정하는 것, ② 스스로 선택하며 생활하고 다른 사람의 충고를 받지 않고 행동하거나 결정할 자유를 의미한다. 또 자율성(autonomy)이란 자기결정과 동의어로 사용되고 있는데, 자율성이란 ① 의지적인 행동과 독립성 또는 자유, ② 자율적인 조건으로서 워커와 클라이언트의 관계에 중요한 의미를 가지고 있다(Levy. 1983). 클라이언트가 사회복지사를 찾았을 때에 그가 경험하는 곤란한 일은 바로 '결정'하는 일이다. 클라이언트가 자기결정을 해야 함에도 잘 할 수 없어서 어려움을 겪을 수 있는 상황에는 몇 가지가 있다. 결정해야 할 일에 대한 정보가 부족할 때, 클라이언트 자신이 우유부단해서 결정하기를 미룰 때, 과거의 결정으로 인한 결과가 심히 좋지 않아서 결정하기를 두려워할 때, 살아온 생애 순간 에서 주로 양육자나 보호자의 결정에 따라왔기 때문에 자기 스스로 결정해 본 경험이 없어서 결정하는 일에 주저할 때이다. 사회복지사는 클라이언트로 하여금 자기 스스로를 수용하고 존중할 수 있도록 도와야 한다. 특히 클라이언트 자신의 내적인 자원의 존재를 인식하고 그것 을 긍정적으로 활용할 수 있도록 지지해야 한다. 특히 클라이언트 자신의 인격 적 성장을 도와야 한다.

사회복지사는 클라이언트 스스로 자신의 자유와 권리, 욕구를 실제로 인식 하고 다른 사람이나 상황에 영향을 받지 않고 자유롭게 선택하고 결정할 수 있도록 도와야 한다. 또한 클라이언트가 결정할 수 있도록 내적 자원을 발견하거 나 외적자원을 활용할 수 있도록 지원해야 하며, 이에 대한 정보도 제공할 수 있어야 한다.

만일 사회복지사가 클라이언트를 조종(manipulation)하여 사회복지사의 결정에 순응하도록 하거나 클라이언트의 능력과 욕구에 관계없는 결정을 지원 하거나 클라이언트에게 결정하는 일에 설득이나 강요를 하는 것은 바람직한 것 이 아니다. 단 클라이언트가 결정하는 모든 것을 허용해서는 안된다. 예를 들면 클라이언트의 정신적 신체적 장애로 인하여 스스로 결정할 수 없는 경우 자기 결정은 제한 받을 수 있다. 클라이언트의 결정이 법률이나 도덕적 규범에 어긋날 경우 혹은 사회복지기관의 규정과 일치되지 않을 때에도 클라이언트의 결정 은 제한 받을 수 있다.

### (7) 비밀보장(Confidentiality)

클라이언트는 사회복지사와의 계약에 근거해서 이루어지는 과정이 공개되기보다는 비공개되기를 원한다. 즉 클라이언트의 프라이버시(privacy)나 사적 인 내용이 비밀정보로 취급되기를 바라는 것이다. 이에 따라서 사회복지사는 클라이언트의 비밀정보를 지켜주어야 할 의무가 있다. 비밀보장의 원칙이 지켜진다고 믿을 때 클라이언트는 자기가 말해야 할 모든 것에 있어서 진솔해질 수 있다. 클라이언트가 사회복지사에게 내놓은 정보들이 그가 만나는 사회복지사 이외에 다른 사람에게 노출되거나 알려진다면, 클라이언트는 솔직해지지 않을 것이다. 결국 사회복지사와 클라이언트와의 관계는 지속되기가 어려울 것이다. 따라서 사회복지사와 클라이언트의 관계가 바람직하게 유지되기 위해서는 비 밀보장의 원칙은 굳게 지켜져야 한다.

비밀보장(confidentiality)은 전문적 관계에서 노출되는 클라이언트에 관한 비밀정보를 지켜주는 것이다. 클라이언트의 비밀을 그 기관 내에서나 다른 기관의 전문직원들이 함께 알게 될 때도 비밀보장의 의무가 적용된다(Biesteck, 1973). 사회복지실천에 있어서 비밀보장의 권리는 클라이언트 자신의 내부에 있는 갈등, 타인의 권리와의 갈등, 사회복지사의 권리와의 갈등, 사회복지기관 의 권리와의 갈등, 전체로서의 사회의 권리와의 갈등과 충돌할 수 있다.

이외에 클라이언트가 사회복지사에게 제공하는 비밀정보에는 다음의 세 가지 즉 자연적 비밀(natural secret), 계약적 비밀(promised secret), 그리고 위탁적 비밀(entrusted secret)이 있다.

① 자연적 비밀

자연적 비밀은 정보가 남에게 알려짐으로써 개인의 명예를 손상시키거나 슬픔을 초래하는 정보이다. 자연적 비밀을 보존할 의무는 관계의 성질에 상관없이 모든 사람에게 있다. 자연적 비밀은 친척, 친구, 모르는 사람, 또는 전문가에게 알려질 수 있다. 보통 그것은 클라이언트의 명예를 손상시키는 정보이다. 예컨대, 개인의 비행이 그러한 경우이다.

② 계약적 비밀

친한 친구가 폭로하지 않겠다는 보증/약속을 한후에 알게 되는 비밀을 계약적 비밀이라고 한다. 계약적 비밀은 클라이언트가 알리고 싶지 않은 개인 사생활에 관한 사실을 포함한다.

③ 위탁적 비밀

위탁적 비밀은 다른 사람에게 노출되지 않을 것을 사전에 명백히 이해하고 비밀로 전달되는 정보를 말하며, 두 사람간의 상호신뢰에 의하여 전달되는 비밀을 의미한다. 사회복지에서 전문적으로 취급하는 비밀은 위탁적 비밀, 즉 사회복지사와 클라이언트간의 상호신뢰에 의해서 지켜지는 비밀이다.

사회복지사는 전문적 관계에서 알게 된 클라이언트의 사항을 누설하지 않는 다는 원칙을 견지해야 한다. 비밀보장은 클라이언트의 기본 권리에 입각해서 수행되며, 비밀보장은 사회사업가의 윤리적 의무이며, 사회봉사의 효과를 높이는데 필요하다. 클라이언트는 자기문제가 일반이나 타인에게 알려지는 것에 대 한문제를 갖고 있다. 솔직하게 이야기 할 수 있는 대상이 필요했고, 그 결과로 사회사업가를 찾게 되어 왔기 때문에 클라이언트의 문제 내용을 비밀로 지켜주 는 것이 중요하다.

동시에 클라이언트의 권리는 절대적인 것은 아니며, 클라이언트의 비밀은 기관 직원간에 서로 나누기도하고, 타 기관과의 유대에서도 사용된다. 비밀누설의 목적은 어디까지나 클라이언트를 효과적으로 돕기 위한 노력일 때 정당화 될 수 있다. 비밀을 누설하게 될 때는 클라이언트에게 허가를 받은 다음에 누설 하게 된다.

Wilson은 비밀정보의 수집과 누설에 있어서 다음과 같은 원칙을 제시하고 있다.

워커는 클라이언트의 사생활을 존경해야 하며 전문적 서비스 과정에서 알게 된 모든 정보에 대한 비밀을 보장해야 한다(Wilson, 1980).워커는 전문적인 이유에서만 클라이언트의 승인 없이 비밀정보를 타인 과 말해야 한다. 클라이언트에게 어떤 상황에서 비밀보장의 한계와 정보가 어떤 목적으로 수집되고 어떻게 활용되는가를 충분히 말해야 한다. 클라이언트에게 그에 관한 어떤 공식적 기록에 대한 올바른 이해를 하 도록 도와야 한다. 클라이언트에게 기록에 대하여 올바로 이해시킬 때 워커는 기록에 포함되는 다른 사람의 비밀을 보호하는 데 유의해야 한다. 워커는 클라이언트의 행동에 관한 제 삼자의 관찰을 허용하거나, 녹음 하거나, 기록하기 전에 클라이언트의 승인을 받아야 한다.

### 2) 구성요소와의 관계

두 사람간의 상호작용의 산물인 '관계'는 사회복지실천에 있어 역사적으로 중요하게 인식되어온 용어이다. 사회복지사가 클라이언트와 좋은 관계를 발전시키는 것이야말로 실천노력에서 필수적인 요소라고 할 수 있다.

20세기 초반 개별사회사업, 분야를 대표하는 인물인 메리 리치몬드(Mary Richmond)는 사회복지관계에 대해 상당한 분량의 저서를 남기고 있으며 개별사회사업, 즉 케이스워크란 '사회적 관계의 사용 및 집중적인 연구'를 의미한다고 단언하고 있다.

비에스텍(Biestek, 1957)은 "케이스워크에서의 관계란 사회복지사와 클라이언트 긴의 감정과 태도의 역동적인 상호작용으로서, 클라이언트가 자신의 환경 간의 좀 더 나은 적응을 이룰 수 있도록 돕는 목적을 갖고 있다"고 정의하고 있다.

사회복지실천에서 관계의 사용 및 그 중요성에 대한 인식은 집단사호사업에서도 마찬가지다. 집단사회방법론을 사용하는 사회복지사들은 개인에 대한 기본적인 이해를 바탕으로 각 구성원들과의 독특한 관계를 발달시켜 왔다. 즉 집단의 전체적인 역동성보다는 집단을 구성하는 각 개인에게 초점이 맞추어져 진다(김성철외, 2011).

# 3. 파트너십

## 1)사회복지사의 특성

### (1) 사회복지사의 기능

사회복지사는 최근 수요의 증가와 더불어 그 전문성의 확대가 예상되고 있다. 사회복지사는 Worker라 불리며 이들이 만나는 개인들을 Client라 하며, 직접적으로 개인 및 가족에 개입하여 교육과 상담을 하고, 필요한 지역사회의 자원을 연결 및 사회복지서비스 전달 및 거시적 수준에서 포괄적인 지역사회 교육을 기획, 개발하는 등의 역할을 한다. 또한 사회복지사는 자문기능, 자원관리기능, 교육기능을 담당하는데 이를 살펴보면 다음과 같다.

① 사회복지사의 기능별 역할

사회복지사는 직접적으로 개인 및 가족에 개입하여 교육과 상담을 하고, 그리고 필요한 지역사회의 자원(미시적 수준에서의 역할과 관련된 활동들)을 연결한다. 또한 사회복지사는 사회복지서비스 전달에 관한 이슈를 제기하기 위하여 다른 전문가와 함께 중간수준의 중재를 하거나, 거시적 수준에서 포괄적인 지역사회교육을 기획, 개발하는 등의 역할을 하게 된다(Payne, 1991). 사회복지실천의 활동들은 자문, 자원관리, 교육으로 나누어진다.

- 자문기능

  사회복지사는 자문을 통해 개인, 가족, 집단, 조직, 지역사회와 함께 사회적 기능을 하는데 있어서 도전을 해결하려고 노력한다. 사회복지사의 자문기능의 역할 안에서 변화를 위한 계획을 개발하기 위해 클라이언트들과 함께 협상하고 숙고한다. 사회복지실천가들은 개인, 가족, 조직, 그리고 사회의 문제들을 해결하기 위해 클라이언트들과 함께 전문적 기술을 공유한다. 자문은 사회복지사와 클라이언트체계가 이슈들을 해결하는데 중요한 정보와 자원들을 제공하는 것을 인정한다.

- 가능하게 하는 자 역할

사회복지사들은 클라이언트 스스로 내적인 처리능력과 자원을 발견하도록 하여 자신의 노력으로 변화를 가져오는 것을 가능하게 하는 자의 역할(enabler role)을 한다. 가능하게 하는 자는 클라이언트의 욕구를 명백히 하고, 문제를 명료화하며, 효과적으로 문제를 처리할 수 있는 능력을 개발하도록 도움으로서 변화행동을 격려한다(Brieland, Costin, & Artherton, 1985, 159).

- 계획자 역할

효율적인 계획자 역할(planner role)에서 사회복지사는 사회의 조직, 지역사회학, 사회문제, 지역사회 심리학, 사회계획과 사회정책을 이해하는 것이 필요하다(Brieland, Costin, &Atherton, 1985, 163). 사회복지사는 체계적으로 자료를 수집하고, 행동에 관한 대안을 탐색하고, 지역사회 지도자들에게 변화를 권히기 위해서 조사연구와 기획전략을 사용한다(Barker, 1995).

- 촉진자 역할

촉진자 역할(facilitator role)은 클라이언트들이 변화하려는 노력을 하도록 격려하는 것이다. 사회복지사는 집단과정에서 집단이 가능하도록 격려하고, 집단내의 지지를 자극하고, 집단 상호작용을 관찰하고, 체계적인 피드백을 제공하고, 그리고 집단 역동에 관한 정보를 공유한다. 촉진자로써 사회복지사는 무관심과 분열을 중화하여 조직 내의 연계를 강화하도록 돕는다(Pincus & Minahan, 1973). 이러한 역할에서 실천가는 자신이 속해있는 기관에서도 직원들의 협력을 증진시키고 사회복지 서비스 전달의 효율성을 확인한다.

- 동료와 모니터 역할

사회복지사들은 동료 및 모니터 역할(colleague and monitor roles)을 통하여, 그들의 전문회원들의 윤리적인 행위를 격려한다. 사회복지실천가들

간의 자문관계는 올바른 실천과 전문성을 개발하게 한다. 동료로서, 사회복지사는 전국협회와 그의 지역협회와 같은 전문가 조직에의 참여와 다른 전문가와의 일상적인 접촉을 통하여 협력관계를 도모한다.

② 자원관리기능

자원관리 기능에서 사회복지사는 클라이언트 체계가 어느 정도 이미 사용한 자원을 교환하고, 클라이언트 체계가 사용하고 있지 않는 이용 가능한 자원을 이용하고, 그리고 현재 이용 가능하지 않은 자원들을 개발하도록 지지한다. 자원들은 개인, 관계 그리고 사회제도 안에서 발견 할 수 있으며, 이러한 자원들은 힘의 근원이며 체계수준에서 변화를 위한 기동력을 제공한다. 자원관리자로서 사회복지사는 중개자(broker), 대변자(advocate) 또는 옹호자, 주최자(convener), 매개자(mediator), 활동가(activist), 그리고 촉매자(catalyst)의 역할을 한다.

- 중개인과 대변자 역할

  중개인(broker)으로서 사회복지사는 자원 선택과 적절한 의뢰에 관한 정보를 제공함으로써 이용 가능한 자원들을 클라이언트와 연결한다(McPheeters, 1971). 유능한 중개인들은 상황을 이용하고, 대안 자원들 중 선택권을 클라이언트에게 제공하고, 의뢰기관과 클라이언트와의 연결, 그리고 그들의 노력을 평가하기 위해 추적 조사를 한다.

  대변자 또는 옹호자(advocate)로서 사회복지사는 클라이언트의 권익을 보호하기 위해 클라이언트와 다른 체계간의 중개인으로서 활동한다. 대변자는 "필요로 하는 자원 혹은 서비스, 또는 정책 변화 또는 걸림돌이 되거나, 무관심 혹은 무반응하는 사회체계와 타협점을 얻어내기 위하여" 클라이언트 입장에서 호소한다(Pincus & Minahan, 1973, 113).

- 주최자와 매개자 역할

  사회복지사는 공식적인 집단, 조직과 함께 주최자와 매개자(convener and mediator)로서 자원을 분배하고 개발하며, 서비스를 제공한다. 주최자는 효율적인 서비스 전달을 위하여 연계망을 계획하고 동원하고, 적절한 자금과 서비스 제공을 확보하기 위한 정책을 옹호한다.

- 활동가 역할

사회복지사는 활동가(activist)로서 클라이언트의 복지에 불리한 사회적 조건들을 찾아낼 수 있다. Barker(1995)에 따르면 사회활동가는 사회문제 또는 불법에 대해 일반 대중들이 관심을 가지게 하고 이러한 조건들을 완화하는 것을 지지한다. 사회복지사는 자원들을 동원하고, 연합회를 구성하고, 법적 행동을 취하고, 입법을 위한 로비활동을 한다. 사회복지사는 우선순위에 따라 사회정책을 제안할 뿐 아니라 새로운 자금을 모으거나 자금의 재 할당 문제를 제기한다. 활동가가 지역사회 문제를 해결하기 위하여 지역사회를 기초로 사회적 부정을 교정하고 사회개혁을 하는데 노력하게 된다.

- 촉매자 역할

다른 전문가들과 함께 서비스 전달을 개발하기 위한 사회복지사는 변화를 위한 촉매자(catalyst)로서 사회정책과 환경정책을 옹호하고 상호의존적인 세계관을 지지한다. 전문적인 조직활동을 통하여 사회복지사는 지방정부 수준에서 로비활동을 하고 전문적인 입증을 제공한다. 촉매자로서 사회복지사는 클라이언트, 지역, 전국 그리고 국제간의 문제에 관심을 집중시키기 위해 학제간의 협동을 육성하고, 지지한다.

③ 교육기능

사회복지의 교육기능은 클라이언트 체계와 사회복지 실천가간의 정보교환이 요구되며, 이들간의 지식과 아이디어의 상호 공유는 교육기능에서 중심이 된다. 모든 체계수준에서 이들간의 협력관계가 필요하며 여기서 가장 효율적인 도구는 대화이다(Freire, 1990).

- 교사역할

교사로서 사회복지사는 클라이언트 체계에 관한 정보를 확보하고 기술개발을 도모하기 위한 학습전략을 이용한다. 사회복지에서 교사역할(teacher role)은 "생활과업의 효율적인 통제, 역할 수행과 자신의 생활 통제"를 자극하기 위하여 클라이언트 체계에 권한을 부여하는 것이다.

- 훈련가 역할

교육적인 자원전문가로서 훈련가(trainer)는 공식적인 집단에서 발표하고 포럼에서 패널리스트로 활약하고 워크샵을 지도한다. 때때로 훈련가는 조직의 피고용인으로서, 다른 때는 특정한 교육 경험을 제공하는 사회복지사와 계약하는 조직에서 활동한다.

- 아웃리치 역할

사회복지사는 사회문제에 관해 다양한 사람들에게 알리고 사회적 부정에 대해 자세히 설명하고 이러한 문제들을 해결하기 위한 서비스와 정책을 제시한다. 사회복지사는 공공사회서비스 조직이나 민간사회 서비스 조직을 알리기 위한 정보를 보급하여 서비스의 접근성을 증진시킨다.

- 연구자와 학자 역할

사회복지사윤리강령(NASW, 1996)은 전문적인 지식과 과학적인 연구가 실천을 위한 기초를 어떻게 형성하는가를 구체적으로 설명하고 있다. 윤리강령 은 사회복지사가 자신의 경험적인 연구를 수행하고 그 결과를 동료들과 공유함으로서 전문직에 공헌할 의무를 부과하고 있다.

④ 사회복지사의 통합 기능

사회복지사는 실천에서 자문, 자원관리 그리고 교육의 기능을 함께 혼합하여 사용한다. 예를 들면, 상담이외의 자문은 클라이언트를 자원에 연결시키고 클라이언트들에게 새로운 기술을 가르치는 것을 포함할 수 있다. 교육이 분리된 기능인 것만은 분명하지만, 교육과정은 모든 사회복지활동에서 요구되는 기능이다.

### (2) 사회복지사의 역할

사회복지사가 개입하는 수준을 대상에 따라 미시적 차원(개인/가족), 중범위 차원(조직/공식적 집단), 거시적 차원(지역사회/사회), 전문가 차원(사회복지 전문가 집단)의 네 가지로 나누고, 이를 사회복지사가 담당하는 기능에 따라 상담(consultancy), 자원관리(Resource Management), 교육(Education)의 세 가지로 구분함으로써 12가지 역할을 제시하고 있다.

### ① 개입수준별 사회복지사의 역할

| 개입 수준 | | 역할 |
|---|---|---|
| 미시적 차원의 개입<br>(개인/가족) | → | 동료(colleague/monitor)<br>촉매자(catalyst)<br>조사/연구자(researcher/scholar) |
| 중범위 차원의 개입<br>(조직/공식적 집단) | → | 조력자(enabler)<br>중개자/옹호자(broker/advocate)<br>교사(teachers) |
| 거시적 차원의 개입<br>(지역사회/사회) | → | 촉진자(facilitator)<br>중재자(convener/mediator)<br>훈련가(trainer) |
| 전문가 차원의 개입<br>(사회복지 전문가 집단) | → | 계획가(planner)<br>행동가(activist)<br>아웃리치(outreach) |

### ② 학자별 사회복지사의 역할

| | 밀리와 동료들 | 페데리코 | 쉐퍼 등 | 제스트로 |
|---|---|---|---|---|
| 1) 미시적 차원의 역할 (개인/가족) | 조성자(enabler)<br>중개자(broker)<br>옹호자<br>(advocate)<br>교사(teacher) | 서비스제공자<br>(care giver)<br>행동변화유발자<br>(behavior changer)<br>촉진자(mobilizer)/<br>조성자(enabler)<br>중개자(broker)<br>옹호자(advocate)<br>교사(teacher) | 상담가/임상가<br>사례관리자<br>중개자<br>옹호자<br>교사 | 조성자(enabler)<br>집단 촉진자<br>(group facilitator)<br>중개자(broker)<br>옹호자(advocate)<br>교육가(educator) |

| | 밀리와 동료들 | 페데리코 | 쉐퍼 등 | 제스트로 |
|---|---|---|---|---|
| 2) 중범위 차원의 역할 (조직/공식적 집당) | 촉진자(facilitator)<br>중재자(mediator)<br>훈련가(trainer) | 행정가(administratior)<br>사무가(consultant) | 행정가<br>업무량관리자<br>직원개발자 | 중재자(mediator)<br>협상가(negotiator)<br>조정가(coordinator) |
| 3) 거시적 차원의 역할(지역사회/사회) | 계획가(planner)<br>행동가(activist)<br>현장개입가 (outreach) | 계획가 (community planner)<br>현장 개입가(outreach) | 사회변화 대행자 | 주창자(initiator)<br>행동가(activist) |
| 4) 전문가 차원의 역할(사회복지 전문가 집단) | 동료(colleague)<br>촉매자(catalyst)<br>연구자 (researcher)/ 학자(scholar) | 자료 관리자 (data manager)<br>평가자(evaluator) | 전문가 | 연설가(public speaker)<br>연구자(researcher) |

- 미시적 차원: 사회복지사는 클라이언트가 처한 문제를 잘 극복할 수 있도록 상담을 비롯한 문제해결과정에 참여하여 클라이언트가 문제해결능력을 기르고 서비스나 자원을 확보할 수 있도록 돕는 역할
  - 조성자(enable): 개인이나 가족이 그들 자신의 욕구를 파악하고 문제를 명확히 규명하며 해결방안을 탐색하고 전략을 선택하며 보다 효과적인 문제해결능력을 개발하고 향상시키도록 돕는 역할로 개인이나 가족을 원조하는 과정에서사회복지사가 가장 빈번히 수행하게 되는 역할
  - 중개자(broker): 개별 클라이언트 차원에서의 직접적 개입이나 의뢰를 통해 클라이언트에게 적합한 자원과 서비스를 연결하는 역할로 사례관리의 핵심적 기능을 수행
  - 옹호자(advocate): 지역사회에서 필요한 자원이나 서비스를 찾거나 이러한 자원의 확보에 어려움을 겪는 사람들을 위해 클라이언트 개인이나 가족의 권리를 옹호하고 정책적 변화를 모색하기 위한 활동을 한다.(체계와 연결하는 역할)

- 교사(teacher): 개별 클라이언트 차원에서 사회적 기능이나 문제해결 능력을 향상시키는데 도움이 되는 적절한 정보를 제공하며 적응기술을 익히도록 클라이언트를 가르치는 역할 〈사회복지사전〉에서 바커(1995, "교육자 역할")는 가르치는 역할을 "클라이언트가 이해할 수 있는 방식으로 관련된 정보를 제공하고, 권고와 제안을 하고, 대안과 그 가능한 결과를 확인하고, 행동을 시범보이고, 문제해결 기술을 가르치고, 인식을 명확하게 함으로써 필요한 적응기술을 가르치는 책임" 이라 하였다.

• 기관이나 조직차원에서의 역할
- 촉진자(facilitator): 조직의 기능이나 상호작용, 직원들 간의 협조나 지지, 정보교환을 촉진시키며 조직 간의 연결망을 강화시키는 역할로 효과적인 기관업무를 기획 · 실행하는 데 필요한 행정가로서의 능력이 강조된다(체계유지 및 강화 역할).
- 중재자(mediator)/심판자(arbitrator): 기관이나 조직의 차원에서 자원개발을 위해 관계망 내의 조직이나 집단을 모으며, 공동의 목표나 문제해결을 위해 기관간의 또는 기관 내의 의사소통의 갈등이나 의견차이를 조정, 다양한 주체들 사이의 분쟁에 개입하여 협상과 타협을 이룰 수 있도록 돕기 위해 중재자는 중립적인 입장에서 서로의 입장을 명확히 밝히고 의사소통의 문제를 인식하게 함으로써 상대방을 이해시키는 역할 담당
- 훈련가(trainer): 기관이나 조직의 차원에서 전문가적 계발을 위한 직원 오리엔테이션, 세미나, 워크숍, 사례발표, 수퍼비전 등의 활동에 참여하여 전문가 교육이나 훈련을 담당한다.

• 거시적 차원
- 계획가(planner): 정책적 또는 거시적인 차원에서 지역사회나 사회구조에 관심을 갖고 주민전체의 욕구를 파악하며 지역사회 성원들이 필요로 하는 서비스를 개발하고 기존의 서비스를 개선해 나가는 데

필요한 목표나 정책을 수립하여 프로그램을 계획하는 역할

- 행동가(activist): 지역사회나 거시적 차원에서 클라이언트의 이익과 권리를 저해하는 사회적 불평등이나 문제점을 인식하고 인간으로서의 기본적 권리를 행사할 수 있는 사회로의 변화를 위한 활동에 참여한다.
- 현장개입가(outreach): 지역사회 거시적인 차원에서 서비스를 필요로 하는 개인들을 파악하고 서비스 대상자가 적절한 서비스를 찾을 수 있도록 원조하기 위해 지역사회에 들어가 활동한다. 또한, 현장개입가로서 사회복지사는 서비스 욕구가 드러나지 않은 일반인이나 지역주민들을 대상으로 사회문제를 예방하거나 그 심각성을 인식시켜 주기 위해 홍보활동과 교육을 함으로써 서비스에 대한 지역사회의 전반적인 욕구와 접근성을 높이는 역할을 한다.

- 전문가 집단 차원
  - 동료(colleague): 건전한 사회사업 실무나 전문직의 발전을 위해 전문가로서의 윤리나 기준을 지키고 전문가 조직의 참여를 통해 동료간의 지지를 제공하는 역할이다(체계 유지 및 강화 역할).
  - 촉매자(catalyst): 전문가 차원에서 보다 효과적인 서비스 전달체계의 발전을 위한 활동을 하는 것으로, 올바른 사회적-환경적 정책 변화를 위해 사회복지 전문직 뿐 아니라 타 전문직에 협조를 구하며 전문가 조직을 통한 국가적 또는 국제적 활동을 하기도 한다.
  - 연구자/조사활용자(researcher/research consumer): 관심 있는 주제에 관한 문헌연구나 자신의 실무에 대한 평가, 프로그램에 대한 분석, 지역사회욕구 조사 등의 활동을 통해 전문직 이론을 발전시키고 사회사업 실무나 프로그램을 향상시키는 역할을 한다.

### (3) 사회복지사의 활동 분야

① 이용시설분야

주요활동으로는분야별 이용자들에 대한 상담, 경제적 지원, 자원봉사모집 활동, 분야별 대상자들을 위한 프로램 기획 운영, 심리.정서적 지원, 자원봉사 모집 관리, 대상자 연결 등을 한다. 세부 기관으로는 지역사회복지관, 노인종합복지관, 장애인종합복지관,공부방/방과후교실, 여성회관(부녀복지관), 청소년수련관, 주간보호센터, 재가복지분야, 자원봉사센터가 있다.

② 생활시설분야

주요활동으로는 각 분야별 대상자 입소 생활 및 관련 행정업무, 대상자상담 및 정서적지원, 후원자 개발 및 연결, 자원봉사관리 등을 하며, 세부기관으로는 노인복지시설,장애인복지시설,부랑인복지시설,아동복지시설,정신요양시설,모자복지시설 등이 있다.

③ 의료분야

주요활동으로는 정신장애인의 재활치료 및 정신장애인 상담을 통한 사회복귀 지원 병원 입원환자들 관리 및 병원비 지원, 후원자 연결 등을 하고, 세부기관으로는 정신보건센터,의료사회복지사,정신장애그룹홈(센터)가 있다.

④ 관공서분야

관공서의 주요활동으로는 국가의 복지 업무 담당 및 수급권자 관리등을 하며, 사회복지전담공무원이 이를 전담한다.

⑤ 모금분야

주요활동으로는 후원자 개발 및 모금활동, 사회복지 기관에 후원금 배분 및 지원 등을 하며, 세부기관으로는 모금 단체(한국복지재단,월드비전, 대한사회복지회)와 모급지원단체(공동모금회,아름다운 재단 등),기타 관련단체가 있다.

⑥ 신규분야

학교사회사업, 교정사회사업 등이 있으며, 주요활동으로는 학생들을 위한 문제학생 상담 지도와 교정시설 내 재소자들 상담 및 지원을 통한 재범방지 등을 한다.

⑦ 기타분야

기업사회공헌, 협회, 협의회단체 등이 있으며 기업의 사회복지 사업 지원 및 프로그램 발굴과 각 사회복지 정책 입안지원 및 행정사무 등을 지원한다.

### (4) 사회복지사의 자세 구성요소

사회복지사의 자세 구성요소는 적극적 관심과 참여, 수용, 인간의 존엄성과 클라이언트에 대한 존경, 적절한 대인관계 기술, 비심판적인 태도이다.

① 적극적 관심과 참여

클라이언트가 겪는 문제의 해결을 도우려는 의지와 관심이 있고, 이를 위한 과정에 적극적으로 참여함을 의미하며 사회복지사로서 클라이언트의 문제해결을 위한 원조과정을 즐길수 있어야 함을 의미한다. 또한, 클라이언트의 변화 가능성에 대한 긍정적인 태도를 갖고 원조과정에 임해야 함⇒ 클라이언트의 잠재력과 변화 가능성을 파악하고 이를 적극적으로 활용할 수 있는 노력

② 수용

사회복지사의 자기인식이 자신의 생각, 감정, 과거 병험, 반응 등을 이해하고 이것이 원조과정에 미치는 영향을 분석하는 것을 포함하며 자기인식은 사회복지사 자신을 한 인간으로 인정하고 받아들이는 수용을 의미⇒사회복지사는 따뜻한 인간미를 소유하고 있어야 한다.

③ 적절한 대인관계 기술

적절한 대인관계 기술에 필요한 것은 말하기 기술로 목소리, 억양, 말의 속도, 얼굴표정, 자세 등이 있고, 듣기기술에는 경청기술, 관찰기술, 격려기술, 기억기술 등이 있다. 그리고 지지기술과 환기, 공감기술 등 있다.

### (5) 사회복지사의 기본적 윤리

사회복지사가 사회복지실천을 하는데 있어서 가져야 하는 기본적인 수칙을 세가지 관점에서 볼 수가 있다.

첫째, 전문가로서의 자세를 가져야 한다.

사회복지사는 클라이언트의 문제를 해결하는데 있어서 사회복지 전문가로서 품위와 자질을 유지하고 업무에 대한 책임을 가져야 한다. 그리고 클라이언트를 대할 때 차별을 하지 말아야 하며, 클라이언트의 복지 증진을 위하여 노력을 하여야 하고 업무수행과정에서 부당한 압력에 대하여 타협을 하지 말아야 한다. 사회복지사는 자신의 전문적인 가치와 권위에 대하여 자긍심을 가져야 하며, 클라이언트의 문제를 해결해 줄 때 전문가로서의 가치와 판단을 하여야 한다.

둘째, 전문성 개발을 위한 노력을 해야 한다.

사회복지사는 클라이언트에게 최상의 서비스를 제공하기 위하여 지식과 기술을 개발하고,활용, 전파하여야 한다. 그리고 상담을 통하여 얻게 된 클라이이언트의 정보와 비밀을 보호하여야 하며, 클라이언트의 자발적이고 동의된 요구에 의하여 실천을 하여야 한다. 또한 자식의 지식의 폭을 넓히기 위하여 세미나, 간담회, 사회적 활동 등에 적극 참석한다.

셋째, 경제적 이득에 대한 올바른 태도

사회복지사는 클라이언트의 지불능력에 상관없이 서비스 제공, 차별대우를 금지하여야 한다. 그리고 서비스에 대한 합리적인 이용료를 책정해야 하고 부당한 방법에 의한 경제적 이익 취득 금지 등을 포함하고 있다.

## 2) 파트너십 관계

### (1) 사회복지 민 · 관의 관계 모형

복지다원주의의 시각에서 보면, 복지국가유형은 복지서비스 공급자로서의 국가와 시장, 가족, 비영리부문간의 역동적인 관계유형이라 규정할 수 있으며, 사회복지제도의 역사는 다양한 복지공급 주체들간의 역할분담의 변화, 특히, 민간복지와 공공복지 간의 관계 변화의 역사라고 볼 수 있다. 선진사회복지제도의 발달사를 보면 국가의 책임을 강화하려는 노력의 이면에는 항상 민간부문의 자발적인 상부상조 노력과 비영리적 동기를 진작하려는 노력의 확인이 있었다.

현재, 한국의 사회복지 서비스 공급체계는 재정은 국가가, 전달은 전적으로 민간 비영리부문이 맡는 분업체계라 볼 수 있다. 그러나, 수요체계의 관점에서 보면, 수요에 대응한 공급이라기보다 정부 재정규모에 맞춰진 민간공급이라는 한계를 벗어나지 못하고 있다. 이러한 구조, 즉, 재정적으로 취약한 민간부문과 경직되고 규제적인 정부부문의 상호작용의 결과, 조건을 갖추지 못한 많은 다수의 민간공급자들을 이른바 미신고 시설이라는 이름으로 제도권 외부에 위치시킴으로써, 정부지원이 없다는 점에서 독립적이라고 할 수 있으나, 영세하고 낙후한 민간서비스 공급자집단을 존속시키고 있다.

### (2) 민 · 관의 동반자적 협조관계 구축을 위하여

한국사회의 사회복지 서비스 수요는 앞으로 더욱 빠른 속도로 성장할 것이다. 20세기 복지국가가 화폐적 소득보장 중심의 복지모형이었다면, 21세기 복지사회는 비화폐적 서비스중심의 복지모형을 요구할 것이다. 생산성의 향상과 함께, 인구고령화와 여성의 사회참여, 가족기능의 변화가 가속화됨에 따라, 이제까지 가족주의 가치관에 의존하던 잔여적 복지모형은 유용성을 잃게 될 것이다. 지구단일 자본주의화와 지식경제 · 정보화는 한편으로는 유례없는 빈부 격차의 심화를 가져올 것이고, 다른 한편으로는 수요관리 중심의 케인즈주의적 복지정책 동원의 가능성을 약화시킬 것이다. 21세기 한국의 복지국가는 보수적 국가주의에 길항하는 복지다원주의를 통하여 사회권 보장과 사회통합을 추진하여야할 것이다. 지구 자본주의 시대에 한국의 보수적 국가주의가 시장주의와 영합하는 것을 막는 유일한 길은 민간비영리 복지부문의 역량강화 뿐이다. 사회복지 공동모금회는 21세기 한국 민간사회복지가 공공복지와 대등한 동반자로서 국가의 복지정책을 주도할 수 있는 협상력있는 민 · 관 동반자적 협조관계의 엔진이자 견인차로서 역할을 다 하여야할 것이다(김성철외, 2011).

CHAPTER

11

# 사회복지실천의 면담론

# ⑪
# 사회복지실천의 면담론

## 1. 커뮤니케이션의 이해

### 1) 커뮤니케이션의 이해

면접은 사회복지사와 클라이언트의 의사소통으로 이루어진다. 의사소통의 기술은 면접기술에 해당된다.

즉 기본적인 의사소통은'누가, 무엇을, 누구에게, 어떤 효과를 가지고, 어떤 경로를 거쳐 말하는가

#### (1) 의사소통의 구성요소

① 누가 전달하는가(전달자)

메시지를 보내거나 주는 사람을 전달자(sender)이라고 한다. 전달자는 메시지를 기호화(encoding), 즉 메시지를 전달하기 위해 사용된 언어와 같은 특이한 부호(signs) 또는 상징(symbol)의 사용이나 선택을 말한다.

② 무엇을 전달하는가 전달의 (내용)

내용 또는 메시지는 언어적(verbal) 또는 비언어적(nonverbal) 자극으로 구성

되어 있다. 전달자는 메시지를 보내고 수신자는 메시지에 반응을 보이게 되나 반응을 보이지 않을 수도 있다. 메시지는 말하는 내용 즉 언 어(words spoken), 몸짓(gesture), 자세(posture)와 어조(tone of voice)를 포함한 비언어적 단서로 구성된다.

③ 어떤 경로로 전달하는가(경로)

경로란 메시지가 전달되는 매체를 말한다. 세 가지의 기본적 경로에는 시각(seeing), 청각(hearing) 그리고 운동감각적(kinesthetic feeling) 경로가 있다.

④ 누구에게 전달하는가(수신자)

메시지를 받는 개개인을 수신자 혹은 해석자라고 한다. 수신자는 시각적, 청각적, 운동감각적 매체를 통해 전달자가 전달하려고 의도했던 것을 지각하여 보고, 듣고, 느낀 것에 대한 해석을 통해 정보를 분석한다. 우리 가 언어를 사용할 때 주된 관심은 메시지의 해석에 있다.

⑤ 어떤 효과를 가지고(반응)

피이드백(feedback)이란 전달자가 이미 보낸 메시지에 대한 수신자의 반응을 전달자가 받게 되는 정보를 뜻한다. 전달자와 수신자 등의 의사소통자가 서로의 메시지에 민감하여 서로의 행동을 적절히 조절하고 수정할 때 피이드백은 효과가 있게 된다. 수신자가 보내는 피이드백에 대한 반응으로 초기 전달가의 행위에 변화가 오는 것은 전체 피이드백 과정의 한 부분이다.

### (2) 사회복지실천에서의 의사소통의 특징

사회복지실천에서 의사소통은 면접과정에서 이루어진다. 면접은 사회복지사와 클라이언트의 관계에서 이루어진다. 따라서 사회복지실천에서의 의사소통은 사회복지사와 클라이언트 간의 관계에서 이루어지는 것이다. 의사소통은 쌍방간에 이루어지는 것이다. 일반적인 의사소통은 메시지 전달자가 수신자가 되고, 수신자가 전달자가 되는 상호작용으로 가능케 된다. 이와 같은 의사소통은 사회복지실천 과정에서도 자연스럽게 행하여진다. 그럼에도 불구하고 사회복지실천에서의 의사소통은 다른 특징을 갖는다.

첫째, 사회복지사가 클라이언트로 하여금 의사소통의 주체가 되도록 원조해야 한다. 사회복지사가 의사소통의 주체가 되고 클라이언트가 객체가 되어 수동적인 역할을 하게 되면 면접은 어려움에 봉착하게 된다. 즉 클라이언트의 방어기제가 작동하여 클라이언트를 실질적으로 지원하기 어려울 수 있다.

둘째, 사회복지사는 클라이언트와의 의사소통에 있어서 수신자로서의 역 할 즉 경청을 통한 명료한 의사소통에 주력하여야 하고, 또한 송신자일 경우에는 수신자가 명확하게 해석할 수 있도록 수신자와의 눈높이를 조절하여야 한다.

셋째, 사회복지사는 클라이언트가 보내는 메시지에 피이드백을 제공하고, 또한 명확하게 이해했는지를 점검하여 클라이언트로 하여금 분명하게 메시지를 이해했다는 것을 확신시킬 필요가 있다.

이러한 면에서 사회복지실천에서의 의사소통은 쌍방향 의사소통임에도 불구하고 원조과정으로서 특징을 갖고 있다고 할 수 있다.

### (3) 면접에서의 의사소통 방법

면접에서 의사소동 방법은 사회복지사와 클라이언트 사이의 의사소통이 잘 되게 하는 것이 최선이다. 의사소통이 잘 되고 있다는 사실을 사회복지사도 충분히 인식해야 하지만, 더욱 중요한 것은 클라이언트가 더 분명하게

인식할 수 있어야 한다. 다시 말하면 사회복지사를 찾아온 클라이언트가 "사회복지사와 대화가 잘 된다."" 사회복지사는 내가 무슨 말을 하고 있는 지, 무슨 말을 해야 할이지, 무슨 말을 하고 싶어 하는 지를 명확하게 알고 있다. 나 또한 사회복지사의 말이 귀에 쏙쏙 들어올 뿐 아니라 마음으로 함께 하고 있다. "라고 말하게 될 때 의사소통이 잘되고 있는 것이다. 즉 성공적인 의사소통은 클라이언트가 어떻게 생각하고 있는가에 따라 결정지어진다고 볼 수 있다. 사회복지사는 클라이언트로 하여금 많은 말을 하게 하거나 설령 침묵을 하더라도 침묵의 의미를 파악해야 한다. 때로는 클라이언트가 표현하고 있는 비언어적 의사표현

을 예민하게 파악하여 그 의미를 알아야 한다. 이를 위해서 사회복지사는 의사소통에 있어서 기본적인 기능과 기술을 파악하고 있어야 한다.

① 경청(listening)

경청은 말하는 이의 생각, 감정, 사고 모두에 대한 이해를 동반한 듣기 로 단순히 소리를 듣는 것과는 의미가 다르다. 사회복지사와 클라이언트와의 의사소통에 있어서 가장 중요한 것이 잘 듣는 것이다. 클라이언트로 하여금 사회복지사가'내 이야기를 잘 듣고 있구나!'라는 확신을 갖게 하 는 것이 중요하다. 경청은 클라이언트의 이야기를 이해하고, 들어주는 적극적 의사소통 방식 중 하나이다. 경청기술 하나만 잘 사용해도 클라이언트는 자신의 모든 이야기, 즉 괴롭고 힘들고 수치스러운 이야기 뿐 아니라 그와 정반대 이야기를 다 털어놓을 수 있다. 이를 통해서 클라이언트는 자 기의 이야기를 들어주는 사회복지사를 통해서 자신의 존재감을 느끼고, 자존감을 확인하며, 자신의 가치를 확인할 수 있게 된다. 만일 조급한 제언이나 충고를 하게 되면 클라이언트는 자신의 이야기를 제대로 듣지 않고 성급하게 판단하는 사회복지사로 간주하게 되어 원활한 의사소통이 장애를 경험하게 된다. 혹은 면접환경이 경청을 방해할 정도 로 소란스럽거나 방음이 되지 않으면 이 또한 의사소통에 장애가 될 수 있다.

경청에는 첫째 소리를 인지하는 행위, 소리를 접하는 것, 소리의 종류를 확인하는 것으로 듣는 자세와 능력, 또는 듣는 내용에 관한 것을 감안 하지 않고 청각기관으로 소리를 감지하는 즉 주의를 기울이지 않고 단순 히 듣는 행위 자체만을 의미하는 hearing, 둘째 듣기 위해 좀 더 가까이 하는 자세, 귀를 기울이는 것, 주의를 기울여 듣는 것으로 단순히 듣는 것 이상으로 듣는 과정에서 말하는 사람의 얼굴표정, 목소리와 어조의 패턴, 몸짓 언어, 감정 등을 이해하려고 주의를 기울이는 정신적이고 감정적인 행위를 의미하는 listening, 셋째 습관적으로 주의 깊고 마음을 쓰는 행 위, 주의를 기울이는 상태로 들으면서 생각하고 친절하고 예의 있는 자세를 보이며 끊

임없이 남을 위해 헌신적 행위를 의미하는 attentiveness를 들 수 있다. 경청은 클라이언트가 무엇을 말하고 사회복지사의 질문에 어 떻게 반응하는지를 듣는 것이다.

경청의 태도에는 경청의 과정에 깔린 총체적 태도이며 사회복지사 역할 의 중심인 수용, 상대가 말하는 내용에 담긴 다를 수 있는 느낌과 깔린 의도와 의미를 고려하는 반영적으로 생각하기, 클라이언트의 사고 속에 담 긴 갈등 즉 양가감정을 반영하기, 정확한 유추를 통하여 사회복지사가 클라이언트를 진정으로 이해하는 것을 보여주는 것이다. 경청의 기술은 다음과 같다.

② 들었던 내용을 반복해 주는 기술(repeating)

클라이언트가 이야기한 것을 분명하게 하는 데 도움을 주며 클라이언트가 계속해서 자신의 의견을 표현하도록 고무하는데 필요하다.

③ 바꾸어 말하는 기술(paraphrasing)

클라이언트가 말한 내용이나 의미를 반복하거나 바꾸어서 말하는 것으로 적은 수의 말로써 유사한 단어로 더 구체적이고 명백하게 표현한다. 바꾸어 말하기는 클라이언트 자신이 말한 내용을 들을 수 있게 해주어 자신의 문제를 명확히 파악하고 이해하도록 돕고 생각을 재평가하고 고려해보지 못한 부분을 검토하도록 돕는다. 이는 단순한 반복이 아니라 클라이언트의 핵심을 파악해내고 비언어적 메시지에 주의를 기울이고 무엇이 중요 한지를 파악해낼 수 있어야 한다.

④ 요약하는 기술(summarizing)

클라이언트가 진술한 여러 가지 내용을 좀 더 분명히 정리하는데 도움이 되며 요점을 파악한 빛을 보여주는 것을 의미한다. 이 기술을 통해 사회 복지사는 클라이언트가 전달하는 메시지를 잘 이해하고 있다는 것을 보 여주게 된다.

⑤ 반영하는 기술(reflecting)

클라이언트가 자신의 감정을 더 표현하도록 고무시키며 클라이언트가 자신의 감정에 대해 더 잘 알고 나가도록 도와준다. 반영하는 기술은 내용을 반영하는 기술, 감정을 반영하는 기술, 감정과 의미를 반영하는 기술로 구분된다. 내용을반영하는기술은 클라이언트의 메시지나 정보에 대한 이해를 전달하기 위한 공감기술, 감정을 반영하는 기술은 클라이언트가 표현한 감정을 사회복지사가 이해하고 반응하는 것을 의미한다. 감정 과 의미를 반영하는 기술은 적극적 경청의 완벽한 형태로서 클라이언트의 감정과 사실 혹은 생각을 반영하는 것을 의미한다.

⑥ 격려하는 기술(encouraging)

클라이언트가 사용하는 문구나 핵심적 단어를 반복하여 사용하여 클라이언트가 계속 표현할 수 있도록 도와주는 기술로서 간단한 메시지를 활용하여 클라이언트의 표현을 격려해줄 수 있다.

⑦ 침묵을 탐색하는 기술(exploring the silence)

면접과정 가운데 클라이언트가 침묵을 지키면 클라이언트와 사회복지사 모두에게 긴장을 유발하게 되고 어려운 상황을 만들게 된다. 침묵상황이 지속되면 침묵을 빨리 깨트려야 한다고 생각하기 쉽고 클라이언트의 의사소통 기술이 부족하거나 사회복지사에 대한 거부 혹은 거절을 의미하는 것으로 받아들여 사회복지사가 자신의 능력에 대해 의구심을 갖기도 한다.따라서 침묵도 나름대로의 의미를 갖고 있으므로 상황에 따라 각 기 다른 의미를 파악하려는 노력이 필요하다.

⑧ 질문하기(questioning)

질문하기는 질문 자체에 목적이 있지 않다. 질문을 잘하고 적절하게 한 다는 것은 사회복지사가 클라이언트의 이야기에 경청을 잘하고 있다는 표현이 될 수 있다. 아울러 클라이언트가 무엇을 말해야 할지 주저하고 있을 때 클라이언트의말문을트이게하는역할을할수있다. 또한 클라이언트의 문제를 사정하거나 해결하기에 필요한 정보를 획득하는데 기여할 수 있다. 질문의 종류는 다음과 같다.

⑨ 폐쇄형 질문(closed-ended question)과 개방형 질문(open-ended question)

폐쇄형 질문은 보통'예'와'아니오'로 대답할 수 있는 질문 또는 이름이 나 주소 나이 등과 같이 몇 마디로 짧게 대답할 수 있는 질문이다. 이런 형태의 질문은 시간이 제한되어 있는 상황에서 사실에 관한 명확한 정보를 얻어내야 할 때 유용하다.

개방형 질문은 클라이언트에게 선택의 기회를 주소 감정의 표현을 할 기회를 주며 주제에 대한 클라이언트의 인지상태를 알 수 있다. 면접에서 개방형 질문을 사용하며 클라이언트는 좀 더 자유롭고 개방적으로 말하게 된다. 개방형 질문을 받는 클라이언트는 대답을 할 것인지 말 것인지 언제 대답할 것인지에 관해 선택할 수 있으며 자신의 원하는 시기에 자신 의 말로 생각과 느낌을 표현할 수 있다. 개방형 질문은 클라이언트가 자 신의 문제에 대해 설명할 수 있을 정도로 정서적, 지적으로 준비가 되어 있을 때, 그리고 가능한 다양한 정보를 필요로 할 때 적절한 기법이다.

⑩ 직접적 질문과 간접저 질문

직접적 질문이란 필요한 정보를 지적하여 질문하는 것으로 흔히 물음표로 끝나는 형태를 가지며 간접적 질문은 우회하여 묻는 형식으로 부부생활등과 같이 문화적, 윤리석 이유로 직접적으로 질문하거나 대답하기가 용이하지 않은 경우에 효과적인 방법이며, 의문문의 형태를 띠지 않는다.

⑪ 주의를 요하는 질문유형

질문을 할 때 조심해야 하는 사항이 있다 첫째는'왜(why)'라고 시작되는 질문은 피해야 한다. 이는 클라이언트로 하여금 방어적으로 만들거나 비난하는 것으로 들리기 쉽다. 따라서'왜'라고 묻기보다는'어떻게'혹 은'무엇 때문에'라고 바꾸어서 질문하는 것이 바람직하다.

둘째는 중첩형 질문 또는 질문 쌓기(stacking questions)이다. 이는 한 번에 여러 개의질문을 던지는 유형을 가리킨다. 이는 대답하기도 어렵 고, 질문의 초점을 상실하게 만든다.

셋째는 유도형 질문(leading questions)이다. 이는 클라이언트의 응답 을 어떤 방향이나 내용으로 이끌어 가려는 질문으로 사회복지사가 자신의 감정과 의견을 숨기고 클라이언트를 원하는 결론으로 이끌 수 있는 해답 의 형태를 제시하는 것이다. 이러한 형태의 질문은 이미 클라이언트에게 간파되기 쉬우며, 이러한 의도가 파악이 되면 클라이언트는 사회복지사와의 대립을 피하거나 주제를 바꾸게 될 것이다.

⑫ 관찰하기(observation)

관찰하기는 면접에 있어서 대상자가 말하지 않는 비언어적인 측면 또는 말하는 방식이나 모순된 내용과 같은 부분에 대한 관찰에 초점을 두는 것이다. 사회복지사는 면접에서 앉은 자세, 표정, 음성의 고저 등 비언어적 인측면을 관찰함으로써 클라이언트에 대한 정보를 얻을 수 있다. 신체자세와 비언어적 몸짓 등은 감정을 드러내는 중요한 단서가 된다.

사회복지사는 클라이언트의 시작하는 말과 종결하는 말에 주목할 필요 가 있다. 클라이언트가 처음에 자기 문제를 설명하는 과정에서 문제를 보 는 시각과 원조를 구하는 태도가 드러난다. 적극적으로 원조를 요청하는 것인지 아니면 수동적으로 방관자적 입장을 취하고 있는지 혹은 신뢰하고 있는지 아니면 불신에 가득 차 있는지가 나타난다.

대화의 화제를 바꾸는 주제의 전환이나 반복도 관찰의 대상이다. 클라이언트가 너무 많은 말을 했다고 생각하여 더 이상 자신을 드러내지 않기를 바랄 때나 계속하기가 괴롭다는 표시로 혹은 표면상으로는 다른 이야 기이지만 무의식 속에서 관련이 있는 이야기일 경우 화제를 돌리려 한다. 이러한 관찰을 통하여 클라이언트의 특성, 자기표현 능력, 문제해결 역량 등 클라이언트에 대한 이해를 증진시킬 수 있는 중요한 정보를 제공해 준 다.

⑬ 초점유지(focusing), 표현 촉진(expression promotion), 해석 (interpretation) 기술

클라이언트와 면접을 하다 보면 때때로 본래의 주제에서 벗어나는 경우 가 있다. 클라이언트의 이혼 문제를 상담하다가 자칫하면 이혼과 관련된 다른 사람의 문제에로 화제가 바뀌는 경우가 있을 수 있다. 이럴 때 일수 록 사회복지사는 목적 혹은 면접의 초점을 확인하고, 초점을 유지하도록 해

야 한다. 이는 자칫하면 강압적인 성격을 가질 수 있다. 그래서 라포 혹은 신뢰 관계에 방해를 주지 않으면서 주제, 초점, 목적을 유지하는 데 최선을 다해야 한다. 이 기술을 잘 사용하게 되면 클라이언트는 산만하고 혼란한 상태에서 벗어나 침착하고 집중적인 관계를 유지할 수 있게 될 것이다.

표현촉진 기술은 정보를 이끌어 내기 위해 클라이언트의 표현을 촉진하는 것이다. 사실 클라이언트는 사회복지사를 만나서 자신의 문제, 어려움을 설명하려고 노력하지만 정확하게 표현할 수 없는 경우가 있다. "제 마음이 답답합니다." "제가 어떻게 말해야 하지요? 제가 어떻게 말해야 할 지 앞이  갑갑합니다."라는 등이 표현을 통해서 방황하는 경우가 많다. 이럴 때일수록 사회복지사는 인내심을 가지고 기다려야 한다. 아울러 클라이언트가 무엇을 말하려고 하는 지를 정확하게 파악하도록 해야 한다. 그리고 클라이언트에게 마음의 안정을 취하고 천천히 구체적으로 표현하도록 요구해야 한다. 때로는 "지금 마음이 답답하다는 것이 구체적으로 무엇 때문에 그렇다는 것인지 설명해 주시겠습니까"라고 클라이언트의 고민을 구체적으로 표현하여 클라이언트의 생각이 어떠한 지를 명확히 살펴보는 것도 중요하다.

해석이란 상대방이 말한 본래의 의미를 파악하는 것을 해석이라고 한다. 이러한 의미에서 해석은 과거의 감추어진 의미가 아닌 현재의 행동, 사고 또는 감정과 관련 요소에 초점을 두어야 한다. 클라이언트의 어려움의 근저에 있는 결정적 요인을 파악하기 위해 사회복지사는 가설을 만들고 검증하고 대부분을 기각하고 새로운 가설을 만들고 검증하기를 반복하는 과정에서 해석을 하게 된다. 즉 클라이언트가 말하고, 행동하고, 제시한 내용의 본래 의미를 정확하게 규명하고, 그 내용을 다시금 클라이언트가 깨닫도록 돕는 것이다. 여기에서 사회복지사가 해석한 내용을 클라이언트에게 직접 전달하는 일을 피해야 한다. 해석은 클라이언트로 하여금 사건들 간의 관계를 이해하고 문제가 되는 감정과 행동을 다른 관점에서 고려하며, 실제 생활에서 더 효과적으로 도울 수 있다.

## 2) 사회복지 실천에서의 면담

### (1) 면접의 정의

면접은 사회복지실천에 있어서 혈관과 같은 역할을 한다. 그러나 면접은 사회복지분야에서만 독점하는 것은 아니다. 면접이란 무엇인가 이러한 질문에 대해서 대화란 면접과 무엇이 다른가라는 질문으로 통해서 구체적으로 설명할 수 있을 것이다. 비에스텍은 대화는 목적이 없는 상호작용이라는 것에 비해서 면접은 목적이 있고 참여하는 사람들 간에 관계를 맺는 방법과 상호작용이 구조화되는 방법에 있어서 대화와 다르다고 하였다.

면접은 목적을 가지고 있다는 말은 다음의 뜻을 가진다고 할 수 있다.

첫째, 면접은 특정한 목적으로 가지고 있기에 면접의 내용은 목적을 달성을 촉진할 수 있는 것으로 선택되어진다. 면접은 경계 지어진 설정(setting)이라고 할 수 있다.

둘째, 면접은 목적달성을 향해 나아가도록 지도할 책임을 어떤 한 사람이 책임져야 한다. 면접에 있어서 한 사람은 면접자로서 책임을 지고 다른 한 사람은 피면접자가 되도록 역할관계가 구조화되도록 계획되어야 한다.

셋째, 면접은 면접자와 피면접자의 관계로 이루어진 비상호적인 성격을 갖는다. 이러한 성격에 기초한 면접의 구조는 클라이언트의 이익에 기여하도록 고안되어 있다는 사실이다.

넷째, 면접자의 행동들은 면접의 목적을 진전시키기 위해 계획되고 숙고하고 의도적으로 선택한 것이어야 한다.

다섯째, 면접에 있어서 전문가는 면접의 진행방향과 면접에 대한 기대가 무엇이던 간에 클라이언트의 욕구를 받아들여야 할 책임을 가지고 있다.

여섯째, 면접은 상호작용에 대한 독점적인 주의 집중을 필요로 한다.

일곱째 면접은 목적으로 가지고 있기에 공식적으로 정해진 만남이라고 할 수 있다. 그래서 면접에서는 시간, 장소, 지속기간 등이 설정된다.

여덟째, 면접은 목적을 가지기 때문에 불유쾌한 사실과 감정들을 피할 수 없다. 대화와는 달리 면접은 즐거움만을 추구하지 않는다. 인식되었지만 언급되지 않은채 남아있는 것을 밖으로 표현하도록 격려하는 것이다.

이와 같이 면접은 의도적이고 상호간에 수용된 목적을 위한 인간 상호관계 의 상호작용을 포함하고 있다는 점에서 대화와 다르다.

콤튼과 갤러웨이(Compton & Galaway)는 면접의 특성에 대하여 맥락이나 세팅을 가지고 있고, 목적과 방향이 있으며, 계약에 의하며, 관련자들 간의 특정한 역할관계가 규정된다고 정의하였다.

### 3) 면접(Interview)의 유형과 종류

면접에는 면접 내용의 구성형식에 따른 유형과 목적에 따른 종류로 구분할 수 있다.

#### (1) 면접의 유형

면접내용의 형식에 따라 구조화된 면접, 비구조화된 면접, 반구조화된 면접으로 나눌 수 있다.

① 구조화된 면접(표준화된 면접, structured interview) 면접할 때에 조사표에 근거하여 실행하며, 조사표에는 정확하게 질문, 문항의 연속, 구체적 언어까지를 지시해서 모든 응답자에게 같은 순서와 언어로 질문하여 면접하는 방법이다. 이 방법은 질문문항이나 질문 순서 에서 오는 오류를 최소한으로 줄일 수 있고 응답의 차이를 비교할 수 있으며 신뢰도가 높고, 자료의 수량적 표준화와 통계처리가 가능하다. 그러나 융통성 있는 질문을 하거나 응답을 탐색하고 확대해 나가는 자유가 없고 애매모호한 응답을 명확화 할 방법도 없다는 제한점을 갖는다.

② 비구조화된 면접(비표준화된 면접, unstructured interview )

가정 구조화되지 않는 방법으로 사전에 구체화된 질문들도 없고, 그런 질문들을 어떤 순서로 해야 하는지도 없다. 특정한 수집표 조차 이용되지 않는다. 면접자로부터의 어떤 안내가 지시 없이 응답자들은 자신들의 경 험, 태도, 의견, 상황에 대한 정의, 사전들을 설명하게 된다. 면접자는 자유로이 이것저것을 질문하거나 심층 규명할 수 있는 융통성이 있고, 표면적인 것 보다 이면의 문제를 표준화할 수 있으며, 면접결과의 타당도가 높고, 표준화 면접에서 필요한 질문을 만드는데 유용한 자료를 제공하는 반면에 구조화된 면접의 장점이 비구조화 면접의 단점이 될 수 있다.

③ 반구조화된 면접(반표준화된 면접, semi-structured interview)

구조화 면접과 비구조화 면접의 장,단점을 보완하여 개발한 것으로 일 정한 수의 중요한 질문을 구조화하고 그 외의 질문을 비구조화하는 방법 이다. 이 방법에서는 지침이나 미리 결정된 질문과 주요 단어가 있다. 이 같이 비록 면접자와 응답자 간의 상호작용 상황이 구조화되어 있고 주요 내용들이 미리 명시되어 있지만, 응답자들은 주어진 질문이나 상황에 대 해 상당히 자유롭게 표현할 수 있다. 면접자들은 면접상황에 대해 미리 철저하게 숙지하고 있어야 하며, 비일상적인 상황이나 불명확한 자료들의 보충들을 위해 면접과정에서 민감하게 작용하여야 한다.

### (2) 면접의 종류

사회복지에서 면접은 사회복지의 기능으로부터 유출된다. 사회복지에 있어서 면접의 종류는 일반적으로 다음의 세 가지를 제시한다.

① 정보수집(Collecting informations) 면접

정보수집을 위한 면접은 개인 혹은 집단, 또는 지역사회의 사회적인 기능에 대한 중요한 정보를 획득하는 것에 초점을 둔다.

사회복지사를 찾아온 클라이언트는 문제 혹은 해결해야할 과제를 가지 고 있다. 중요한 것은 클라이언트가 생각하고 인정한 문제가 클라이언트를 괴롭게 만드는 핵심적인 문제인지 아니면 괴로움 중의 하나인 지는 단정 짓기 어렵다. 클라이언트가 해결하기 원하는 과제를 해결했다고 하여 클라이언트에게 있어서 모든 것이 다 해결되었다고 결론내리기도 어렵다. 따라서 클라이언트가 생각하고 있는 문제나 과제에 대하여 정확하게 이해하기 위해서는 클라이언트에 대한 정보가 수집되어야 한다. 클라이언트가 제공한 정보이거나 클라이언트를 둘러싼 환경에서 수집된 2차 정보이든 간에 가능하면 직간접적으로 다양한 정보를 수집해야 한다. 그러나 무엇보다도 클라이언트와의 면접을 통해서 정보를 수집하는 것을 가장 중요하다. 클라이언트와 면접을 통해서 정보를 수집했을 때 클라이언트의 문제 혹은 과제를 정확하게 이해하는데 기여할 뿐 아니라 그에게 제공할 서비스를 정확하게 규명하기 위하여 필수불가결한 것이다.

② 사정(Assessment)을 위한 면접

카두신은 이를 진단적 의사결정 면접이라고 하였다. 최근의 사회복지실천에서는 진단이란 용어를 사용하기 보다는 사정이란 용어를 사용한다. 진단은 문세난을 파악하기 위한 것인데 비해 사정은 문제와 아울러 문제를 해결한 자원과 능력까지 살펴보는 것을 의미한다. 면접을 통해서 정확 한 문제의 규명과 문제의 원인도 진단하지만, 더욱 중요한 것은 문제의 해 결 능력과 이에 따른 클라이언트와 관련된 자원까지 알아볼 수 있다. 이러 한 관점에서 사정을 위한 면접은 정보를 수집하기 위한 면접보다는 목적 지향적이라고 할 수 있다. 이를 통하여 서비스의 적격 여부를 평가하고 결정하기 위한 것이다. 사정을 위한 면접을 통해 클라이언트가 처해 있는 현 재 문제 상황, 문제해결 목표, 목표를 달성하기 위해 어떤 개입방법을 선택해야 할지 결정하게 된다.

③ 치료적, 문제해결적 면접

면접은 사회복지실천 과정의 초기부터 종결에 이르기까지 지속되어지 는 전과정과 함께 한다. 정보수집과 사정을 위한 면접은 초기에 이루어지지만, 그것으로 면접이 끝나는 것은 아니다. 개입과 종결에 이르기까지 면 접 없이(without interview) 진행되어지는 순간은 없다. 사회복지실천 과 과정은 면접으로 진행된다. 사회복지실천의 목적은 문제해결과 치료 즉 클라이언트의 변화에 있다. 이러한 관점에서 면접은 치료적 혹은 문제 해결의 성격을 갖는다.

면접의 형태를 띤 개입과정을 통해서 사회복지사는 클라이언트의 변화를 원조하며 클라이언트로 하여금 환경을 변화시키거나 환경에 적응할 수 있는 힘을 키울 수 있도록 돕는다. 클라이언트는 사회복지사와의 면접을 통하여 자존감을 증진시키며, 자기효능감을 높일 수 있다. 클라이언트를 둘러싼 환경을 변화시키거나 적응하기 위한 필요한 기술을 습득하거나 훈 련을 할 수 있고, 문제해결 능력을 갖게 된다. 이러한 과정을 통하여 클라이언트는 의미 있고 영향력 있는 존재(significant being)와 관계를 맺기도 하고, 자신의 능력에 한계가 있음을 알게 되면 클라이언트 자신의 권리를 옹호해 줄 수 있는 사회복지기관, 관련 공무원, 혹은 지역사회 기관과 네트워크를 형성할 수 있을 것이다.

### 4) 효과적인면접(effective interview)의구성요소

면접은 목적 지향적(purpose oriented)이고 시간 제한적(time limited)이다. 이는 면접을 통해서 목적을 달성하기 위해서는 그 준비가 효과적이어야 함 을 의미한다. 특히 사회복지실천에 있어서 면접은 직장에서 인재를 선택하기 위한 면접이나 거래를 하기 위한 차원에서의 면접 심지어는 병원에서 의사가 치료행위를 하기 위하여 시행하는 면접과는 다르다. 사회복지실천에서의 면접 은 그 자체가 사회복지실천 과정이기도 하다. 따라서 이러한 면접이 효과적으로 이루어져 목적으로 달성하기 위해서는 면접의 구성요소를 돌아보아야 한다. 면접의 구성요소로는 사회복지사와 클라이언트와의 라포 형성, 사회복지사의 태도, 장소, 시간과 아울러 의사소통(communication)을 제시할 수 있다.

### (1) 라포(Rapport) 형성

면접에서 우선 전제되어야 할 것은 신뢰관계의 형성이다. 클라이언트와 사회복지사 간에 상호이해와 관계를 수립하는 친근감, 신뢰감, 안정감, 공 감, 화합 등의 정서적 유대를 라포라고 한다. 이는 사회 복지실천 현장에서 클라이언트의 존엄성, 자기결정 등을 실천할 수 있는 기초를 이루며, 실천의 성패를 결정하는 중요한 요인이 된다. 면접 초기과정 에서 신뢰가 잘 형성되어야 클라이언트가 자신의 감정을 개방적으로 드러내고 본인의 문제를 잘 표현하게 된다. 이를 위해서 사회복지사는 전문가 중심의 접근이 아니라 클라이언트 중심의 접근을 통해서 클라이언트의 욕구에 맞추고, 클라이언트의 눈높이에 사회복지사의 시선을 고정하여 편견 없이 수용하고 존중해야 한다.

### (2) 사회복지사의 태도(attitude)

클라이언트가 처음 대하는 사회복지사의 태도와 실천과정에서 보여지는 사회복지사의 태도는 외모와 내면 모두 면접에 영향을 준다. 사회복지사의 의상, 표정, 말투, 응답에 대한 반응은 중립성(neutral)을 지켜야 한다. 예 를 들면 지나치게 화려한 의상, 노출이 심한 의상, 개성이 강한 의상은 클라이언트에게 편안함보다는 당황스러움을 유발할 수 있다. 또한 자연스럽지 않는 표정이나 사투리가 심한 말투 혹은 발음이 명확하지 않거나 지나치게 빠른 어조 역시 클라이언트에게 인내를 요구하게 된다. 사회복지사는 클라이언트의 성별, 나이, 학력, 재산의 유무, 외모에 관계없이 공평 (impartial)해야 하며, 지나치게 경직되어 있거나 가볍게 보일 정도로 장난스럽고 경박한 것은 피해야 하고, 가능한 한 자연스러운(casual) 분위기를 조성해야 하며, 대화의 방식 역시 일상적인 대화(conversation)의 분위기를 조성해야 한다. 사회복지사는 클라이언트가 편안하게 느낄 수 있도록 친절한(friendly) 태도를 보이며, 어떠한 상황에서든지 진지한 (conscientious) 태도를 잃지 않도록 최선을 다해야 한다.

### (3) 면접의 장소(place)

면접의 장소는 클라이언트에게 가장 편안한 분위기이어야 한다. 면접의 장소의 넓이는 사회복지사와 클라이언트가 함께 대화를 나누기에 적절한 공간이어야 한다. 만일 한두명의 사회복지사와 여러 명의 클라이언트가 함께 하는 면접이라면 이에 따른 충분한 공간이 준비되어야 한다. 그러나 지나치게 좁거나 넓은 공간은 주의를 산만하게 할 수 있다. 면접 장소에는 앉을 수 있는 의자나 소파, 테이블, 시계, 창문의 위치와 커튼의 모양과 색깔, 그리고 의미 있는 그림 등도 포함된다.

아울러 면접 중의 대화내용이 바깥으로 들리지 않은 방음 정도도 고려해 야 할 중요한 부분이다. 예를 들면 바깥의 소음이 사회복지사와 클라이언트의 대화를 방해할 수 있으며 거꾸로 두 사람의 대화가 바깥으로 흘러나갈 수도 있다는 것은 비밀보장에 어려움을 가져달 줄 수 있다.

또한 면접장소가 때로는 병원, 가정, 혹은 운동장이 될 수도 있음을 예상 하여야 한다. 이 때에는 병원 혹은 가정에서의 예절과 사전 준비가 있어야 하며, 청소년이나 운동성이 많은 클라이언트에게는 사무실과 같은 공간은 면접에 지장을 줄 수 있을 뿐 아니라 개방적이고 자유로운 면접을 하기에 최적의 장소가 아니라는 점을 주지해야 한다.

### (4) 면접 시간(Time)

면접은 계약에 의한 시간제한적인 성격을 가지고 있다. 사회복지사와 클라이언트의 만남은 사적인 것이 아니라 공적인 것이다. 사적인 만남에서도 시간약속이 중요하지만, 공적인 만남에서 시간약속은 생명과 같이 소중한 것이다. 중요한 약속 시간은 약속을 하는 순간부터 그 약속이 이루어지는 시간까지 긴장과 기대로 가득하게 된다. 따라서 약속된 시간에 약속된 만남 이 이루어지면 그것으로 신뢰가 가득한 라포가 형성될 수 있다. 그렇지만 약속시간이 깨지거나 어긋나게 되면 면접에 있어서 실질적인 출발은 어려움을 겪게 된다.

면접시간은 단지 면접할 시간만을 의미하지 않는다. 면접하는 동안의 소요시간 제한도 해당된다. 면접시간이 1시간 혹은 2시간이라고 했을 때, 이 약속을 지키는 것도 중요하다. 종종 문손잡이 폭로(doorknob revelation) 로 인하여 시간이 지연될 경우가 있다. 예를 들면 면접소요 시간 2시간 중 1시간 30분은 흘려보내고 제한시간이 가까이 다가오면서 말문이 터져서 시 간 연장을 요구하는 경우이다. 이러한 일을 예방하기 위해서 사회복지사는 클라이언트에게 주어진 시간을 지켜야 할 책임이 클라이언트에게 있음을 미리 알려야 한다. 따라서 면접시간이 끝나고 난 뒤 클라이언트가 중요한 이야기를 하려고 한다면 메모를 한 뒤 다음 면접 시간에 함께 나눌 것을 제 안한다. 면접 시간이 끝나고 다음 약속을 하게될 경우 클라이언트의 동의와 참여로 매듭을 짓는 것이 좋다.

## 2. 면담과 상담

### 1) 면담

#### (1) 면담의 정의

언어적, 비언어적으로 교환되는 의사소통을 통하여 면담자와 피면담자간의 정보와 아이디어, 태도, 감정, 메시지를 교환하는 과정이라고 정의된다(Wiens 1990).

[면담과 일반적인 대화(conversation)의 차이점]

① 면담은 내담자를 도와주고자 목적을 지니고 있다.

② 면담과정은 면담자가 주도적으로 이끌어 가고 체계적이고 계획적으로 이루어진다.

③ 면담자와 내담자의 역할은 구별되며 상호 역할 교환이 가능한 대등한 관계 속에 있지 않다. 즉 면담자는 면담을 이끌어가면 내담자로 하여금 합의된 목적이 이루어질 수 있도록 내담자의 자기 탐색을 격려하며 내담자는 이에 동의하고 따르는 역할을 담당한다.

(2) 목적

현재 드러나고 있는 문제를 명료화하고 구체화하면서 이러한 문제의 발생기원, 그동안의 적응과정 및 적응방식, 현재 문제가 발생되고 이는 현실적 상황의 특징을 알아보면서 개인의 성격 및 대인관계의 특징을 파악한다. 이러한 상황에서 상담 및 치료 목표 설정, 개입방식 전략이 구성될 수 있다.

(3) 면담의 유형

① 진단적 면담(diagnostic interview): 임상진단을 내리기 위한 목적으로 진행되는 경우로서 내담자의 과거력을 수집하고 문제를 파악하는 것이다.

② 치료적 면담(therapeutic interview): 사실적 정보 수집에 그치지 않고 면담자가 내담자의 입장을 이해하고 공감하고 이를 내담자에게 전달할 때 진정한 치료관계가 이루어지며 이러한 경우는 치료적 면담이라고 본다.

(4) 면담의 구성요소(Othmer와 Othmer, 1994)

면담의 4가지 구성요소: 라포형성, 정보수집을 위한 기법, 정신상태검사, 진단이다.

## 2) 상담

### (1) 상담의 개관

전문적인 교육을 받고, 전문가 지도하의 수련 요구한다.

### (2) 상담의 범위

상담(counseling)은 사회복지사가 내담자 스스로 자기 삶의 요구에 대처하는 능력을 증진시키도록 돕는 일정 기간 동안의 관계이다.

- 직접적인 목표: 도움을 찾는 사람이 자신의 문제를 어느 정도라도 통제할 능력을 얻도록 돕는 것이다.
- 장기적인 목적: 내담자가 변화되어 가는 삶의 요구에 대처하는 능력을 회복, 발달시켜 나가도록 돕는 것이다.
- 상담의 초점: 내담자의 욕구(need)나 소망(wants), 상담 환경의 요구, 복지사의 전문성이나 유능성이다.
- 효율적인 상담을 하려면 면담 기술 필요하다.

[사회복지와 상담]
사회복지 상담이 일반 상담과 구별되는 주요한 특징은 개인 뿐 아니라 그가 처한 환경에도 초점을 맞춘다는 점이다. 사회적, 정치적 체계 내에서 변화 또는 적응을 촉진하여 내담자의 요구에 더 효율적으로 반응해야 한다는 점 내담자와 환경 사이의 상호작용에 특별한 주의 그러나 내담자의 자기 문제 통찰, 문제 해결, 정서적 고통에 대처, 타인과의 관계 강화 조력이다.

### (3) 융통성의 필요

내담자의 다양성을 존중하려면 복지사가 각 내담자나 상황의 필요에 맞춰 자기 방법을 적용시키는 융통성이다. 내담자의 상황에 맞도록 모델을 적용, 각 내담자와 문제 상황마다 각각 다른 기술 선호한다. 상담 기술이나 절차를 근거 없이 임의로 선택하는 오류 없어야 한다. 복지사가 융통성을 발휘하려면 새로운 기술을 이해하고 숙달해야한다. 융통성 있게 기술을 사용할 수 있어야 각 내담자나 상황에 맞추어 접근 가능하다. 기술을 어떻게 사용할지와 언제 사용하는 것이 현명한지에 대한 차이 일반적인 부분에서 개인차에 주의해야 한다.

내담자의 언어에 맞추기가 필요하다.

내담자의 의사소통 양식을 특징짓는 언어와 은유를 발견해야 한다. 복지사의 언어를 내담자의 언어와 잘 맞는 언어로 수정 가능해야 한다. 유능한 복지사는 내담자가 사용하는 유머와 은유에 민감해야 한다. 내담자의 목소리 톤, 크기, 속도와 같은 변인들에 주의하고 적절한 반응이 있어야 한다. 복지사는 내담자와 유사한 언어로 내담자의 말에 조율할 때 관계를 맺고 신뢰를 쌓기 용이하다.

상담자의 적응성은 장소, 지속기간, 상담의 진행속도, 상담료, 상담에 관련되는 사람들과 같은 여러 변수를 고려할 때 가능하다.

대부분의 경우는 상담의 첫 단계에 문제와 감정을 탐색하는 데 집중 그러나 일부 내담자의 경우는 즉시 조치를 취하고 문제 해결 요구한다.

융통성은 적정 정도의 시선 접촉, 자리 배치, 물리적 거리와 같은 다른 요인에서도 필요하다.

### (4) 가치와 윤리

윤리(Ethics)는 용인될 만한 행위의 원리이다. 가치는 개인과 집단이 중요하거나 가치 있다고 여기는 것이다. 면담할 때 자신의 철학적 인간관과 동기부여방법에 대한 견해를 포함한 자신의 가치관에 영향을 주었다.

[사회복지에서 중요성을 갖는 두 가치]

① 인간의 존엄성과 가치에 대한 믿음

② 선택의 자유, 자기 삶을 스스로 조절하는 등 내담자의 자기결정 권리 존중 (김성철외, 2016)

## 3. 기술, 도전, 기록

### 1) 기술

#### (1) 분위기조성 기술

면담을 위해 심리적으로 편안한 분위기를 만드는 기술이다. 면담은 클라이언트와의 상호작용이 특징적이므로 서로에 대한 이해와 개방성을 촉진시키는 방향으로 분위기가 형성되어야 한다. 클라이언트의 첫 면담에 대한 불안 및 양가감정 이해해야한다. 낯선 상황에 대해 당황, 혼돈, 불안이 있다. 첫 면담은 후속면담이나 관계형성, 문제해결, 서비스 효과성에 많은 영향이 있다. 공감,진심,온화함이 필요하다.

사회복지사의 자기소개, 일상적인 주제, 자신의 문제로 대화의 초점을 옮길 수 있도록한다.

→ "안녕하세요, 저는 가정복지과의 사회복지사 000입니다."

"오시느라 고생 많으셨네요..차가 많이 밀리지는 않던가요?"

"어떻게 오시게 되셨는지요? 어떤 이야기를 하고 싶으세요?"

"면담 시간은 대체로 50분 정도로 실시하고 있습니다."

- 초기에 면담시간을 공지하여 시간내에 다루고자 하는 주제를 마무리 하도록 해야 하며,마무리에서 면담의 내용을 정리하여 환기시키는 것이 좋다.

→ "오늘 한 이야기들을 정리하시기 전에 더 하시고 싶은 말씀이 없으신가요?"

### (2) 관찰기술

클라이언트가 말하고 행동하는 것에 주의를 기울여 그를 이해하는 것이다. 초기면담 이전, 대기실의 상황부터 관찰은 시작된다.

언어적, 비언어적 표현 포함되어있다.

→계속 초조하게 왔다 갔다 하거나/ 벽에 걸려있는 자격증이나 기타 안내문을 유심히살피기/ 잡지를 짜증스럽게 넘기면서 시계 보기

- 면담 중에도 클라이언트의 표정, 손놀림, 눈맞춤, 얼굴 붉힘 등을 주의하여 살피고 언어적 표현과 비언어적 표현이 일치하는지 확인
- 클라이언트가 침묵할 경우 언제, 어떤 이야기 도중에 발생했는지를 정확히 파악하는 것이 중요하다.

→이야기의 주제가 클라이언트에게 위협적이거나 말하기 어려운 것일 경우 주로 침묵 하게된다.

### (3) 경청기술

면담에서 가장 중요한 기술이며 클라이언트의 이야기, 반응 등을 민감하고 적극적으로 듣는 것이다. 초보 사회복지사의 경우 클라이언트에게 도움을 주고자 하는 급한 마음에 여러 가지 충고와 제안을 하거나 클라이언트의 말이 끝나기도 전에 다른 주제로 바꾸어 질문을 하는 실수를 자주 범함 이러한 태도는 전문적 관계 형성을 방해할 뿐 아니라 클라이언트로 하여금 사회복지사를 신뢰할 수 없게 했다.

경청기술은 클라이언트의 말을 단지 듣는(hearing)것이 아니라 그가 지금 무엇을 표현하고 있는지 그의 감정과 사고는 어떤 것인지 이해하고 파악하면서 듣는(listening)것이다.

공감적 태도에서의 경청은 그것만으로도 클라이언트로 하여금 감정의 정화를 경험하고 마음의 안정을 갖게 하는 효과이다.

→ 감정이 격해 있거나 부정적인 감정을 표현하여 해소하고자 하는 클라이언트에게 경청은 그 자체가 변화를 위한 적극적 개입일 수 있다.

### (4) 질문기술

클라이언트로부터 필요한 정보를 이끌어내기 위해 가장 많이 사용되는 기술이다.

사회복지사는 질문을 하고 대답을 유도함으로써 상호작용을 돕고 클라이언트에 대한 이해와 문제해결에 필요한 정보를 효과적으로 얻어낼 수 있다.

초심자나 수련생의 경우 수퍼바이저에게 지도 받을 내용에 지나치게 집착하여 자신의 궁금증부터 질문 하는 경우이다.

→ 클라이언트의 말이 지루하거나 필요한 정보가 아니라는 판단 하에 핵심적인 주제로 갑자기 바꾸어 질문 하는 경우 클라이언트는 사회복지사가 자신을 전혀 이해하지 못하고 있나는 생각을 갖게 할 수 있다. → 관계형성에 방해

- 클라이언트가 사회복지사에게 질문 하는 경우

  →실눈의 의미를 잘 이해하여 적절한 답변을 해야 하며 간단하지만 예의 있게 대답한 후 초점을 다시 클라이언트에게 옮겨가야 한다.

  클라이언트가 자신의 문제를 끄집어내기 위해 질문을 하는 경우

  → 결혼은 하셨나요?

  결혼을 하지 않으셨다면…어떻게 이야기를 해야 할지…

  → 자신의 부부문제에 관한 문제를 거론하기 위해

- 개방적 질문 / 폐쇄적 질문

  →개방적 질문: 결혼생활은 어떠세요? / 그 외에 무엇이 힘드세요?

  폐쇄적 질문: 결혼생활이 힘드신가요?

- 유도질문: 원하는 방향으로 응답을 유도 -〉 제 생각엔…그렇지 않나요?
- "왜" 질문: 책임을 추궁하거나 비난을 하는 느낌 -〉 "어떻게" 어떻게 그런

일이 생긴건가요?

- 중첩질문: 여러 가지 질문이 한 문장 속에 섞여 있는 경우. 원하는 응답을 모두 듣기 어려움.
  →남편과의 갈등은 어느 정도 해결되셨나요? 시어머니와의 관계 때문에 더 심해지신거였죠?
- 모호한 질문: 복잡한 상황 속의 문제를 파악할 때 많이 발생하며, 좀 더 명확하고 구체적인 내용을 묻는 것이 효과적이다.

(5) 표현촉진 기술

- 정보를 이끌어내기 위해 클라이언트의 표현을 촉진하는 기술로 계속 말을 하도록 반응을 보이는 것이다.
  → 고개 끄덕이기, 시선 맞추기, 아, 네.. 등의 언어적 반응 등
- 클라이언트의 표현을 촉진할 때는 가급적이면 좀 더 구체적으로 표현하도록 요청, 클라이언트의 표현이 모호할 때
  → "그러니까 남편이 바람을 피울까 봐 두렵다는 말씀이신거죠?"
- 다양한 의미를 가진 애매모호한 단어를 명확히 해야 할 때
  →"그 사람은 너무 계산적이예요"
  "좀 더 자세히 설명해주시겠어요? 예를 들면 어떤 행동들인가요?"
- 클라이언트의 이야기의 근거를 알아보기 위해
  →"남편은 이미 마음이 변했어요"
  "어떻게 그런 생각을 하시게 되셨나요?"
- 사회복지사의 표현도 구체적이어야 함
  →"전보다 분노조절을 잘하시네요…"
  "이제 어머니가 야단치실 때 화내지 않고 그럴 수밖에 없는 상황을 잘 설명하신걸로 봐서는 지난번에 비해 화를 잘 참으시게 된 것 같네요…"

### (6) 초점제공 기술

- 초점을 제공하고 유지하는 기술은 제한된 시간에 최대의 효과를 가져와야 하는 전문적 관계에서 불필요한 방황과 시간낭비를 막아주는 효과적인 방법
- 클라이언트가 불필요한 내용을 장황하게 이야기하는 경우, 클라이언트의 산만한 사고와 감정을 정리하고, 문제를 좀 더 깊이 탐색하기 위해 사용
- 다른 주제로 넘어갈 때 면담내용을 요약하는 것도 초점제공에 유용

### (7) 해석기술

- 클라이언트의 표현과 행동상황 저변의 단서를 발견하고 그 결정적 요인들을 이해하여 클라이언트가 그것을 깨달을 수 있도록 도와주는 방법
  → 조심스럽게 사용해야 함
- 다양한 가설로 하나씩 점검한 후 최종 확인된 것을 클라이언트에게 확인해야 함
- 질문에 답하면서 클라이언트 스스로 깨닫도록 유도하는 것이 바람직
- 유의점: 신뢰관계가 구축 되었을 때 사용 / 조급한 해석을 하지 않도록 해석 후 충분히 생각할 시간 제공 / 틀릴 수 있음을 염두
  →해석해 줄 경우, 직접 해석한 내용을 전달하기 보다는
  "아버지께 느낀 감정은 어떤 것이었습니까? "
  "아버지는 자상하셨나요?" 등의 질문을 통해 요인들의 관련성을 클라이언트 스스로 깨닫도록 이끌어 가야 함.
  →노련하게 되지 않을 경우 클라이언트에게 상처를 줄 수 있으며 신뢰관계가 크게 손상될수 있다.

### 2) 도전

클라이언트가 자신의 문제 해결에 있어 상충되거나 왜곡된 것 혹은 불일치하는 상황을 다룰 때 혹은 클라이언트가 문제를 부정하거나 회피하고 합리화 할때 사용하는 기술이다.

사회복지사는 클라이언트와의 갈등에 대해 적절하게 대응하고 직면해야 한다. 즉 클라이언트에게서 보이는 불일치나 왜곡, 문제의 부인, 비합리성 등에 대해 사회복지사는 자신의 반응을 먼저 인식하고 다룰 수 있어야 한다.

#### (1) 도전기술

클라이언트가 문제를 부정하거나 회피하거나 합리화할 때 활용하는 기술로, 클라이언트의 이해와 자기성찰을 촉구하는 수단이다.

#### (2) 직면기술

클라이언트의 행동이 자기에게도 도움이 되지 않으면서 타인에게 위협일 될 때 이를 재인식하도록 돕기 위해 쓰인다. 직면은 클라이언트의 즉각적 변화보다는 클라이언트가 자신의 행동에 변화가 필요하다는 점을 인식하는 계기를 마련해 주며, 자신을 점검해 보는 기회를 제공해 줄 수 있다.

### 3) 기록

#### (1) 기록의 중요성과 기능

① 기록이 안된다면 사회복지사나 기관이 클라이언트를 위해 어떤 서비스를 제공했는지, 무슨 일을 했는지 알 수 없을 것이다.

② 문서화된 정보는 사회복지기관이 약속한 프로그램 및 정책적 지침을 실제로 행하고 있다는 것을 보여주며
③ 사회복지프로그램에 대한 재정자원을 정당화 해주고
④ 사회복지사 자신도 전문적인활동을 입증할 수 있는 자료가 되고
⑤ 법정에서 사회복지사의 증언을 증명하는 데 활용될 수 있다.

### (2) 효과적인 서비스를 위한 모니터

사회복지사가 사실에 대한 정보와 관찰을 체계적으로 기록하는 과정에서 보다 더 심층적인사정과 계획이 나오기 때문에 체계적으로 기록한 내용들은 클라이언트에게 제공한 서비스를 검토하고 평가, 수정하는데 활용 된다.

기록에는 클라이언트와 그 상황, 문제에 대한심리사회적사정, 목표, 계획, 목표성취를 위한 과정, 서비스의 효과 등이 포함된다.

기록은 서비스가 클라이언트 및 주변 환경에 미친 영향을 분석할 수 있고, 서비스목표와 계획에서 변화를 필요로 하는 부분, 서비스과정에서 긍정적 또는 부정적인요인, 서비스전달 체계에서 강점과 약점이 무엇인지 규명할 수 있다.

각 사례에 관한 것뿐만 아니라 기록한 전체사례를 검토하면서 서비스전달상의 경향을 알아내고 모니터할 수 있기 때문에 기관전체차원에서 보다 효과적인 서비스를 제공할 수 있게 된다.

### (3) 사례의 지속성 유지

담당사회복지사가 휴가나 부서재배치, 사직등 부득이한사정으로 인해 다른 전문가에게 업무를 인계할 때 그 사례를 인수받는 다른 사회복지사가 사례에 대해 현재의 진행사항을 파악 할 수 있게 해주어서 지속적인 서비스를 제공할 수 있게 한다.

한 기관에서 같은 사례가 종결되었다가 다시 개시되는 일이 여러번 반복될 수

도 있기 때문에 이전의 기록은 서비스의 중복을 막고 시간을 절약해주며 지속성을 유지 시켜준다.

### (4) 전문가 간 의사소통의 활성화

여러 전문직이 함께 일하는 기관에서 기록은 전문적인 공조체계를 원활히 해주는 도구로 활용된다.

일반적으로 병원이나 정신보건센터 등에서는 사회복지사, 의사, 정신과의사, 심리사, 간호사등 여러 전문직의 구성원들이 하나의 사례에 대해 팀이 되어 함께 일하며 하나의 기록부를 사용한다.

### (5) 슈퍼비전의 활성화

기록은 학생이나 실습생, 처음 입사한 사회복지사들에게 사회복지실천과정을 가르치는 유용한 교육의 도구로 활용 된다.

- 기록은실습생이나 초보사회복지사들이 담당교수나 실습지도자, 기관의 슈퍼 바이져들이 읽고 교육, 지도할 수 있는 자료로 활용된다.
- 일선사회복지사로 기관의 관리자나 슈퍼 바이져에게 자신의 활동에 대해 피드백을 받으면서 훈련할 수 있다.
- 기록은 실무자의 업무능력의 훈련과 발전을 시키는데 중요한 도구가 되며 좋은 슈퍼비전을 통해 사회복지사들의 자질을 높이는 것은 결국 클라이언트에게 대한 서비스의질을 높이는 것이 되며 기록이 그 기반이 된다는 것이다.

### (6) 클라이언트와 정보 공유

- 가족은 클라이언트와 정보를 공유하고 의사소통할 수 있는 도구가 되며, 실제로 클라이언트가 치료에 반응하도록 돕기 위한 치료의 도구로 활용될 수 있다.
- 오늘날 점점 더 많은 사회복지기관들이 사회복지서비스의 소비자(클라이언트)들에게 기록을 개방하고 있는데 이는 소비자의권리를 존중해주는 사회의 경향과도 관계가 있다.
- 사회복지사는 클라이언트에게 우리가 하는 일이 무엇이며, 어떻게 하고 있고, 어떤 치료 과정이 포함 되는지를 개방할 필요가 있다.
- 사회복지사는 자신이 기록한 내용들이 클라이언트나 그들의 가족에게 공개될 수 있다는 것을 염두에 두고 기록해야 한다.

### (7) 행정적 자료

- 클라이언트에게 제공된 서비스에 대한기록을 클라이언트의 욕구, 서비스유형, 직무관리, 직원의 직무수행, 자원의 분배에 관한 행정적인문제를 결정하는데 중요한 자료가 된다.
- 오늘날은 더 많은 사회복지조직에서 자동화기록보존체계를 갖추고 있기 때문에 행정가가 기관과 자원을 관리하는데 있어서 쉽게 정보를 선택하고 처리할 수 있게 해준다.

### (8) 조사연구를 위한 자료 제공

사회복지실천의 다양한 주제에 대한 조사연구는 서비스전달체계를 연구하고자 하는 기관이나 사회복지계 전체에 귀중한 정보를 제공해 줄 수 있다.

기록은 클라이언트의 유형이나 사회복지활동, 정서적문제등의 자료를 수집하고 연구하고자하는 전문연구자들에게 풍부한 정보를 제공 한다.

다만 이때 기록에서 클라이언트의 신변상황에 대한 비밀보장에 주의를 기울여야한다.

### (9) 과정기록의 장단점 및 유의사항

① 장점

첫째, 과정기록은 사회복지실습이나 교육방법으로 유용하게 쓰인다.

둘째, 과정기록은 학생의 자아인식 및 서비스과정에서의 자아의 활용을 향상시켜 준다.

셋째,기관측에서도과정기록을통하여사례진행에대해점검하고면담중에일어난일을파악할수있기때문에잘못된사례진행을 사전에 예방할 수 있다.

② 단점

첫째, 기록하는 데에 시간이 너무 많이 걸렸다

둘째, 과정기록은 면접에서 실제로 일어난 일을 완벽하게 제한 하기는 어렵다.

면접중에 일어난 언어적 비언어적 의사소통의 모든 것을 다 기억할 수 없고 다 기록할 수 없기 때문이다.

③ 유의사항

첫째, 정직하게 기록해야 한다.

자신의 기록을 솔직하지 않게 좋은 쪽으로 고려 기록하게 되면 자신이 부족한 중요한 기술을 배울 수 없기 때문에 정직하게 기록해야 한다.

둘째, 기록하는 데만 너무 집중해서 면접자체에 주의를 기울이지 못하는 경우가 있다. 언제나 기록보다는 면접이 더 중요하기 때문에 면접 중에는 정신을 집중하는 것이 필요 하다.

셋째, 과정기록이 의미 있기 위해서는 면접이 끝난 후 가능한 한 빨리 써야 한다. 시간이 오래 지나면 주요한 세무사항이나 느낌을 잊어 버릴 수 있기 때문이다.

넷째, 과정기록은 교육적 목적을 위해 쓰이는 것이기 때문에 기관의 공식적 기록의 일부가 되어서는 안된다.

왜냐하면 아직 전문인이 되지 못한 학생의 기록에는 사실에 대한 왜곡이나 편견이 포함 되어 있을 수 있기 때문이다.

과정기록의 내용을 공식적으로 활용할 경우에는 클라이언트의 이름, 개별적인 사항은 비밀로하고 슈퍼바이저가 검토하고 승인한 별도의 기관보관용 기록을 준비해야 한다.

학생이 슈퍼비전을 받아서 수정한과정 기록은 폐기되어야하며, 학생기록으로 보관하려면 클라이언트의 비밀보장을 위하여 클라이언트의 이름이 삭제되어야 한다.

### (10) 요약기록(summary recording)의 특징

① 사회복지기관에서 흔히 사용되는 기록형태 이다.

② 기록은 내용은 기관에 따라서 달라지지만 일반적으로 개시일, 사회력, 행동계획, 시간의경과에 따라 변화된 상황, 개입활동, 중요한정보 등이 포함되며 요약하여 기록한다.

③ 시간의 경과에 따라 일정한간격을 정하여 기록하거나 특정행동이나 사실등의 기록이 필요할 때 작성 한다.

④ 사회복지사가 제공한 것 보다 클라이언트에게 일어난 변화에 주로 초점을 둔다.

⑤ 일시와 클라이언트에 대한 간단한내용을 적은후 서비스나 개입내용, 클라이언트의 변화에 대해 짧게 요약 한다.

### (11) 이야기체 요약 기록(narative summary recording)

① 기록내용이 이야기체요약의 형식을 취하고 있어서 일반적으로는 이야기체 기록 이라고 한다.
② 사회복지사가 클라이언트 및 그 상황이나 서비스에 대하여 이야기를 풀어 가듯이 서술체로 기록하는 방법이다.
③ 면담의 내용이 요약되어 서술 된다– 많은 사회복지기관에서 사용한다.
④ 간결하며 초점이 분명한 이야기체 보고서이다.
- 사회력이나 사정과 같은 특정내용 요소들을 문서화 하는데 효과적

⑤ 사회복지사는 문장력있는 이야기체 요약기록을 할 수 있는 능력을 갖추어야 함
⑥ 인간행동이나 사회복지의 이론과 실천, 서비스제공, 기록에 대한 사회복지사의 지식을 반영하기 때문에 임상실천을 문서화 하는데 적합하다.

### (12) 문제 중심 기록(problem–oriented recording)

① 병원, 정신보건센터의 세팅에서 여러전문직이 함께 일할때 사용
② 병원에서 의료기록을 표준화, 수행정도를 검토하기 위하여 개발
③ 단순히 기록차원을 넘어서 문제해결에 도움이 되도록 만들어 졌다.
④ 문제를 중심으로 구성되며, 문제영역을 규명하고, 시정하고, 각 문제에 대하여 무엇을 할 것 인지에 대한 계획을 기록 하는것
⑤ 사회복지사나 모든 실무자들이 하나의 기록부에 같은 형태로 기록하므로 각각의 팀맴버가 규명된 문제에 대하여 무슨일을 하는지 한눈에 볼 수 있다(김성철외, 2016).

CHAPTER 12

# 사회복지실천의 과정론

# ⑫ 사회복지실천의 과정론

## 1. 접수,자료수집 및 사정

사회복지실천 과정은 원조가 필요한 개인과 가족, 집단에 대해 전문적 지식과 기술을 갖춘 사회복지사가 계획된 원조를 단계적으로 제공하여 문제해결을 돕는 일련의 과정이다. 사회복지사가 클라이언트와 클라이언트를 둘러싼 환경체계를 변화시키기 위해 개입하는 과정을 말한다. 이 과정은 여러 단계로 이루어지고 있다. 학자에 따라 그 단계는 각기 다른 내용을 가지고 있다.

문제해결의 중심은 사회복지사가 아니라 클라이언트이다. 사회복지사는 클라이언트가 자기 문제를 스스로 해결할 수 있도록 돕는 존재이다. 인간으로서 클라이언트는 환경 속의 인간(Person in environment)이다. 클라이언트가 스스로 문제를 해결하기 위해서는 문제를 정확하게 규명하고 그 해결책을 찾는 것 이 중요하다 . 그러나 더 중요한 것은 문제를 해결할 능력 혹은 자원을 찾아내는 것이다. 클라이언트 스스로 자신에게 있는 능력 혹은 자원을 발견하여 그것을 통하여 자기의 문제를 해결하도록 돕는 것이 전문적인 원조이다. 이를 위해서는 문제 뿐 아니라 자원을 찾아내는 일도 사회복지사는 적극적으로 도와야 한다. 이러한 차원에서 사정의 단계는 문제 사정뿐 아니라 자원 사정도 동반해야 한다.

### 1)접수

접수(intake)란 원조를 신청하러 온 사람의 문제와 욕구를 확인하여 기관의 정책과 서비스를 받을 자격요건을 갖추었는지의 여부를 결정할 뿐 아니라 클라이언트와 긍정적인 원조관계를 맺어 앞으로의 개입과정에 클라이언트의 참여를 유도하는 것이다.

접수단계에서 구체적인 활동은 클라이언트의 문제와 욕구, 그리고 원조의 목적으로 명확히 하고 원조과정에서 기대되는 바를 명확히 하여 클라이언트의 욕구가 기관의 자원과 정책에 부합하는 지의 여부를 판단하는 것이다.

접수단계는 다음과 같다

#### (1) 클라이언트의 문제 확인

이때의 클라이언트는 잠재적 클라이언트라고 한다. 잠재적 클라이언트 즉 클라이언트의 실제 문제가 무엇인지 정확하게 파 악하고 기관에서 서비스를 제공할 수 있는 지 평가한다. 심층적인 분석 보다는 표면적으로 드러나거나 클라이언트가 호소하는 문제를 중심으로 시작 해서 점차 깊이 이해하도록 한다.

#### (2) 의뢰(refer)

클라이언트가 호소하는 문제 혹은 확인된 문제가 본 기관에서 제공할 수 있는 서비스와 일치되지 않을 경우에는 다른 기관에 의뢰해야 한다. 다른 기관에 의뢰하기 위해서는 먼저 클라이언트에게 앞서서 설명했던 기관의 정책과 자원과 일치하지 않음을 충분히 이해시켜야 한다. 이것이 선행되지 않으면 클라이언트는 기관이 클라이언트 자신을 싫어하거나 자신의 문제를 다루기 싫어하는 것으로 오해할 수 있다. 거꾸로 기관이 감당할 수 없는데 도 불구하고 마치 클라이언트에게 올바른 서비스를 줄 수 있는 것처럼 클라이언트를 담당하려고 하거나 혹은 의뢰 서비스를 기관의 무능력을 드러내 는 것이라고 생각하여 의뢰를 하지 않는 경우는 바람직한 것이 아니다. 기관은 클라이언트가 거부감을 느끼지 않도록 정서적 지원을 통하여 의뢰서 비스를 제공하는 것이 중요하다.

의뢰를 올바로 하기 위해서 사회복지사나 기관은 지역사회 내의 다른 기관과 관련 서비스 제공기관과 연계를 갖거나 네트워크가 형성되어 있어야 한다. 의뢰는 단지 다른 기관을 소개하는 것으로 그치는 것이 아니다. 의뢰 는 클라이언트가 가지고 있는 문제에 가장 적합한 기관과 서비스 제공자를 연결하는 것이고, 의뢰가 이루어진 이후에도 의뢰된 기관과 클라이언트가 계속해서 서비스를 지속적으로 연결되어 있는 지를 확인하는 것까지 포함 한다.

### (3) 참여유도

클라이언트가 주체가 되어서 실천과정에 참여할 수 있도록 하기 위해서 는 라포(rapport)형성이 매우 중요하다. 이는 클라이언트의 동기화 (motivation), 저항감 해소, 양가감정의 수용 등과 같은 과업이 요청된다.

① 라포 형성

클라이언트가 기관을 찾아왔을 때 처음이 아니라면 낯설 수밖에 없다. 기관을 찾아온 클라이언트는 기관을 찾아오기 전에 자기 힘으로 문제를 해결하려고 노력한 사람들이다. 그러나 번번이 실패해서 다른 사람의 도움을 통해서 해결하기 위해 기관을 찾아왔다. 따라서 자기 자신에 대한 불신과 아울러 다른 사람에게 도움을 요청해야 한다는 불안감이 공존한다. 아울러'과연 이 기관이 나의 문제를 얼마나 도와줄 수 있을까하는 의심도 가질 수 있다. 따라서 라포 형성 즉 친근감 형성은 사회복지실천 과정에 있어서 가장 중요한 과제이다. 이를 위해서 사회복지사는 진실성, 감정이입, 따뜻함, 존경, 세심한 배려 가 있어야 하며, 진정 클라이언트를 도우려는 열정이 동반되어야 한다.

② 동기화

클라이언트의 문제를 해결한다는 것은 클라이언트를 치료한다는 것 보다는 클라이언트나 클라이언트를 둘러싼 환경이 변화된다는 것을 말한다. 다시 말하면 사회복지사가 아무리 노력을 해도 클라이언트 자신이 변화하려는 의지나 동기가 없다며 문제해결은 어려울 것이다. 사회복지실천 과정에 가장 소극적으로 클라이언트가 참여하게 되거나 비자발성이 자발성으로 변화되지 않으면 매우 어려운 상황에 처하게 된다. 따라서 사회복지사는 클라이언트가 적극적으로 참여할 수 있도록 동기를 부여하여야 한다.

클라이언트가 사회복지기관을 찾아왔을 때, 이전의 실패로 인한 자신에 대한 무력감, 혹은 패배감의 농도가 강할 수 있다. 사회복지사는 클라이언트가 사회복지사를 찾아왔다는 사실만으로도 클라이언트는 자신을 포기 하지 않았을 뿐 아니라 희망을 가지고 있음을 인식시켜야 한다. 게다가 그러한 실패에도 꿋꿋이 견뎌왔고 버텨왔다는 인내심을 격려해야 한다. 아 울러 실패의 경험이 많은 것은 성공할 기회가 더욱 많아졌다는 사실을 상기시키고 문제가 해결될 가능성이 더 높아졌다는 희망을 갖게 함으로서 동기화 즉 적극적 참여도를 증진시켜야 한다.

③ 양가감정 수용과 저항감 해소

양가감정(ambivalence)이란' 변화를 원하는 마음과 변화를 원하지 않는 마음이 동시에 공존하는 것'이다. 사람은 누구나 양가감정을 가지고 있다. 그러나 클라이언트에게 있어서 양가감정의 존재는 도움을 받는 일 에 대한 저항감, 변화에 대한 두려움과 거부로 발전할 수 있다. 이로 인하 여 양가감정 자체를 부정적으로 인식하기 쉽다. 사회복지사는 클라이언트로 하여금 양가감정이 존재하는 것은 자연스러운 일이라는 받아들이도록 원조해야 한다. 오히려 양가감정을 자연스럽게 표현하여 이로 인한 저항 을 최소화시키거나 해소하도록 지원하여야 한다.

## 2) 자료수집

### (1) 자료수집(data-colect)

자료수집의 단계에서 다루어야 할 과업 중의 하나는 클라이언트가 가지고 있는 문제와 자원을 명확하게 확인해야 한다. 이를 통해서 개입의 방향과 목표를 구체적으로 설정하게 된다. 이를 위해서는 충분한 자료수집과 자료의 사정 에 따른 문제를 명료화하는 작업이 필요하다. 자료수집은 정보를 모으는 일이 며, 이는 일시적인 과업이라기보다 사회복지실천 전과정에 필요한 것이다. 그렇지만 문제를 규명하고, 목표를 구체적으로 정하고 개입방법을 설정하기 위해 서 초기에 집중적으로 자료수집을 해야 한다. 즉 클라이언트가 가지고 있는 문 제가 무엇이고, 문제의 심각성은 어느 정도이며, 문제로 인하여 클라이언트 개인과 그를 둘러싼 환경에 미치는 영향을 어느 정도인지, 클라이언트가 시도했던 방법은 무엇이며, 그 방법의 장단점은 무엇인지, 또한 클라이언트 자신의 해결 능력과 가지고 있는 자원은 어떠한 것이며, 클라이언트 주변에서 가용할 수 있고 동원할 수 있는 자원이 무엇인지에 대한 자료를 수집하는 것은 대단히 중요하다.

이러한 자료 수집을 위해서 초기 단계에는 구조화된 양식을 대부분의 사회 복지기관을 가지고 있다. 기본적인 내용을 담고 있는 초기 면접지(intake sheet)와 이를 토대로 한 심화된 조사방식에 따른 자료 수집이 필요하다.

### (2) 자료수집 목적

자료를 수집하는 목적은 클라이언트의 현재의 상태, 상황과 관련하여 문 제 전체를 잘 이해하기 위한 것이며, 해결되어야 할 문제의 우선순위 즉 긴급성을 확인하기 위함이다. 나아가 해결되어야 할 문제의 원인이 얼마나 오 랜 과거의 사건에서 유래되어 있는 지를 확인하고 아울러 문제해결에 효과 적이고 필요하며 가치 있는 자료를 수집하는 것이다.

이러한 목적을 달성하기 위해서 문제가 발생하게 된 요인을 조사하고, 문제에 대하여 과거에 처리한 내용을 확인하며, 클라이언트와 관련된 영향력 있는 사람에 대하여 알아보는 것은 대단히 중요하다. 또한 클라이언트가 주위 환경과 어떠한 관계에 있었는지를 살펴보고, 클라이언트에게 영향을 미쳤던 사회경제적, 심리적, 문화적 요인들을 조사한다. 이를 위해서는 생 육사, 사회력을 비롯한 가족관계 등을 조사해야 한다.

### (3) 자료의 수집 방법

자료를 수집하기 위해서는 두 가지 방법이 있다. 그것은 자료를 누구로 부터 수집할 수 있는가에 대한 자료원(資料源)에 관련된 것이다.

첫 번째는 클라이언트를 통해서 직접 자료를 얻는 것이다. 클라이언트가 제시한 자료(체크 리스트를 통한 자료를 포함), 면접을 통하여 얻은 자료 등이다. 기본적으로 클라이언트로부터 직접 자료를 얻는 것은 클라이언트를 존중한다는 것이고, 클라이언트의 적극적인 참여와 관여를 촉진한다는 차 원에서 소중한 것이다.

두 번째는 클라이언트에 관련된 공식적인 자료를 통해서 얻는 정보가 있다. 클라이언트를 통해서 직접 얻을 수 없었지만, 클라이언트가 직접 기록 한 서류, 클라이언트와 관련된 기록, 또는 전문가 즉 의사, 변호사 등을 통해서 수집하게 된 건강진단서, 각종 검사서 등이 있다.

세 번째는 클라이언트를 둘러싸고 있는 인적, 물적 환경을 통해서 얻는 자료가 있다. 클라이언트의 가족이나 친구, 이웃, 친척, 학교 스승, 직장에 서의 고용주나 동료, 혹은 클라이언트가 접촉해왔던 공사관계에 있는 사람들을 통해서 얻는 정보도 유익하다고 할 수 있다.

### (4) 자료수집 유형

자료수집 유형에는 양식형(patterned or prescribed types), 실마리형 (clue type)이

있다. 양식형은 기관의 목적에 적절한 조사를 하기 위하여 구체적인 내용을 어떤 항목이나 양식에 따라 사례를 조사하는 것을 말한다. 여기에는 적격성 조사(eligibility study)와 자산조사(means test), 정신발 생적조사(psychogenetic study)가 있다. 적격성 조사는 공공기관에서 이 루어지는 것으로서 급여를 받을 자격이 있는 지를 알아보는 조사이고, 자산 조사는 수급권자를 선정하기 위해서 신청자의 모든 자산을 조사하는 것이 며, 정신발생적 조사는 클라이언트의 성격을 잘 이해하기 위해서 클라이언트의 발달사, 출생, 이유, 화장실 훈련, 수면 등을 조사하는 것이다.

실마리형은 어떤 양식에 의해서 하는 것이 아니라 클라이언트의 이야기에 초점을 두고 그가 직면하고 있는 문제를 조사하는 것으로서 사회복지사 에게 처음 제시하는 문제를 단서로 하여 그 문제를 파악하기 위해서 이루어지는 조사의 유형이다.

### 3) 사정(Assessment)

사정(assessment)은 교육적 의사결정에 필요한 자료를 수집하고 평가하는 과정이다. 사정을 위하여 수집되는 자료는 양적 자료 또는 질적 자료일 수 있다. 양적 자료란 수량적 형태로 제시되거나 요약된 자료를 의미하고, 질적 자료란 서술적 형태로 제시되거나 요약된 자료를 의미한다.

사정이란 과거 진단(diagnosis)라는 용어로 많이 사용되어 왔다. 1970년대 이후로 의료모델이 비판을 받으면서 대신 사용된 용어가 사정이다. 사정은 잠정적인 결론에 도달하기 위해 수집된 정보로부터 사회복지사가 추론하는 사고 과정이다. 이 과정은 인테이크 과정과 자료수집 과정에서 얻은 자료를 분석하여 문제의 성격이나 자원의 분석, 그리고 이에 대한 종합적인 해석을 내리는 단계이다. 사회복지실천에서 사정은 매우 중요하다. 클라이언트의 문제를 정확하게 사정해야만 클라이언트와 적절한 개입을 할 수 있기 때문이다. 사정은 클라이언트를 하나의 단위(unit)로 보면서 클라이언트와 관련된 내,외부요인의 상호작용을 파악하기 위해 자료를 수집하고 분석하여 클라이언트에 대한 개입을 계획하는 것이다.

### (1) 사정의 특징

Jonhson & Yanca(2007)는 사정에 대한 특징을 다음과 같이 제시했다.

첫째, 사정은 지속적 과정이다. 즉 사정은 원조과정 전반에 걸쳐 이루어진다. 초기 단계에서 사정이 핵심적인 사안이지만 단계가 진행되면서 새로 운 정보를 접하게 되며 이로 인해 새로운 이해 또한 가능하게 한다. 이러한 점에서 지속적 사정이 필요하며 원조과정에서 클라이언트와 사회복지사의 협력이 사람과 상황에 대한 더 풍부한 이해로 이끌도록 돕는다.

둘째, 사정은 상황 속의 클라이언트를 이해하는 동시에 개입계획과 행동 을 위한 기초를 해동하는 이중적 초점(dual focus)을 갖는다. 이를 위해 클라이언트는 물론이고 관련 체계들의 욕구, 욕구 충족을 방해하는 것, 문제, 한계, 변화에 대한 동기 및 저항 등에 대해 정보들이 수집되어야 한다.

셋째, 사정은 클라이언트와 사회복지사 양자가 참여하는 상호과정이다. 사정에서 다루어져야 할 내용의 핵심적 부분들은 면접 등에서 사회복지사- 클라이언트 간의 상호작용으로부터 나온다. 사정을 통한 상호이해와 신뢰는 클라이언트로 하여금 문제 및 상황에 대한 이해와 개입 가능성, 한계들과의 관계에 대한 인식을 갖게 한다.

넷째, 사정의 과정 내에도 일련의 과정이 있다. 클라이언트가 자신의 관점을 통해 얻은 상황에 대한 관찰내용들을 사회복지사에게 설명하면 사회 복지사는 여기에 부가적인 관찰들을 추가하게 된다. 사회복지사와 클라이언트는 상황에 영향을 미치는 여러 중요한 부분들을 함께 확인하면서 상황 전체를 이해하기 위해 더 필요한 정보를 파악한다.

다섯째, 횡적 또는 종적 탐구 모두 중요하다.

여섯째, 사정에서의 이해를 도모하기 위해서는 지식기반이 활용된다. 개인에 대한 이해를 위해 인간발달 및 다양성에 대한 요인들이 고려되어야 한다.

일곱째, 사정은 클라이언트 생활상황에서의 욕구들을 파악하고 이들의 의미와 유형들을 설명해 준다.

여덟째, 개입하는 동안 클라이언트의 강점들이 구축되도록 하기 위해 사 정은 클라이언트 및 생태체계의 강점들을 확인한다. 개인의 성장은 그의 한계점이 아닌 강점으로 출발한다.

아홉째, 사정은 개별적으로 다루어진다. 사람들의 상황이란 똑같은 것이 있을 수 없으므로 사정 또한 각기 상이하며 각 클라이언트의 차별화된 상황 을 다루게 된다.

열째, 판단은 사정에서 중요한 측면을 이룬다. 어떤 부분들을 고려해야 하는가 클라이언트의 욕구와 선호도는 무엇인가 어떠한 지식들 혹은 지식의 어느 부분들을 응용할 것인가 클라이언트를 어떻게 관여시킬 것인가 등에 대한 결정들이 매번의 사정에서 이루어져야 한다.

열한번째, 이해상황에는 한계가 있다. 어떠한 사정도 완벽할 수는 없다. 특정 상황에 대한 완전한 이해를 얻는다는 것은 불가능할 뿐 아니라 그다지 바람직하지도 않다. 이해의 도모는 시각을 필요로 한다. 욕구를 가진 클라이언트가 도움을 구하는 상황에서 종종 원조는 즉각적으로 이루어져야 한다.

### (2) 사정의 종류

사정에는 두 가지가 있다. 하나는 문제를 사정하는 것이고, 다른 하나는 자원을 사정하는 것이다. 사정에는 이 두 가지 모두가 포함된다.

① 문제 사정(Problem assessment)

문제를 사정하는 것은 클라이언트의 문제가 정확하게 무엇인가를 조사 하는 것이다. 즉 문제의 원인 즉 문제의 발단이 무엇인가문제가 야기된 것이 사람인가, 물건인가, 상황인가문제가 얼마나 시작되었는가 문제로 인하여 초래된 영향을 어떠한 것이며 그 범위는 어느 정도인가문제 는 개인적인 것인가 가족과 관련된 것인가 아니면 지역사회와 연관된 것 인가문제는 심리적인가 아니면 사회적인 것인가 문제를 해결하기 위한 시도는 무엇이었고, 실패한 이유는 무엇인가여러 가지 문제 중 해결해 야 할 가장 시급한 문제와 중요한 문제는 무엇인가?

② 자원 사정(Resources assessment)

사정에 있어서 중요한 것은 문제를 명확히 하는 것 이상으로 문제를 해 결할 수 있는 능력 혹은 자원에 대한 사정이다. 이것을 강점 사정 (strength assessment)라고도 한다. 클라이언트와 그의 환경을 사정할 때 약점이나 역기능 보다는 장점이나 순기능적인 부분을 중심으로 사정하여 클라이언트에게 힘을 부여하는 것이요, 클라이언트 스스로 문제를 해 결할 수 있도록 지원할 뿐 아니라 클라이언트 자신이 문제를 해결할 수 있고 자신의 문제를 긍정적으로 바라볼 수 있게 원조하는 것이다.

문제를 알고 있다는 것과 문제를 해결하기 위해서 사회복지사를 찾아왔다는 사실 자체가 문제를 해결할 의지와 동기가 강하다는 것이요, 이것이 바로 문제해결 능력의 가능성이라고 볼 수 있다. 아울러 위기는 기회인 것처럼 문제의 발견을 통하여 오히려 더욱 역량이 강화된 클라이언트가 될 수 있다. 따라서 과거의 실패했던 방식 자체가 강점이 될 수 있고, 문제를 더욱 어렵게 했던 대상이 문제를 해결하는데 도울 수 있는 자원이 될 뿐 아니라 전에는 자원이나 강점으로 보지 않았던 것들이 도리어 강점이요 장점이 될 수 있다는 부분을 조사하고 확인하는 것이 자원사정이다.

### (3) 사정도구

클라이언트의 문제해결 혹은 욕구 충족을 위한 적절한 개입방법을 모색하기 위해서는 다양한 사정도구에 대한 충분한 이해가 필수적이다. 사회복지사가 활용하는 객관적인 사정도구로는 PIE 분류체계에 의한 사정도구, 클라이언트 사회 환경의 이중적인 관점인 양육환경(nursing environment)과 유지환경(sustainment environment)을 사정하기 위한 가계도(genogram), 생태도(ecomap), 소시오그램(sociogram), 생활력조사(life history grid), 사회적 관계망표(social relation networking), 생활주기표(life cycle matrix) 등이 있다.

① PIE 분류체계에 의한 사정도구

Wandrei(1992)는 환경속의 인간(Person-in-environment, PIE) 시각에서 문제를 분류할 수 있는 체계를 개발했다. 이러한 PIE체계 는 개인과 환경 모두에 초점을 두고 활동하는 사회복지실천에 부합되는 문제 분류체계를 갖기 위한 사회복지전문직의 노력의 결과이다. 또한미국 정신의학협회(American Psychiatric Association, 1994)가 마련한 DSM(Diagnostic and Statistical Manual for Mental Disorder) 체계 에 대한 분말의 결과라고 볼 수 있다.는 4요인 체계이다. 요인I은 개인적 연령이나 생활단계에 맞추어 문화나 지역사회가 요구하는 일상생활 활동의 수행으로 규정되는 사회적 역할 기능성에서의 문제를 기술한다. 요인I은 대인관계적인 사회적 문제 를 밝히려고 의도되었다. 그것은 사람들이 맡고 있는 많은 역할과 다양한 역할을 밝히고 서술하는 사회적 역할이론에서 나온 개념을 활용한다. 그것은 PIE 사용자가 클라이언트가 어려움을 겪고 있는 사회적 역할(배우자, 근로자, 부모, 환자, 죄수, 기타)을 밝히도록 허용한다. 체계는 문제가 일어나고 있는 사회적 역할의 규명뿐만 아니라 문제의 유형, 문제의 지속기간과 강도 에 대한 확인, 그리고 그 문제에 대처할 수 있는 클라이언트의 능력(신체적 장점과 심리적 장점) 등이다. 일곱 자리의 숫자 부호가 요인1에 대하여 사용된다.

요인II는 클라이언트의 역할 기능성에 영향을 미치는 환경(물리적, 사회적 맥락)으로부터 나오는 문제를 밝히려고 의도된다. PIE체계는 Warren의 업적에 기초하여 클라이언트의 복리에 침해하는 그런 영역에 서의 문제를 사회사업가가 밝힐 수 있도록 허용하는 6개의 사회제도 집단 을 규명하고, 사정에서 확인된 환경적 문제에 대한 진술과 심각성과 지속 기간에 대한 평가를 포함한다. 여섯 자리의 숫자부호가 요인II에 대하여 사용된다. 6개의 사회제도로는 경제적 지원, 음식 및 주거(예를 들어 입주 할 수 있는 주택의 부족이나 적당한 공공부조제공)다루는 집단, 교육(부적당한 훈련 프로그램) 혹은 건강(보건서비스나 정신보건서비스를 이용할 수 없는 것)을 다루는 집단, 사회적 지지(예를 들어 관련있는 종교단체나 정서적 지지집단을 활용할 수 없음)를 다루는 집단, 그리고 범죄재판체계 (법률집행이나 재판에서의 차별과 같은)를 다루는 집단이 있다.

그리고 생리-심리-사회적 사정모델을 완성하기 위하여 두 가지 요인: 개인의 정신 건강상태(요인III)와 클라이언트의 신체적 건강상태(요인IV) 가 PIE 체계에 포함되었다.

요인III은 사회적 기능성에 영향을 미칠 수 있는 정신장애를 기술한다. 이 요인은 DSM-IV의 축I과 축II로 이루어진다.

요인IV는 현존하는 사회적 역할 문제와 관련이 있을 수 있는 신체적 건강 여건을 목록으로 한다. 이 요인은 이용할 수 있으면 ICD-10부호를 사 용하거나 혹은 단순한 평면적 설명을 한다.

요인으로의 분리와 요인I과 II에 부여된 탁월성은 사회사업가의 관심 이 요인III과 IV의 더욱 극적인 정신건강문제와 신체건강문제에 두어질 때 흔히 상실하기 쉬운 초점을 대신하여 개인이 사회적 기능성을 강조한다. 따라서 PIE체계에서는 사회사업가의 전문성 영역-클라이언트의 사회적 역할문제와 환경적 문제를 규명하는 것-이 강조되고 있으며 전이적 관점 에서 클라이언트의 강점을 강조하고 있다.

② 가계도(genogram)

가족의 문제를 사정할 때 많이 사용하는 것이 가계도이다. 가계도는 2 세대 이상의 정조를 주는 것으로 결혼이나 이혼, 사망 등 중요한 생활사건이나 인구사회학적 특성을 알려준다. 가족 내 역동성이나 여러 세대에 걸쳐 발전된 가족 역할, 유형, 관계를 상징적인 기호를 통해서 알 수 있다. 특히 가족성원들의 세대 간 정서, 행동적 패턴을 확인하고 이해할 수 있으며 각 세대 가족에 대한 중요한 정보를 얻을 수 있다.

③ 생태도(ecomap)

생태도는 1975년 하트만(Hartman)에 의하여 고안된 도식이다. 가족에 대하여 체계적이고 생태학적인 관점에서 볼 수 있도록 한다. 클라이언트의 양육환경과 유지환경의 종류와 관계의 질, 그리고 체계 사이의 에너지 의 흐름을 보여주며, 가족에 대한 지역사회 자원이나 체계들의 영향과 상호작용의 변화를 보여준다. 클라이언트 및 클라이언트와 관련된사람, 관 련된 사회복지기관과 환경의 영향 및 그 상호작용의 변화를 묘사하기위해 사용된다. 클라이언트를 둘러싼 각 체계와 가족성원 간 관계의 성격뿐 아니라 환경에서 가족에게로 에너지가 흘러가는 방향이 묘사된다. 클라이언트 가족에게 유용한 자원이나 환경이 무엇인지 알 수 있으며 가족체계에 스트레스가 되는 체계는 무엇인지, 이들 체계와 가족은 어떤 관계를 맺고 있는지에 대한 정보를 얻을 수 있다.

④ 소시오그램(sociogram)

모레노와 제닝스(Moreno & Jennings, 1950)가 개발한 것으로 상징을 사용해서 집단 내 성원간 상호작용을 표현한 그림이다. 이를 통해서 집단 성원간의 개인적 수용과 거부, 집단 내의 대인관계를 평가하기 위한 사정 도구이다. 인간관계나 집단의 구조 및 동태(動態)를 경험적으로 기술(記 述측정하는 이론과 방법의 총칭으로 집단 성원(成員) 사이에 끊임없이 변화하는 이끌림(牽引:attraction)과 거부(repulsion) 의 역학적 긴장 체 계이며, 이는 개인의 자발성의 성질과 문화적 역할에 대한 학습 정도에 따 라 상대적으로 안정된 구조를 만들어낸다는 것이다. 집단 성원 간의 선호도와 무관심, 배척하는 정도와 유형을 파악할 수 있으며 하위집단 형성 여 부를 알 수 있다. 그러나 소시오그램은 집단 내의 비공식적 구조 내에서의 개인의 지위는 파악할 수 있지만 성원의 실제 행동을 나타낼 수 없다는 점과 집단 과정의 어느 주어진 순간만을 포착하고 있어 관찰 및 사정의 수단으로 사용하기에는 편리하지만 그 현상의 이유를 설명하기 않기 때문에 치료나 개입을 결정할 때 이용하기에는 적당하지 않다.

⑤ 생활력표(life history grid)

생활력표는 클라이언트의 삶의 중요한 사건이나 삶의 시기별로 중요한 문제의 전개에 대해 그래프로 나타내는 것이다. 클라이언트 삶의 다양한 시기에 관련된 자료를 조직화하고, 표현하는 방법이다. 이 표는 특히 아동과 청소년을 대상으로 한 활동에서 유용하고 그 표를 통해 클라이언트의 현재 기능수행에 영향을 미치는 발달단계상 특정시기의 생활경험을 이해하는데 도움이 된다.

⑥ 사회적 관계망 지도(social relation networking)

클라이언트가 다양한 유형의 사회적 지지를 구할 수 있는 사람들을 확 인한다. 사회적 지지의 개념은 어떤 사람이나 다른 사람들로 부터 제공되는 정보, 격려, 실재하는 원조나 지원의 기능수행에 이득이 되는 것으로 인식되는 사람을 말한다. 그러한 사회적 지지는 개인의 보다 큰 사회적 관계망의 한 구성요소 즉 정기적으로 상호작용을 하는 사람과 집단이다. 클 라이언트가 적절하고 효과적인 사회적 지지를 사용하도록 돕기 위해서 잠재적인 사회적 지지를 확인하고 사정하는데 클라이언트를 참여시키는 것 이 필요하다. 이를 위하여 사회적 관계망지도와 사회적 관계망표를 그리 는 것은 이러한 목적으로 달성하기 위한 도구이다.

⑦ 생활주기표(life cycle matrix)

생활주기표는 모든 동거가구원의 발달단계를 그래프로 나타낸다. 클라이언트의 생활주기 단계와 각 단계에 공통적인 발달과제를 고려해야 한 다. 이것은 특히 가족성원들이 생활주기상 서로 다른 지점에 있기 때문에 가족과의 활동에서 중요하다(김성철외, 2016).

## 2. 계획, 계약

### 1) 계획

#### (1) 개입단계의 개념

① 개입단계의 특징

개입단계는 사회복지사와 클라이언트가 합의하여 결정한 문제를 해결하기 위한 계획을 실천하는 단계이다. 이는 클라이언트가 문제를 해결하는 단계 혹은 클라이언트 혹은 클라이언트 체계가 표적체계가 변화를 통하여 이미 설정한 목표를 성취하도록 구체적으로 실행에 옮기는 단계를 말한다.

② 개입단계에서의 사회복지사 역할

중개인으로서 사회복지사로서 클라이언트를 적절한 인간서비스와 자원 에 연결한다. 중개자역할을 수행하기 위해서 사회복지사는 클라이언트의 욕구를 확인하고, 다양한 자원을 활용할 동기와 능력을 사정하며, 그 들이 가장 적합한 자원에 접근 할 수 있도록 돕는다.

옹호자로서 사회복지사로서 클라이언트가 자원과 서비스를 받을 권리를 유지하도록 돕거나 클라이언트나 클라이언트 집단에게 부정적 효과를 주는 프로그램과 정책을 변화시키는 운동을 적극적으로 지지한다.

교사로서 사회복지사로서 클라이언트가 문제를 예방하거나 사회적 기능을 향상시키는 데 필요한 지식과 기술을 갖추도록 준비한다. 클라이언트가 이해할 수 있는 방식으로 관련된 정보를 제공하고, 권고와 제안을 하고, 대안과 그 가능한 결과를 확인하고, 행동을 시범보이고, 문제 해결 기술을 가르치고, 인식을 명확하게 함으로써 필요한 적응기술을 가르치는 책임을 갖는다.

상담과 혹은 임상가로서 사회복지사로서 클라이언트가 자신의 감정을 보다 잘 이해하고, 행동을 수정하며, 문제 상황에 대처하기 위해 학습하도록 도움으로써 그들의 사회적 기능수행 능력을 향상시키도록 돕는다.

사례관리자로서 사회복지사로서 클라이언트를 적합한 서비스에 연결하고 그런 서비스를 활용하도록 조정하는 과정에서 개인과 가족에게 서비스를 지속적으로 제공하는 것이다. 업무량 관리자로서 사회복지사로서 클라이언트에게 가장 효율적으로 서비스를 제공하고, 고용된 조직에 책임을 지기 위해 업무량은 관리한다..

직원 개발자로서 사회복지사로서 훈련, 슈퍼비전, 그리고 인사관리를 통해 기관 직원의 전문적 개발을 촉진시킨다. 직원 오리엔테이션과 훈련의 기능을 수행하기 위한 과제들로'직무기대를 구체화하고, 조직 정책과 절차에 관해 사회복지사에게 오리엔테이션을 제공하며, 사례기록 을 검토하고 직무수행을 평가하는 것'이 필요하다.

행정가로서 사회복지사로서 인간서비스 조직에서 정책, 서비스, 프로그램을 계획하고, 개발하며, 수행한다.

사회변화 대행자로서 사회복지사로서 지역사회 프로그램과 삶의 질을 향상시키는 영역을 확인하고, 변화나 새로운 자원 획득을 옹호하기 위해 이익집단을 동원하는 데 참여한다.

### (2) 직접적개입

① 개인 대상 개입

정서 변화에 개입하는 기술

- 격려(encouragement): 클라이언트는 내적 동기가 약화된 상태에 놓여있다. 특히 자신이 실패 했던 과거를 통해서 칭찬 받기보다는 비난받았던 경험이 많게 된다. 이로 인하여 실패했지만 시도했던 경험들, 다시금 용기를 내어 무엇인가 해보려고 하는 의도들, 또한 자존감이 낮은 상태에서 자신을 믿어보려는 의지 적인 노력들에 대해 누군가가 격려하고 칭찬해주는 것을 기대한다.

- 재보증(Reassurance): 클라이언트는 무엇인가 늘 확인받고 싶어 한다. 과연 내가 해오고 있는 일이나 하려고 하는 노력이 올바른 것인지 혹은 만일 실패할 경우 오늘의 과정이 정당화될 수 있는지에 대하여 누군가가 확실하게 믿어주길 바란 다. 때로는 지극히 합리적이고 타당한 생각을 가지고 실행에 옮기려고 하면서도 의심을 갖고 주저하게 된다. 이때에 사회복지사는 클라이언트의 능력과 시도하려는 자세, 그리고 실천적인 과정에 대하여 재확인, 재보증 을 통하여 클라이언트 자신이 가지고 있는 불안감과 불확실성을 제거할 수 있도록 지원해야 한다.
- 일반화(generalization): 클라이언트가 가진 문제가 다른 사람과 유사하거나 동일하다고 간주하는 것은 올바른 것이 아니다. 클라이언트는 자기만의 문제를 가지고 다른 사람과 비교당하는 것을 원하지 않는다.
- 환기법(ventilation): 종종 인간은 자기가 경험하고 있는 고통에 집착하게 되면 다른 부분에 대하여 상상할 여유조차 가지지 못하는 경우가 있다. 클라이언트가 자신 의 문제에만 몰두하여 전혀 다른 것을 생각할 수 없을 때 클라이언트는 더 큰 고통을 경험하거나 때로는 자신이 겪는 고통에 대하여 왜곡하여 생각 할 수 있게 된다.
- 재명명(reframing, relabeling), 재정의(redefining): 클라이언트는 자신이 처한 상황이나 어려움에 대하여 나름대로의 관점 을 가지고 있다. 그러나 그와는 다른 관점에서 새롭게 정의를 내리거나 바라보는데 어려움을 갖는다. 이로 인하여 클라이언트는 그러한 상황을 새롭게 조명하지 못하기 때문에 그러한 상황에서 벗어나기가 어렵게 된다. 결국 어려움의 악순환에 빠지기 쉽다. 재명명은 이러한 상황을 전혀 다른 관점에서 바라보게 하고, 클라이언트가 가진 생각이나 정의를 수정할 수 있도록 돕는 것이다.
- 초점화(focusing): 또한 단순하지 않다. 클라 이언트가경험하는문제는여러가지로많이얽혀있다. 특히 시간이오래 될수록 더욱 복잡한 문제가 발전될 수밖에 없다.

- 직면(confrontation): 누구나 자신의 주변을 살펴 볼 때 자기중심적으로 바라보기 쉽다. 특히 자기감정에 매몰되어 모든 것을 그러한 관점에서 바라볼 수 있다. 문제는 이러한 태도는 자기모순에 빠질 수 있다는 점이다. 자신의 생각과 언어적 표현, 혹은 자신의 가치관과 행동에 있어서 불일치되는 현상이 종종 나타난다.
- 정보제공과 조언: 사회복지사가 클라이언트에게 조언(advice)을 제공하는 것은 바람직한 일은 아니다. 그 이유는 사람들은 조언을 하기를 좋아하지만, 조언을 받아들이는 일을 좋아하지 않기 때문이다. 그러나 조언을 하는 것과 정보를 제 공하는 것은 다른 것이다. 조언은 행동을 재촉하지만, 정보제공은 결정을 위한 자료를 제시하는 것이다. 즉 결정을 강요하는 것이 아니라 올바른 결정을 할 수 있도록 기회를 주는 것이다. 혹은 정보제공이 클라이언트로 하여금 결정을 유도하는 성격을 갖게 되면 이는 잘못된 것이다. 즉 클라이언트의 자기결정을 극대화하는데 도움이 되는 정보제공이어야 한다. 이러한 정보제공을 통하여 클라이언트가 자기과업을 잘 수행하도록 지원하는 것이다.
- 정보제공과 조언: 사회복지사가 클라이언트에게 조언(advice)을 제공하는 것은 바람직한 일은 아니다. 그 이유는 사람들은 조언을 하기를 좋아하지만, 조언을 받아들이는 일을 좋아하지 않기 때문이다. 그러나 조언을 하는 것과 정보를 제 공하는 것은 다른 것이다. 조언은 행동을 재촉하지만, 정보제공은 결정을 위한 자료를 제시하는 것이다. 즉 결정을 강요하는 것이 아니라 올바른 결정을 할 수 있도록 기회를 주는 것이다. 혹은 정보제공이 클라이언트로 하여금 결정을 유도하는 성격을 갖게 되면 이는 잘못된 것이다. 즉 클라이언트의 자기결정을 극대화하는데 도움이 되는 정보제공이어야 한다. 이러한 정보제공을 통하여 클라이언트가 자기과업을 잘 수행하도록 지원하는 것이다.
- 강화(reinforcement): 강화에는 두 가지 종류가 있는데 즐거운 결과를 의미하는 정적 강화와 혐오적 결과를 제거하는 부적강화다. 이 두 가지의

강화는 모두 행동의 빈도를 증가시킨다.

- 벌(punishment): 강화와 유사하게 벌에도 두 가지 종류가 있다. 한 가지는 혐오적 자극을 제시하는 것이며, 다른 한 가지는 유쾌한 자극을 철회하는 것이다.
- 소거(extinction): 벌보다는 행동의 빈도를 줄이는 또 다른 방법인 소거를 사용하는 것이 더 바람직할 것이다.

#### (3) 간접적개입

취약한 상황의 클라이언트를 위해 사회복지사는 클라이언트를 옹호하여 사회적,물질적 환경을 증진하며 자원을 개발, 연계하는 환경의 변화를 꾀하는 환경적 개입을 하여야 한다.

### 2) 계약

#### (1) 계약의 기원

계약이라는 용어가 사회복지실천에서 언제부터 사용되었는지 그 정확한 연도는 분명하지 않으나 1940년대와 50년대에 그룹워크 실천에서 계약의 뜻을 암시하는 말이 사용되었다.(Compton and Galaway, 1984). 1951년 Hamilton은 계약이라는 용어를 사용하지는 않았지만 신청과정에 대한 논의를 하면서 계약의 성격을 띤 내용을 포함하였다. 1957년에 Perlman(1970)은 약속으로서의 계약에 대해서 언급하고 있다. 또한 Perlman(1970)은 1970년에 문제해결 모델을 설명하면서 사람들이 기관을 활용하기를 결정하였을 때 그리고 사회복지사가 클라이언트의 문제해결을 도우려고 결정하였을 때 계약이 수립된다고 지적하였다. Rapoport(1970)는 1970년 위기개입의 중요한 단계로서 계약에 대해 설명하였다. Scherz는 1970년에 가족치료에서 계약이란 어떤 목표를 향하여 어떤 방법으로 활동하는 사회복지사와 클라이언트 간의 의식적인 동의하고 정의 내렸다. 또한 Thomas(1970)의 사회복지실천에서의 행동적 접근법, Smalley(1970)의 기능적 접근법, Hollis(1970)의 심리사회적 접근법에서도 계약에 대해 설명하고 있다.

### (2) 정의

웹스터 사전에서 계약은 어떤 것을 하거나 하기 않도록 하기 위해, 두 사람 혹은 그 이상의 사람간의 계약, 협약 및 동의라고 하고 있다. 이 단어는 상호성, 참여 및 행동을 암시한다. 사회복지실천 영역에서는 사회복지사와 클라이언트가 각자의 역할 및 책임에 전념할 것을 표현한 것이 계약이며 이는 개입을 수행해 나가는 데 중심이 된다(Bisman, 1994). Compton과 Galaway(1984)는 사회복지실천의 목적을 위한 계약은 사회복지실천 개입의 표적문제, 개입의 목표와 전략, 그리고 참여자들의 역할과 과업에 관하여 사회복지사와 클라이언트 간에 명백하데 동의를 하는 것이라고 정의 내렸다.

### (3) 계약서 작성 – 구체화 시키는 것이 필요하다.

계약당사자인 사회복지사와 클라이언트의 구체적인 역할을 명시해야 한다.(문제리스트) 또한 목표와 우선순위를 명시하고 구체적 개입방법과, 개입의 구조적인 요건(장소, 시간)도 명시해야한다(김성철외, 2016).

## 3. 효과 측정 및 평가, 종결

### 1) 효과 측정

사회복지사의 개입노력이 어떠한 효과가 있었는지, 혹은 어떤 영향을 미쳤는지를 결론적으로 말하는 것이다. 개입이 효과적이었다는 것을 추론하기 위해 클라이언트에게 일어난 변화가 개입에 의한 것임을 논리적으로 보여줄 수 있어야 한다.

#### (1) 평가의 절차

① 목표의 구체화: 단일사례연구의 1단계는 달성하고자 하는 목표를 구체화하는 것이다.

② 적절한 측정 도구의 선택: 2단계는 적합한 측정도구를 선택하는 것이다. 개입 후의 결과를 측정하기 위해서는 신뢰할 수 있는 도구가 필요하다.
첫째, 직접관찰은 행동변화를 직접 관찰하여 평가하는 것으로써, 관찰 대상이 되는 행동이 명백하고 객관적으로 규정되어야 한다. 이 방법은 빈도계산과 시간표집법이 있다. 빈도계산은 특정기간 동안에 그 행동이 나타나는 횟수를 기록하는 것이고, 시간표집법은 제한된 시간 내에 발생하는 행동을 세는 것이다.
둘째, 자기보고식 평정척도는 클라이언트의 내적인 상태를 측정하는 방 법 중 하나이다. 주로 5점 척도, 7점 척도 등이 사용된다. 이 척도는 주관 적이기 때문에 방법론적으로 비판을 받기도 하지만, 내적 상태를 가장 잘 측정할 수 있는 방법으로 많이 활용된다.
셋째, 표준화된 척도는 누구나 같은 방법으로 일정한 점수와 기입의 절차를 가진다. 표준화된 검사는 방법론적인 적합성을 충족시켜야 하는데, 타당도와 신뢰도를 가지고 있어야 한다.

③ 기초선 자료의 기록: 3단계는 기초선(baseline)을 기록하는 것으로써 기초선은 개입 이전의 표적행동이 일어나는 빈도강도기간을 말하는 것이다. 이 단계는 사회복지사가 개입하기 이전의 행동을 측정한 후 개입으로 인한 변화를 파악할 수 있도록 기초율을 설정하는 것이다.

④ 효과적 실천을 위해서는 최선의 개입모델을 선택해야 한다. 따라서 선택한 개입방법이 효과적일 것이라는 경험적 근거가 뒷받침되어야 한다.

⑤ 개입실행과 지속적인 점검: 5단계는 개입을 실행하며 모니터링을 계속하는 것이다. 기초선이 확보되고 개입방법을 선택하면 개입을 해야한다.

⑥ 변화의 사정: 6단계는 변화를 사정하는 단계이다. 개입이 행해지고 나면 거기에는 어떠한 변화가 일어나게 된다. 이때 클라이언트에게 일어난 변화가 개입으로부터 비롯되었다는 것을 논리적으로 보여줄 수 있어야 한다.

### 2) 평가

#### (1) 평가의 개념

평가(evaluation)의 일반적인 의미는 말 그대로 어떤 것의 가치나 수준 등을 논하는 것이다. 그런데 여기에는 어떤 기준이 필요하다. 사회복지실천의 평가 는 원래 세웠던 목표 또는 기준과 비교하여 그 결과가 어떠했는지를 논하는 것이다. 즉 이것은 기본적으로 미리 정한 목표나 기준과 연관되어 즉 사람이나 집단 혹은 조직이 달성한 성과가 미리 정해놓은 목표나 기준과 비교하여 어느 정도 성취하였는지를 측정하여 분석하는 과정이라고 할 수 있다. 사회복지분야에서의 평가는 사회복지실천의 목적과 목표의 달성 정도를 분석하고, 동시에 목적 및 목표 성취를 위해 사용된 수단의 적합성을 심사하는 과정으로써, 실천가와 대상자(client or customer)가 개입방법을 검토하여 개입이 대상자의 문제상황에 끼치는 영향을 측정하는 연속된 과정이라 할 수 있다.

사회복지분야에서의 평가는 크게 기관에 대한 평가와 프로그램에 대한 평가로 대별된다. 그런데 통상 평가(evaluation) 혹은 평가조사 (evaluation research)라고 말할 때 그것은 프로그램에 대한 평가를 지칭한다.

### (2) 평가의 의미

평가는 사회복지실천의 과정과 결과에 대한 효과성과 성취도를 사회복지실천의 목표에 준해서 규명하는 작업이다. 따라서 평가의 목적은 사회복지 개입 목표를 달성한 정도와 진행 과정의 효과성을 사정하는 데 있다. 이와 같은 평가 는 다음과 같은 중요한 의미를 갖는다.

첫째, 사회복지사는 자신이 개입한 내용을 합당한 틀에 의해 돌아봄으로써 반성할 기회를 갖는다.

둘째, 반성을 통해 사회복지사의 부족한 점을 발견하고 이를 거울삼아 보완된 새로운 활동을 계획할 수 있다.

셋째, 사회복지실천현장과 관련하고 있는 잘못된 상황의 요인을 발견하여 이의 시정을 요청할 수 있다. 예컨대 사회복지사는 활동을 통해 각 분야에 관련 하고 있는 정책의 미비함을 찾아내고 보완하도록 건의할 수 있다.

이상에서 보듯이 평가는 과정과 결과를 심사하는 것이고 궁극적으로 향후 사회복지실천이 보다 체계적이고 과학적인 것이 되도록 준비하는 것이다.

첫째, 프로그램이 어떻게 목표를 효과적으로 달성했는가를 발견하기 위해서 필요하다(어떤 차이를 만들었는가? 누구에게)

둘째, 프로그램을 재구조화하거나 보다 효과적으로 관리하는데 유익한 정보를 얻기 위해서 필요하다(아마도 평가자는 특정 요소는 제거해야 하는지 혹은 교체 해야 하는지의 여부를 확인하고 싶어한다).

셋째, 다른 사람들이 채택하는 모델을 확인하거나 문제에 대한 이론이나 접근법을 분석하기 위한 목적이다(무엇이 프로그램을 작동하게 했는가 어떤 요 소가 다른 프로그램에서 활용될 수 있는가 ?

넷째, 실무진이 효과적이기 위해 무엇이 필요한지를 확인하기 위함이다.

다섯째, 클라이언트의 입장에서 프로그램이 원활하게 작동하는 방법과 보다 효과적으로 만드는 방법을 발견하는 것이다.

여섯째, 공적인 관계를 개선하고 기금모금 활동을 향상시키기 위한 것이다 (무엇이 기금이나 보증을 필요로하는 사람들에게 프로그램을 파는 것을 도울 것인가

일곱째, 재원 제공자의 필요조건을 충족시키기 위해 필요하다(그 프로그램 이 지속적인 재원 모금을 할 수 있을 정도로 충분하게 잘 운영되고 있는가?

### (3) 유형

사회복지실천에는 과정평가, 성과사정 혹은 클라이언트 목표 달성, 그리고 프로그램 평가 등 세 유형이 통상적으로 사용된다. 과정평가(progress evaluation)는 지속적인 모니터링과 행동 계획의 평가를 언급한다. 성과 사정 (outcome assessment)은 클라이언트의 목표 달성 측정과 변화과정에서 유용 한 방법의 효과성을 포함한다. 프로그램 평가(program evaluation)는 프로그램의 목적을 달성하는데 있어서 기관의 프로그램이나 서비스의 효과성을 조사 하는 것이다.

이밖에도 사회복지 실천에서는 아래와 같이 상이한 기준에 따라 다양한 평가의 유형이 있을 수 있다. 우선 양적평가와 질적 평가를 언급할 수 있다. 양적 평가는 계량화를 통해 보다 일반적인 사정을 목표로 한다면, 질적 평가는 면대 면 면접 등을 통해 보다 심층적인 평가를 한다.

또한 형성 평가와 총괄 평가도 사회복지실천의 평가유형으로 분류된다. 이 것은 평가시점에 따른 분류로서 사회복지사의 개입과정을 중심으로 평가하는 것이다.

### 3) 종결

#### (1) 종결의 개념

종결(termination)은 사회복지 개입을 마무리하는 것으로서 이것은 일반적으로 개입의 원래의 목표가 달성되었다고 판단될 때 또는 계획된 개입기간이 끝났을 때 일어난다. 클라이언트의 입장에서 보면 종결은 사회복지의 개입이 끝나는 것을 의미하기 때문에 심리적정서적 불안을 느낄 수도 있다. 따라서 종결은 사회복지사의 일방적 결정에 의한 것이 아니라 클라이언트와 대화 속에 일정한 공감과 합의를 통해 이루어져야 한다.

#### (2) 종결의 판단과 종결의 목표

종결은 사회복지사가 원조를 위한 개입을 마무리하는 것이나. 종결과정이 진행 방식에 따라 이후 클라이언트의 상태와 클라인언트와 사회복지사의 관계가 결정된다는 점에서 종결은 끝이 아니라 새로운 시작이라고 할 수 있다.

따라서 사회복지사는 서비스의 종결에 대한 판단을 신중하게 해야 한다. 이때 고려해야 할 것은 다음과 같다.

① 개입목적이 달성되었는가
② 서비스 제공이 한정된 시간 내에 완료되었는가
③ 클라이언트의 문제나 상황이 충분히 해결되었는가
④ 사회복지사와 기관이 시간, 에너지, 기술에 대한 합당한 투자를 했는가
⑤ 클라이언트와 사회복지사는 기대한 이익(benefit)이 아닌 지점에 도달한 것은 아닌가
⑥ 클라이언트는 타당하지 않게 사회복지사나 기관에 의존하는가

⑦ 클라이언트가 다른 기관이나 전문가에게 의뢰가 된다면 이익을 얻을 수있는가

### (3) 종결의 유형

Hepworth와 Larsen은 종결의 유형을 시기 상조의 클라이언트의 일방적 종결과 시간적 제약에 의해 일정기간만 제공되는 계획적 종결로 나누고 있다.

① 중단으로 인한 계획되지 않은 종결

사회복지사에 의한 종결

일방적인 종결은 개입의 담당자, 즉 사회복지사에 의해 결정되기도 한 다. 이것은 다음과 같은 사정에 따른 것이다.

- 사회복지사가 새로운 직장이나 부서로 옮겨가게 되었을 때
- 해당 사례가 자신이 다루기에 적합하지 않다고 판단되는 경우
- 사회복지사의 개인적 사정 (입원, 이사 등) 치료목적을 달성할 수 없다고 판단되는 경우
- 클라이언트가 변화할 준비가 되어있지 않은 경우

사회복지사 개인의 사정에 의한 종결은 그와 지속적으로 접촉해 온 클라이언트에게 심각한 문제를 일으킬 수 있다는 점이 고려되어야 한다. 즉 클라이언트는 소외를 느끼거나, 배신감과 원조에 대한 거부감을 느낄 수도 있다. 이 경우 사회복지사는 보다 신중한 종결이 필요하고, 새로운 사회복지사가 클라이언트와 좋은 관계를 유지할 수 있도록 해야 한다.

클라이언트에 의한 종결 계획되지 않은 종결은 클라이언트의 일방적 종결 선언으로부터 비롯될 수도 있다. 이것은 다음의 경우에 발생할 수 있다.

② 시간제한에 의한 계획된 종결

일반적으로 사회복지기관은 클라이언트에 대한 개입을 할 때 계획된 일정한 시간이 있으며, 이것을 클라이언트에게 고지한다. 따라서 계획된 종결

은 시간 제한적 개입 기간 동안에 서비스를 제공한다.

시간적 제약에 의해 정해진 기간만 제공되는 계획된 종결에는 학기 중에만 서비스를 제공하는 학교 프로그램, 입원기간에만 제공되는 병원서비스, 실습기간에만 사례를 다루는 실습생의 경우가 포함된다. 이러한 종결은 미리 알려진 것이므로 클라이언트 입장에서는 갑작스럽게 종결을 맞는 것보다 충격이 적고 그에 대한 대비를 할 수 있어 종결에 따른 감정을 해소 할 충분한 시간을 갖게 된다. 종결일을 미리 아는 것은 이별에 대한 감정을 해결할 수 있는 충분한 시간을 줄 수 있지만 기관기능에 관련된 시간제약으로 결정되는 종결은 클라이언트의 문제가 정해진 시기에 적절하게 해결되지 않을 수도 있다.

### (4) 종결과정에서 사회복지사의 역할

종결과정에서 사회복지사의 역할은 중요하다. 종결유형에 관계없이 클라이언트는 종결시 복합적 감정을 가지기 쉽다. 따라서 사회복지사는 클라이언트의 감정과 정서를 신중하게 대해야 한다. 종결단계에서 사회복지사의 역할은 다음과 같다.

① 종결 계획하기

사회복지사는 종결의 시기를 결정하고 종결과정에서 클라이언트를 가장 효과적으로 도울 수 있어야 한다. 종결에 대해 클라이언트와 함께 계획하고 논의하는 것은 사회복지사에 대한 클라이언트의 정서적 애착과 의존성을 감소시키고 종결에 대한 두려움과 상실감을 통제하는데 유용하다.

② 부정적 정서적 반응의 해결

대다수의 클라이언트는 종결시 긍정적인 정서를 경험한다. 그러나 때로 상실감을 경험하는 등 부정적인 감정을 가질 수도 있다. 이 경우 클라이언트의 감정은 분노, 슬픔, 상실감, 실패감, 불안 등으로 나타날 수 있다. 사회복지사가 이에 대해 대처하는 방법은 종결과 관련된 클라이언트의 감정을 이해하고 클라이언트가 이를 충분히 표출할 수 있도록 지지하는 것이다.

③목표달성의 평가

종결단계에서 주요 과제 중 하나는 클라이언트의 목표가 성취되었는지를 재확인하는 것이다. 사회복지사는 그동안 성취한 성과와 의미를 정리해 주고 클라이언트가 자신의 성장을 확인하도록 도와야 한다. 그리고 실천과정 에서 발견한 클라이언트의 잠재력과 가능성에 대해 인식시켜야 한다.

④ 변화의 안정화

사회복지사는 클라이언트가 원조과정에서 성취한 변화를 이후 일상의 다른 환경에서 유지되도록 돕는다. 이를 위해서는 클라이언트가 변화를 시도할 수 있는 적절한 상황을 선택하도록 돕고, 클라이언트가 자신의 능력에 대해 확신하도록 지지한다.

⑤ 의뢰하기

의뢰(referrals)는 종결 후 클라이언트를 다른 기관이나 전문가에게 보내 추가 서비스를 제공하고자 할 때 행해진다. 의뢰과정은 제한된 기간 동안 클라이언트의 문제나 욕구가 충분히 해결되기를 기대하기도 어렵고, 한 기관에서 클라이언트가 요구하는 서비스를 다 제공하지 못하는 경우도 많기 때문에 필요하다(김성철외, 2016).

CHAPTER

13

# 사회복지실천의 사례관리

# ⑬
# 사회복지실천의 사례관리

## 1. 사례관리실천의 개요와 주요활동

### 1) 사례관리의 개념

사례관리는 클라이언트를 대신해서 한명의 실천가가 다수의 기관 및 조직, 시설에서 제공하는 서비스를 조정하는 일종의 방법론이다.

사례관리의 경우 만성 정신장애인, 노인, 만성신부전장애인 등의 경우 건강 문제, 경제적인 문제, 사회적응 문제, 이동문제, 교육, 고용문제, 자녀양육 문제와 같은 가족관련 문제 등 이들이 당면한 실제적인 문제는 다양하다. 이들에게 필요한 원조를 제공할 경우에는 이들의 문제가 개별적인 사회복지실천으로 접근할 수 없을 만큼 복잡하고 다양하기 때문에 인적자원을 비롯한 다양한 사회적 자원의 개발이 이루어져야 할 것이며, 공적인 제도의 뒷받침도 우선적으로 마련되어야 한다. 그뿐만 아니라 이들이 지역사회 내에 구성원으로 살아가 는 데 있어 이들의 지역성원으로 받아들여 통합적인 생활이 가능할 수 있는 사회구성원들의 사회적 성숙 또한 선결조건으로 해결되어야 한다는 특징이 있다. 또한, 이들 클라이언트에 대한 지원은 이들이 자립생활이 가능해질 때까지 지속적으로 행하여지는 특징이 있다. 때로는 중증장애인이나 만성 정신장애인, 지속적으로 허약해

지는 노인, 진행성 장애인 등과 같이 스스로의 자립생활이 불가능한 경우에는 클라이언트에 대한 관리가 생애 전과정 동안 지속적으로 행하여지는 경우도 있다.

이러한 관점에서 실천되고 있는 사례관리는 그 대상을 재가 중심적 보호 영역뿐만 아니라 정신보건 영역, 재활 영역, 노인복지 영역, 발달장애 영역 등 여러 사회복지 실천분야에서 폭넓게 활용되고 있다.

사례관리는 종래의 사회복지실천 방법 외에도 탈시설화에 대한 대처, 클라이언트의 욕구의 다양화, 복잡화, 서비스 공급 주체의 다양화, 서비스의 단편성, 사회복지비용의 삭감 등과 관련된 문제들을 보다 효과적으로 해결하기 위한 시대적 요청에 따라 개발된 사회복지실천의 새로운 분야인 것이다(인천기독교사회복지관, 2017).

### (1) 사례관리의원칙

사례관리는 본질적으로 미시적인 동시에 거시적인 접근으로서, 개별적 실천과 통합적 실천, 지역사회실천을 통합한 형태를 수반하고 있다. 또한 사례관리가 적극적으로 이루어지기 위해서는 각기 다른 사회계층의 사람들을 실천과정 에 포함시켜야 한다. 또한 사례관리는 근래의 사회복지의 관점이나 또 다른 인간복지 실천의 내용들을 포함하고 있을 뿐만 아니라 서비스 수행의 책임 또한 중요시하고 있다. Levin과 Fleming(1984)은 서비스 체계차원과 동시에 클라이언트 차원에서의 사례관리기법에 대하여 언급하였다. 즉, 정부나 사회복지기 관과 같은 서비스체계 차원에서의 사례관리기법은 체계 내의 클라이언트에 대한 서비스를 조정하는 전략으로 밝힐 수 있고 클라이언트 차원에서의 사례관리 는 클라이언트에 대한 특정한 서비스의 필요성과 그 필요한 서비스를 제공받을 수 있도록 하는 클라이언트 중심의 목적 지향적인 과정으로 정의되고 있다.

사례관리의 일반적인 정의들은 변화의 표적이 되는 개인과 환경의 문제를 동시에 중시하며, 사례관리자는 개입 시 개인과 환경 간의 균형을 맞추는 일을 사례관리의 목표로 삼아 왔다. Rothman(1991)은 사례관리는 두 가지 중심적인 기능으로 통합되는데 첫째는 지역사회안에서 클라이언트에게 개별화된 조언과 상담, 치료를 제공하는 것이고, 둘째는 서비스가 필요한 클라이언트를 지역사회의 기관과 비공식적 지지망에 연결하는 것이라고 하였다.

Austin(1983)은 사례관리를 클라이언트에게 다양한 서비스를 전달하는데 목적을 둔 일련의 연속적으로 관련된 직무들로 구성되어 있는 체계적인 문제해결과정으로 정의하였다. 또한 O' Connor(1988)는 사회복지실천의'핵심기술 들' 중의 하나로서 사례관리를 정의하였고, 사례관리의 개념과 사례관리 체계 (case management system)에 관한 개념 간의 중요한 구별을 지어 논의하였다. 사례관리는 사례계획의 실행에 기여하는 직접적인 실천 활동들과 관련되는 것이며, 사례계획은 클라이언트, 사례관리자, 서비스 제공자 그리고 이들 간의 상호작용을 포함하는 총괄적인 계획이라고 하였다.

또한 Moxley(1989)가 설명한 사례관리란 대인서비스 실천의 다양한 분야에서 복합적인 욕구를 가진 클라이언트를 대상으로 사례관리자가 클라이언트의 욕구를 사정하며, 적절한 서비스, 기회 또는 급여를 확인하고 포괄적인 서비스 계획을 개발하며, 클라이언트의 서비스에 대한 접근과 이용을 위한 옹호 (advocacy)를 제공하고, 적절하고 효과적인 서비스의 전달을 점검하거나 평가 하는 것을 통하여 클라이언트의 욕구를 충족시킬 수 있도록 원조하는 것이다. 즉, 이것은 클라이언트에 대한 대인 서비스의 제공, 기회 또는 급여의 조정을 증진시키는 클라이언트 수준에 따른 전략으로서 서비스의 통합과 보호의 연속성을 달성하기 위한 수단인 것이다.

이처럼 사례관리에 관한 정의들이 다양할지라도, 실천방법이나 내용 등 그 범위는 전통적인 사회복지실천의 모든 측면을 통합한 것으로서, 다양하고 복합 적인 욕구를 가진 클라이언트를 대상으로 그들의 욕구를 충족시키고 사회적 기능을 향상시키기 위하여 고안된 사회복지실천의 새로운 접근 방법이다. 특히 사례관리는 사례관리자가 클라이언트의 협력을 통하여 개발한 보호계획(care plan)을 바탕으로 클라이언트의 장기보호의 욕구를 충족시키고, 클라이언트 지원망이 기능적 능력을 향상시키거나 극대화시키며, 연속적이고 포괄적인 서비스의 제공과 서비스의 조정을 통하여 효과적이고 효율적인 서비스의 전달을 촉진하고 보장하는 사례관리자와 클라이언트 사이의 전문적 관계에 기초한 대인관계의 과정이다.

상기의 내용을 바탕으로 사례관리의 특성을 열거하면 다음과 같다. 다양한 문제와 복합적인 욕구를 가진 클라이언트를 대상으로 한다. 클라이언트의 문제해결과 치료보다는 욕구충족과 보호에 더 중점을 둔다. 클라이언트의 사회적 기능과 독립을 극대화하기 위해서 보호의 연속성과 책임성을 보장한다. 서비스의 효과성(effectiveness)과 효율성(efficiency)을 높이기 위해 포괄적인 서비스를 제공하고 서비스의 조정과 점검을 실시한다. 클라이언트와 그들의 사회환경과의 상호작용에 관심을 집중시키며 다양한 지원체계의 광범위한 서비스를 활용한다. 가정방문과 같은 출장원조, 안내와 의뢰 등과 같은 적극적인 클라이언트와의 접근을 강조한다. 클라이언트 수준에서 클라이언트 각자의 욕구를 개별화하며, 개입과정에서 클라이언트의 참여와 지기결정을 촉진시킨다. 개별적인 실천기술과 지역사회 실천기술을 통합한 형태다.

사례관리의 목적은 클라이언트 개인의 능력과 자원들 간의 균형을 유지할 수 있도록 하는 데 있다. 다시 말해 사례관리의 목적은 클라이언트의 다양하고 복합적인 욕구를 충족시키고 사회적 기능과 자립을 극대화하려는 노력과 관련 되어 있다. 이 목적의 달성을 위해서는 복합적이고 지속적인 욕구를 지닌 클라이언트를 위한 개입으로서 시행할 경우 몇 가지의 기본 원칙을 기반으로 해야 하며 이를 요약하면 다음과 같다.

① 서비스의 개별성

서비스들은 클라이언트의 확인된 욕구들마다 각기 구체적으로 개발되거나 고안되어야 한다.

② 서비스의 포괄성

포괄적 서비스란 클라이언트 생활의 모든 부분들, 즉 주거, 여가선용, 고용, 정신보건, 사회적 · 경제적 · 의료적 보호 등을 모두 포함하는 것으 로서 충족되지 않는 욕구가 없도록 원조함에 중점을 두는 것이다.

③ 규모있는 서비스

서비스의 중복을 피함으로써 서비스의 비용의 낭비를 방지해야 한다. 잘 조정되지못한서비스들은특정욕구에대해중복되기도하며이로인해 충족되어야 할 다른 욕구들이 충족되지 못하는 경우를 초래하기도 한다.

④ 자율성의 증대

사례관리의 주요 초점 중의 하나는 클라이언트를 가능한 한도 내에서 최대한으로 자조하도록 함에 있다. 이는 클라이언트의 자기결정을 최대화 시킴으로써 자신을 스스로 돌아볼 수 있도록 하는 것을 의미한다.

⑤ 지속성

사례관리에서는 클라이언트가 차후의 발달단계로 옮겨가는 동안 욕구 에 대한 모니터를 지속적으로 해야 할 것이다. 실제로 사례관리의 대상이되는 클라이언트의 대부분은 만성적 문제들로 인해 고통받는 경우가 많으며, 빠른 회복을 기대하기는 어렵다. 그러므로 이들은 인생전체의 시기에 걸쳐 도움을 필요로 하며 이에 부응하기 위해 지속적인 관리가 필요하다 고 하겠다.

사례관리의 목적은 서비스 전반에 걸쳐 오랜 시간 동안 적절한 보호와 관리가 지속될 수 있도록 하는 것이다. 사례관리의 목적을 달성하기 위해서는 사례 관리자는 옹호자, 중개자, 진단자, 계획자, 지역사회 사회복지사, 평가자, 자문 자, 치료자와 같은 다양한 역할과 기술을 요구하는 실천가들의 기능을 수행할 수있다.

## 2) 사례관리의 이론적 기반

### (1) 사례관리의 목적

사례관리의 목적을 구체적으로 제시하면 다음과 같다.

첫째, 클라이언트의 회복과 재발의 순환으로 지역사회와 시설 사이에서 이 동하는 것과 같이, 어떤 일정한 장소나 기간 내에서 계속적으로 서비스를 제공 하는 보호의 연속성을 보장하는 것이다.

둘째, 일정기간 동안 혹은 필요한 경우에는 개인의 일생을 통하여 개인의 욕구가 변화할 때, 서비스가 개인의 욕구의 모든 영역에 제공되도록 보장하는 것이다.

셋째, 서비스 이용자의 적격성, 기준, 규정, 정책, 절차 등과 관련된 서비스의 접근에 대한 장애물을 극복하고 개인이 필요한 서비스에 쉽게 접근할 수 있도록 원조하는 것이다.

넷째, 서비스가 클라이언트의 욕구에 적합하고, 적당한 시기에 적절한 방식으로 제공될 수 있도록 하며, 동시에 서비스가 중복되지 않도록 관리하는 것이다.

이와 같은 사례관리의 목적을 충족시키기 위하여 사례관리자의 활동을 중심으로 사례관리의 목적을 살펴보면 다음과 같다.

① 클라이언트가 가능한 쉽고 편리하게 서비스와 자원들에 접근하고 이용 할 수 있도록 클라이언트 자신의 생활기술을 최대한 증진시킨다.
② 클라이언트의 복지와 기능을 증진시키기 위해 사회적 망과 관련하여 사회복지서비스 제공자들의 능력을 개발한다.
③ 가능한 한 가장 효율적인 방법으로 서비스와 지원이 전달될 수 있도록 하고 동시에 서비스의 효과성을 증진시킨다.
④ 환경을 이용하는 것을 충족시키기 위해 각 개인의 잠재 가능성을 개발하고 그 활용을 극대화 시킨다.
⑤ 가족들과 일차적 집단들의 보호능력을 극대화시킨다.
⑥ 일차적인 보호자원들과 보호의 공적 체계들을 통합시킨다.
⑦ 개인들과 일차적 집단들의 욕구를 충족시키기 위한 공적 보호체계 내에서의 능력을 극대화 시킨다.

이와 같은 목적들의 기초가 되는 중심 가치는 클라이언트의 자기결정이다. 이 가치는 환경의 영향을 최소화시키도록 노력하며, 그것은 또한 개인들과 일차적 집단들의 중요성을 최우선으로 한다. 개인들과 일차적인 집단들이 가능한 많은 활동을 수행할 때 공적 서비스들의 보호기능이 비공식적 체계들의 활동들 과 경쟁하기보다는 오히려 보완하는 방식들로 통합될 수 있다.

사례관리 목적은 클라이언트가 직면한 장애를 극복하기 위해서 직접적 서비스를 충분히 제공하고 클라이언트를 자원과 연결시키고, 간접적인 서비스들을 충분히 제공함으로써 클라이언트가 사례관리사의 도움 없이도 자원들과의 연결을 유지할 수 있도록 하는 것이다. 이러한 견해들을 바탕으로 사례관리의 목적을 보호의 연속성, 서비스 전달의 비용-효과성의 증대, 서비스에 대한 접근성과 책임성의 증진, 일차집단의 보호능력 향상 그리고 클라이언트의 사회적 기능의 향상 등이 있다.

### (2) 사례관리의 기능

사례관리의 기능은 사례관리 표적인구집단의 유형, 사례관리자를 고용하는 기관의 유형, 담당 사례관리 대상자의 규모, 환경적인 제한정도, 서비스 전달체계의 본질, 사례관리자의 역할과 지위, 프로그램의 특성, 서비스 제공분야 등에 따라 다양하게 나타난다. 사례관리의 기능은 대체로 사례발견, 사례등록, 사정, 목표설정과 서비스 개입계획의 수립 및 개입실행, 그리고 개입결과의 측정과 평가 등이 있으며, 그 외에도 사례발견, 방문원조, 서비스 수혜자격과 적격성 심사, 접수, 자원 확인, 서비스의 실행, 재사정, 종결, 옹호, 상담, 치료, 분쟁조 정, 능력조성, 보호와 연속성, 관계유지 등이 있다.

이 가운데에서 여러 학자들에 의해 정리된 사례관리의 기능은 다음과 같다 .

첫째, 클라이언트와 필요한 서비스의 연결기능은 클라이언트의 욕구를 충족시키기 위해서 필요하고 유용한 서비스와 권리를 클라이언트에게 위임하고 양도하는 것이다. 클라이언트와 필요한 서비스를 연결시켜주는 기능을 수행하기 위하여 사례관리자는 클라이언트에게 유용한 자원이 무엇인지를 인식하고 클라이언트와 서비스의 효과적인 연결을 위해서 클라이언트를 옹호해야 한다. 공식적 기제는 각각의 기관의 역할과 책임을 명시한 기관 상호간의 협정, 입회기 준, 클라이언트에 대한 기관의 협력을 명시한 다른 규정들이 있다. 비공식적 기 제는 다른 프로그램과 직원 사이의 업무협약 또는 이해가 있다.

둘째, 비공식보호체계와 클라이언트 간의 상호작용의 촉진기능을 들 수 있는데 이 기능은 비공식 지원체계를 통하여 클라이언트는 경제적, 사회적 안정, 신체적, 정신적인 건강, 정서적 지지, 안내, 지역사회 생활의 향상 등에서 결정 적인 도움을 받고 있으며, 이것은 다른 지원체계보다도 훨씬 더 클라이언트에게 실질적인 지원을 제공할 수 있다. 클라이언트를 돕는 비공식 지원체계는 가 족, 친척, 친구, 이웃, 자원봉사자, 종교단체, 자조집단 등 이 있다.

셋째, 사례관리 기관들 간의 조정 기능으로서 공식적인 정책이나 비공식적인 기관들 간의 협정을 통하여 기관들 사이의 연계를 촉진함으로써 사례관리의 효과성을 높이는 기능이다. 기관간의 조정에서 공식적인 정책은 국가의 정책적인 차원에서 이루어지며, 비공식적인 협정은 기관의 행정적인 차원에서 이루어 지거나 사례관리자에 의해서 프로그램 차원에서 이루어지기도 한다. 기관 상호 간의 협정은 서비스의 유형, 클라이언트의 수, 재정적인 여건 등과 밀접하게 관련되어 있으며, 프로그램이 진행되기 전이나 진행 중에도 언제나 이루어질 수 있다.

넷째, 상담기능으로서 상담은 사례관리 과정에서 클라이언트에게 유용한 서비스에 접근할 수 있도록 필요한 정보를 제공하며, 클라이언트 자신의 욕구와 문제에 대한 이해를 증진시키고, 그들 가족들에게 클라이언트에 대한 이해를 촉구하며, 서비스 제공기관과의 접촉을 향상시키는 기능을 수행한다. 또한 상담은 클라이언트에게 정서적 지지를 제공하며, 고립감과 문제에 대한 압박감을 감소시키고, 클라이언트로 하여금 문제를 스스로 해결할 수 있도록 동기를 부 여하고 클라이언트를 세력화시키는 기능을 수행한다.

다섯째, 문제해결 기능으로서 문제해결은 사례관리 과정에서 클라이언트에게 발생할 수 있는 클라이언트 개인의 성격상의 문제, 위기상황 또는 실직, 부부갈등과 같은 일상생활상의 문제 등을 잘 극복할 수 있도록 하는 기능이다. 사례관리자는 클라이언트의 문제해결을 위해서 클라이언트에게 격려, 지지, 안도 감 등을 제공하며 자신의 문제를 해결하려는 동기를 부여하며, 문제해결에 필요한 기회와 자원에 접근할 수 있도록 돕는다. 또한 사례관리자는 클라이언트의 문제에 대한 인식노력, 지각능력 및 대처능력을 극대화할 수 있도록 돕는다.

여섯째, 옹호기능으로서 옹호는 클라이언트와 클라이언트 집단의 사회적 기능을 향상시키기 위해서 클라이언트의 무기력과 무능력을 제거하는 것이며, 명확한 욕구를 가지고 있는 개인 또는 집단에게 힘과 자원을 적절하게 분배하려는 목적을 둔 활동을 포함한다. 옹호는 자원획득이 불리한 조건에 처한 클라이언트가 서비스 또는 자원을 획득할 수 있도록 하거나, 클라이언트에게 불리하게 작용하는 현재의 정책, 절차 또는 관례를 수정하기 위해서나 또는 필요한 자원 또는 서비스를 제공할 수 있도록 하는 새로운 입법 또는 정책을 조장하기 위 해서 클라이언트와 함께 또는 클라이언트를 위해서 일하는 과정이다. 때론 클라이언트 개인이나 집단에게 서비스의 공정성을 보장하기 위해서 중재, 교섭, 논쟁, 협상, 환경조성 등의 역할이 포함된다.

### (3) 사례관리자의 역할

사례관리자의 역할은 간단한 정보제공과 의뢰 작업, 더 나아가서 매우 복잡한 직접적인 개입과 옹호 전략에 대한 활동들까지를 모두 망라하는 것처럼 보인다. 그러나 사례관리자는 사례관리와 관련된 서비스 제공자로서의 역할과 함께 자신의 활동 내용을 조정할 수 있어야 한다. 사례관리자의 업무는 클라이언트와 함께 클라이언트에게 필요한 원조 형태를 구체화하고, 도움을 효과적으로 활용하는 데 있어서 존재하고 있는 장애물을 확인하고 극복함으로써 클라이언트에게 직접적인 서비스를 제공하고, 동시에 클라이언트를 잠재적인 원조자와 연결시키고, 문제가 해결될 때까지 이러한 연결이 유지되도록 간접적인 조정 서비스를 제공하는 것이다.

또한 사례관리자는 지역사회 실천기술을 필요로 한다. 그리고 사례관리자의 지역사회와의 접촉은 지역사회 자원이 클라이언트에게 적당한 수준의 생활을 유지할 수 있을 만큼 충분한 경우에만 실제적으로 유용한 것이며 의미 있는 것 이다. 적절한 기금지원과 지지적 서비스 없이는 사례관리는 책임성 있는 보호를 충분히 제공할 수 없으며 사례관리자는 클라이언트 욕구충족을 위해 공공기관의 책임자나 입법 담당자들과 대응해야 하는 역할까지도 감당해야 한다. 따라서 사례관리자는 클라이언트 욕구파악과 서비스 제공에 관해 명백한 인식을 가져야만 하고 사례관리 수행에 필요한 변화를 지지하기 위해 다른 관심 집단 과 협력해야 한다.

구체적인 사례관리자의 역할은 다음과 같다.

첫째, 사정자로서의 사례관리자는 클라이언트의 약점, 역기능, 질병, 결함,증상 등과 같은 부정적인 요소보다는 강점, 능력, 성장과 발전의 가능성, 건전 한 기능, 자원, 잠재력 등의 긍정적인 요소에 중점을 두고 클라이언트의 욕구를 수집하고 분석하며 종합한다.

둘째, 계획자로서의 사례관리자는 클라이언트의 욕구를 충족시키기 위한 사례계획, 치료, 서비스 통합, 기관의 협력 및 서비스망을 설계한다.

셋째, 상담자로서의 사례관리자의 업무는 클라이언트에 대한 이해를 발전시키고 클라이언트가 스스로 지지망과 같은 자원을 개발하고 유지하는 방법을 알 필요가 없다는 사실을 가르치는 것이다. 때때로 클라이언트는 새로운 지식이나 기술이 필요하기도 하고 때로는 그들 자신에 대해서 새로운 것을 학습할 필요 가 있다. 사례관리자는 클라이언트의 신뢰 관계를 발전시키는데, 이러한 관계 는 클라이언트의 행동 속에 있는 역기능적인 측면을 점검하는 것을 가능하게 하고, 보다 유용한 측면의 개발을 촉진시킨다.

넷째, 중개자는 클라이언트가 필요로 하는 자원을 소정의 사회기관으로부터 제공받지 못하거나, 지식이나 능력이 부족하여 다른 유용한 자원을 활용하지 못할 경우에 사례관리자가 다른 유용한 자원과 클라이언트를 연결시키는 역할 을 수행한다.

다섯째, 조정자로서 사례관리자는 클라이언트의 문제와 원조자들로부터 도움이 필요한 욕구를 사정하고, 원조를 수행하는 과정에서 클라이언트의 욕구와 자원과의 관계, 클라이언트와 원조자들간의 관계에서 필요한 조정과 타협의 책임이 있다. 사례관리자는 계획을 수립하고 클라이언트가 이러한 원조자들과 효과적인 접촉을 할 수 있도록 돕는다. 필요하다면, 사례관리자는 갈등을 감소 시키고 지지망의 효과성을 증진시키기 위해서 원조자들과 의사소통을 한다.

여섯째, 평가자로서의 사례관리자는 프로그램의 효과성, 효율성 및 비용효과성을 검토하기 위하여 사례관리 과정 전반에 관한 정보와 자료를 수집하고 분석하는 것이다. 평가에서 사례관리자는 개별클라이언트, 담당 사례, 서비스 계획, 서비스 전달체계, 서비스 활동 및 지원체계의 효과성을 분석한다.

일곱째, 옹호자로서의 사례관리자다. 대체로 사례관리가 필요한 클라이언트들의 경우, 스스로 자신을 대변하고 옹호할 수 있는 능력이 부족하다. 이들 클라이언트들에게 필요한 자원이 존재하지 않거나, 자원을 필요로 하 는 클라이언트들에게 제대로 지원이 공급되지 않는 경우가 많다. 이때 사례관리자는 클라이언트를 대변하여 클라이언트의 요구사항을 구체화시키고 가능한 자원이 클라이언트에게 적절히 공급될 수 있도록 노력하며, 클라이언트의 옹호자로서 활동한다(인천기독교사회복지관, 2017).

### 3) 사례관리의 유형

사례관리의 유형은 다음과 같은 변수들에 따라 매우 다양해진다.

① 대상자 지향도: 얼마나 대상자가 문제 사정 및 해결과정에 관여할 수 있는가에 따라 대상자 지향적일 수도, 사례관리자 지향적일 수도 있는데, 가능한 한 대상자 지향적이어야 한다.

② 문제사정의 범위: 문제확인 범위가 얼마나 포괄적인가, 특정문제만을 다루는가, 아 니면 모든 불편사항을 다루는가에 따라 사례관리의 유형이 달라

질 수 있다. 가능하다면 문제사정의 범위는 대상자의 욕구를 우선해서 정해져야 한다.

③ 프로그램 구조: 1:1의 구조인가, 아니면 팀:1의 구조인가에 따라 사례관리 유형이 달라질 수 있다. 가능하다면 팀:1의 구조가 바람직하다.

④ 직접서비스 제공의 정도: 사례관리가 자료수집 정도에서 끝날 수도 있고, 상담을 제공할 수도 있으며, 치료적 상담까지 제공할 수도 있다. 가능하다면 치료적 상담까지 제공하는 것을 목표로 한다.

⑤ 문제의 심각성 정도: 얼마나 만성적이고 얼마나 심한 정도의 사람들을 대상자로 하는가에 따라서도 사례관리의 유형이 달라질 수 있다.

⑥ 사례관리자의 훈련도: 현재는 무훈련자로부터 고급수준의 훈련을 받은 사람까지 사례관리를 하고 있다. 그러나 실제로 사례관리는 특수한 고급훈련을 받은 사람에 의해서만 제공되어야 한다.

⑦ 장소: 사무실에만 앉아서 하는가, 아니면 지역사회 전체를 행동반경으로 하는가에 따라 사례관리 유형이 달라진다. 사례관리에서는 가해자를 돕기 위해 필요한 지역사회의 참여를 최소한의 범위 내에서 가능한한 최대화시켜야 하며, 문제가 너무 심각하여 사회에서의 격리가 필요한 사람의 사회적응을 위해서는 실험적인 치료장소를 활용하기도 한다.

⑧ 직원 비율: 현재는 한사람의 사례관리자가 10명 정도를 담당하고 있는 경우에서 부터 제한 없이 의뢰되는 대로 받고 있는 경우까지 다양하다. 그러나 사례관리자가 치료까지 담당하면서 사례관리의 효과를 최대화하려면 현재 관리중인 사례의 수가 15건을 넘지 않아야 한다.

⑨ 학위: 현재는 고등학교 졸업자로부터 박사학위 소지자까지 다양한 사람들이 사례관리를 하고 있다. 그러나 사례관리를 제대로 수행하려면 최소한 관련 학과를 대학에서 졸업하고, 전문가의 지도 감독 하에 1000시간 이상의 전문 훈련을 받은 사람이 필요하다.

⑩ 인력: 사례관리에서는 인력의 24시간 동원을 기본으로 한다.

⑪ 만남의 정도: 초기와 위기 상황 시에는 매일 만나야 한다. 대상자의 욕구

와 변화정 도에 따라 한 달에 한번 만나는 정도까지로 변화할 수 있다.

⑫ 제공되는 서비스의 기간: 현재는 1회 만남에서부터 수년에 걸친 만남까지 그 기간 이 다양하나, 사례관리에서는 대상자의 변화를 위해 최소한 1년 이상의 기간이 필요한 것으로 본다.

⑬ 행정적 권위: 사례관리가 효과적으로 수행되려면 사례관리자에게는 필요한 자원을 연계하면서 계속적으로 구심점 역할을 할 수 있도록 하는 정도의 권위가 제도적으 로 주어져야 한다.

위의 각 변수의 정도에 따라 최소한 다음 4가지 정도의 사례관리 유형이 가능하다.

| 유형 | 사례관리자의 주요기능 | 비고 |
|---|---|---|
| 단순형(simple model) | 중재 | 대상자와 지역사회자원의 연계 |
| 기본형(basic model) | 중재+교육 | 단순형기능+정보제공+동기부여교육 |
| 통합형(comprehensive model) | 중재+교육+치료 | 기본형기능+재활 상담/치료 |
| 전문관리형<br>(professional management model) | 중재+교육+치료+관리/기획 | 통합형기능+행정+기획 |

## 2. 사례관리의 과정

### 1) 과정

사례관리의 과정은 일반적으로 접수(관여), 사정, 서비스 기획(계획), 개입 (실행), 점검(조정), 평가, 종결(분리)의 7단계로 나누어진다.

사례관리가 사회복지실천 영역에서 특히 중요성을 띠는 것은 무엇보다도 클라이언트의 권리를 강조하는 점이 사회복지의 특성과 일치하기 때문이며, 이외에도 여러 이유들로 인해 사회복지사들에게 사례관리는 점차 중요해지고 있다

사례관리의 과정은 서비스 체계의 목표에 의해서 진행되는 것이 아니라 클라이언트의 목표에 따라 클라이언트가 필요로 하고 원하는 서비스를 제공받을 수 있도록 원조해 주는 방향으로 움직여야 한다. 또한 사례관리 과정을 통해 클라이언트에게 지속적으로 서비스 제공과 관련한 목표를 달성 하는 것뿐만 아니라, 서비스 접근성, 서비스 제공의 책임성 그리고 효율성과 같은 사례관리의 기 능 수행과 관련한 목표도 달성 가능한 것이다.

사례관리 서비스에서 수행하는 전형적인 기능들과 이러한 기능들의 상호 관련성을 바탕으로 사례관리실천의 단계를 규정하고 있다. 이러한 기능들은 개별 클라이언트와 관련된 실천에 초점을 두고 있으며, 단계적 실행의 연속성을 바탕으로 이루어져 있다.

### 2) 개입과정

#### (1) 초기접촉

클라이언트는 기관, 가족, 지역사회, 조직, 교회, 경찰, 학교로부터의 의뢰(referral)과정이나 스스로의 방문과정을 통해 기관과 접촉하게 된다. 외부로 부터 이루어지면 되면 기관에서는 클라이언트를 수용하게 된다. 대부분의 기관 들이 기본적으로는 의뢰에 의해 클라이언트와 접촉을 하게 되며, 이 밖에도 또 다른 접촉방식으로는 사례관리자가 기관 밖으로 클라이언트를 찾아 나서는 아웃리치(outreach)방식인데, 기관의 클라이언트를 접촉하려는 노력들이 지역사회에까지 확장되어 클라이언트를 찾아서 기관의 서비스 체계로 들어오도록 독려하는 것이다. 이러한 접근방식은 서비스가 가장 필요하나 스스로는 기관과 접촉하지 않는 클라이언트, 예를 들면 부랑인이나 노인들을 찾아 나서는 경우에 해당된다. 아웃리치 방식은 기관 상황에서는 현재 자연적인 클라이언트의 유입이 부족하거나 현재 서비스를 제공받는 클라이언트보다는 좀 더 많은 수의 클라이언트에게 제공할 자원이 있음을 말해주는 것이기도 하다. 새로운 클라이언트의 유입을 위해서 사례관리자는 클라이언트를 찾아 나서 초기접촉을 위한 시간약속과 방문계획을 세우는 일이 필요하다.

### (2) 접수면접, 사정, 실천 계획 및 목표설정

접수면접(intake), 사정 그리고 실천계획 수립 및 목표설정 등의 몇 가지 분리된 기능들은 서로 중복되거나 상호작용한다. 이들의 활동은 때로 동시에 일어나며, 사례관리자는 이 세 가지 과정 사이를 오가며 각각의 조절과 조정역할 하며, 동시에 각각 독립적으로 기능하기도 한다.

① 접수

접수면접의 기능은 클라이언트의 문제와 상황을 밝혀내는 것이다. 이것 은 사례관리 서비스가 필요한 집단과 개인을 설정해서 대상화하는 것을 말한다. 또한 사례관리자는 적합한 기관에 클라이언트의 배치가 이루어졌는지를 이 단계에서 결정한다. 클라이언트로서의 자격요건이 조사되고 경제 적 상황이 평가된다. 클라이언트에게는 기관이 제공하는 서비스의 내용과 한계 등에 관한 정보가 제공된다. 때때로 이러한 일은 집단 단위로 오리엔테이션(orientation) 형태로 이루어지기도 한다. 기본적이고 일차적인 개입 계획은 이때부터 시작된다. 접수면접 과정은 때로 개인의 일반적인 사회 심리적인 정보를 모으고 신청서를 작성하고 일상적인 지시를 하는 일 등의 공식적인 과정이다. 접수 면접의 기능은 개입과정의 시작, 즉 계약(engagement)이라고도 불린다.

② 사정

사정(assessment)단계에서는 좀 더 철저하게 문제를 확인하기 위해 클라이언트의 사회-심리적, 신체적 기능수행 정도를 자세히 파악해야 한다. 클라이언트의 가족과 클라이언트가 전에 이용하던 기관과 같은 외부 정보 제공자라도 활용할 수 있다. 이 기능은 표준화된 임상 면접기술을 비롯한 여러 가지의 사정도구들을 이용해 현재 클라이언트의 심리적, 사회적인 기능수준을 결정하는 것을 말한다. 사정은 클라이언트의 발전과 성장을 가져 올 수 있는 상황의 강점(strengths)을 파악하기 위하여 노력하는 동시에 클라이언트의 제한점도 함께 인식한다.

자료조사나 수집과정을 통하여 클라이언트에게 제공 가능한 혜택 과 서비스에 대한 사정뿐만 아니라 클라이언트에 대응하는 가족의 대처능력, 협조, 노력상황 등에 관한 면밀한 사정이 요구된다.

③ 기획

서비스 목표는 사정에 기초하여 종합적인 서비스 계획을 수립하는 것을 말한다. 대부분의 사례관리는 클라이언트가 개선이 필요하다고 인식하는 영역이 무엇인지를 알아보고 전문적인 목표에 클라이언트의 개인목표를 포함시킨다. 실천목표는 대체로 단기목표와 중기목표 그리고 장기목표가 설정된다. 예를 들어, 위기상황과 같은 경우에는 단기목표가 세워지기도 하고, 자아존중감의 향상, 구체적인 직업목표의 설정 그리고 주택마련 욕구 등과 같은 장기목표가 세워지는 경우도 있다. 실천계획이나 목표를 설정할 때 에는 클라이언트의 한계를 고려하는 등 현실적인 면을 이해하는 것이 중요 하다. 현재의 상황을 유지하거나 곤란을 감소시킬 수 있는 구체적인 프로그램 개발과 같은 것이 주요 목표일 수도 있다. 이상과 같이 일단 서비스 목표가 설정되면 개입계획과 자원 확인 및 개발 작업 등 두 가지 기능을 수행 하게 된다.

### (3) 개입 계획 수립과 자원개발

이 시점에서 실천단계의 논리적 전개는 처음에는 특정한 목표를 겨냥한 개입 서비스를 계획하고 그 후에 계획을 실행하기 위해 필요한 자원을 찾는 것이 다. 이 단계의 문제점은 서비스 자원이 부족하고 서비스 체계가 급속하게 변화 한다는 것이다. 원하는 목표에 이르기 위한 수단이 항상 그곳에 있는 것은 아니 다.

그러므로 사례관리자는 먼저 자원들 가운데서 사용 가능한 것이 무엇인지 찾아보고 거기에 맞추어 서비스를 계획해야 한다.

① 개입계획

개입 계획은 상담과 치료를 포함한 치료계획과 좀 더 실질적인 원조를 위해 외부기관에 클라이언트를 연결시키는 일 등 서비스 실천 전략이다. 서비스 개입계획에는 보통 단기목표와 장기목표를 성취하기 위한 방법이 모두 포함된다. 개입계획은 활용 가능한 자원의 확인과 연결 정도에 따라 수립되는 것이기 때문에 제한적일 수 있다. 개입계획을 수립하면서 사례관리자는 클라이언트와 다른 차원의 체계들과 이를 가로막는 장애물을 고려하고 이것에 대응하기 위한 방안을 수립하게 된다. 개입계획을 수립하는 과정에서 클라이언트는 가능한 폭넓게 관여하면서 자신의 욕구를 정확히 밝히고 좀 더 효율적인 개입계획 수립을 가능케 하며 궁극적으로는 사례관리의 목적 을 달성할 수 있는 서비스 결과가 나오도록 해야 한다. 개입계획은 클라이언트 욕구를 적정화하고 필요한 서비스를 효과적으로 전달하며 수행하는 과정에서 클라이언트 지원망을 발전시키기 위해 필요한 몇 가지 주요 구성 요소를 함께 수반하고 있다.

개입계획을 수립하는 데 있어 고려하여야 할 사항은 다음과 같다.

계획 가운데 실행해야 할 관련 욕구영역에 대한 특정화 주요 목표의 명확화 서비스와 지지적 목표들에 대한 분류화와 항목화 계획된 목표달성을 위해 고안된 특정 활동을 수행할 활동자의 선정 각각의 목표달성을 위한 시간안배

각각의 목표들이 달성되었을 시 기대되는 변화에 관한 진술을 포함한다.

② 자원 확인과 개발

자원 확인과 개발기능은 유사한 서비스 자원과 정보자원에 대한 접근이 용이하도록 자료를 조직하는 것이다. 자원 확인과 개발에는 기관들과의 전화접촉, 기관 대표자 회의, 비공식적 망, 사무실 보관문서의 확인이나 주소

록 확인과 같은 많은 자원 확인 방법이 있다. 대부분의 사례관리자는 여러 가지 수단을 동원하여 정보를 얻고 있으며, 때로 필요한 정보를 클라이언트로부터 얻을 수도 있다. 사례관리자는 기관정책이나 프로그램 내용이 자주 바뀌기 때문에 정확하지 않은 정보일 가능성이 있음을 고려해야 한다. 약물 중독이나 후천성면역결핍증(AIDS)과 같은 진단을 받은 새로운 유형의 클라이언트를 위한 서비스 자원을 찾는 일은 쉽지 않다. 사례관리자는 특정 클라이언트를 위한 특별한 자원제공 기회가 결여되었거나 공급이 부족할 때는 새로운 자원을 개발할 필요가 있다.

클라이언트에 대한 서비스 지원계획은 클라이언트, 클라이언트의 사회적 망, 구성원, 여러 영역의 다양한 전문가들이 함께 하는 팀 접근을 통한 상호 제휴 과정을 통해서 발전하는 것이다. 사례관리자는 팀 접근과정을 통한 서비스의 지원계획 수립과 서비스 전달 과정에서 팀의 통합을 위해 다양한 정보를 투입해야 할 경우, 정보의 양을 조정하는 조정자 역할이 요구된다.

### (4) 클라이언트와 서비스체계와의 연결

사례관리자는 클라이언트를 위탁하기에 앞서 우선적으로 클라이언트에게 필요한 서비스의 내용과 서비스 방법을 결정해야 하고, 그 다음에 클라이언트가 서비스를 받을 수 있도록 조건과 환경을 조성하고, 필요한 또 다른 서비스에 연결(linking)될 수 있도록 하는 등 계속적으로 그 서비스를 이용하는 데 있어 필요한 모든 노력을 다하여 클라이언트와 서비스 체계와의 연결이 순조롭게 진행되도록 돕는다. 사례관리자는 서로 다른 유형의 자원들과 지역사회 기관 그 리고 클라이언트를 연결함으로써 클라이언트에 대한 서비스와 지원계획을 적용할 수 있는 매개자의 역할을 수행하게 된다. 효과적인 연결은 특정 지역사회 의 대인서비스 전달체계에 관한 사례관리자의 지식수준에 달려 있다. 이러한 지식은 사례관리 사정과정에서 생겨나는 자원목록(resource inventories)의 확보를 통해서 발전되고 확대된다.

이 밖에도 사례관리자는 구체적이고 정서적인 지지를 해 줄 필요가 있다. 서비스 접촉을 완벽하게 활용하기 위한 기술, 예를 들어 누구와 어떤 정도로 접촉 할 것인지 하는 연결-조직기술과 어떤 새로운 서비스가 개발되고 있는지, 어떤 제도적인 정책을 적용할 수 있는지, 어떤 기금을 신청할 수 있는지 등과 같은 지역사회의 공식적 혹은 비공식적 자원 그리고 인적, 물적 자원발견 및 활용 기술을 필요로 한다.

효과적인 매개에 영향을 미치는 또 다른 요소는 다른 기관들과 사례관리자 와의 연결이다. 기관들과 기관에 속한 직원과의 개인적인 접촉을 통하여 사례관리자는 전문가 망(professional network)을 형성하면서 상호관계성을 수립 하게 된다. 이러한 망은 상호 매개적인 서비스로 이용될 수 있다. 전문가망은 사례관리자가 특정 클라이언트에 그들의 욕구에 부응하는 서비스를 가진 제공자들이 상호작용할 수 있도록 해 주고, 제공된 서비스의 적절성을 파악하도록 도우며, 서비스와 서비스 간의 상호작용이 원활히 이루어질 수 있도록 한다. 사례관리자는 동료들의 전문가 망을 통해서 다른 기관들에 접근할 수 있다. 전문 가 망을 형성하고 있는 상황에서 사례관리자는 다른 사례 관리자와 함께 일하고 이들의 연합된 협조체계를 발전시키며, 다른 서비스들의 효과성, 서비스 제 공 방법과 내용에 관한 내부정보를 함께 나눔으로써 지역사회 전달체계에 대한 지식을 더욱 축척해 나갈 수 있다.

클라이언트와 자원체계 간의 연결기능이 효율적으로 이루어지려면, 연결과 관련하여 클라이언트를 준비시키는 일이 중요하다. 사례관리자는 클라이언트에게 우선 자원체계에 관한 상세한 정보를 제공하고 자원체계와의 연결 시 발생할 수 있는 난점을 점검하여 중재자로서의 역할을 수행하게 된다. 이때 자원 체계와 연결은 외부적인 것과 아울러 내부적인 것일 수도 있으며 공식적, 비공식적인 접근 모두 필요한 것이다.

사례관리자는 각각 서로 다른 집단들은 서로 다른 자원체계를 가지고 있으므로 어떠한 공식적 혹은 비공식적인 접근이 강조되어야 하는지를 결정하는 데 사례관리자의 윤리적인 판단을 필요로 한다. 예를 들면, 어떤 집단은 가족 내에 서원조를 제공하기 원하는 대가족 구성원들을 가지고 있다. 그러나 이러한 비공식적 서비스인 가족자원을 활용하는 일을 선호하는 것은 바람직하지 않다. 그 이유는 지원에 있어, 공적 서비스의 이용보다 가족자원의 활용이 중심이 되 고 활성화되는 경우, 각 집단이 활용할 수 있는 공식적 서비스의 범위가 감소될 수도 있기 때문이다.

### (5) 점검과 재사정

점검과 재사정이 이 두 기능은 부분적으로 중복된다. 점검과 재사정의 목적은 현재의 서비스 제공과 조정 등이 클라이언트에게 어느 정도 만족스러운 상태인지 혹은 개입 계획의 새로운 변화의 필요성이 있는지 등을 평가하기 위해 서 실시되고 있다.

① 점검

기관과 비공식적 망과의 접촉은 점검(monitoring)이 중심이 된다. 점검은 클라이언트의 수립된 실행계획에서 정해진 서비스의 전달과정을 추적하는 방법으로서 사례관리자에 의해 행해지는 활동적이고 유동적인 과정이라는 뜻을 지니고 있다. 점검은 서비스 전달을 관찰 또는 감독하는 기능을 포함한다. 사례관리자는 서비스 전달체계를 통해서 클라이언트의 변화와 진척사항을 추적하게 된다.

사례관리자가 행하는 점검의 내용은 다음과 같다.

- 클라이언트 지원망의 구성원들이 목표를 달성하기 위하여, 특정 행동을 수행하고 그들의 책임을 수행하는 데, 적절한 시간안배가 이루어지고 있는지를 점검한다.
- 클라이언트에 대한 계획이 수립된 시점에서 욕구를 충족시킬 수 있는 필요한 서비스와 자원을 가지고 있는지를 점검한다.

- 클라이언트에 대한 서비스와 지원계획이 어느 정도 잘 이해되고 있는지를 점검한다.
- 그 계획이 성공적인지 혹은 역행적 결과를 가져오고 있는지, 즉 서비스와 지지의 산출결과를 검토하는 일 등을 점검한다.

사례관리자가 점검 기능을 수행하는 데 필요한 접근방법은 크게 두 가지가 있다. 첫번째 방법은 비공식적 근거에서 이루어지는 유형으로 효과적이고 자유로운 흐름과 이행적인 것이다. 사례관리자 자신을 이용함으로써 클라이언트 서비스와 지원계획이 적절하게 이행되고 있는지 그리고 바라는 결과가 이루어지고 있는지를 검토하는 것이다.

두번째는 공식적이고 양적인 접근의 유형은 구조화되고, 절차화 되고 공식화 된 것이다. 사례관리자는 서비스와 지원과정의 노력, 적정성, 질, 결과를 점검하는 데 있어서 규범적 이고 표준 지향적 기준으로 마련된 도구를 이용한다. 이러한 도구들에는 구조화된 질문, 사례관리자에 의해 만들어진 인터뷰 도구, 클라이언트의 기록부를 검토하기 위해 구소화된 검토항목, 클라이언트의 행동의 변화를 사정하기 위해 이용되는 구조화된 기능적 척도 등이 있다.

② 재사정

클라이언트에 대해 장기간 보호 목적을 전제로 할 때 상황에 따라 클라이언트의 관리상황의 반복적인 평가를 실시하는 것이 필수적이며, 이러한 평가는 시간적인 간격을 두고 설정된 시점에 따라 공식적으로 요구되기도 한다. 각각의 사정은 재 사정을 필요로 한다. 재 사정은 공식적일 수도 혹은 비공식적일 수도 있으며 주기적으로 이루어질 수도 혹은 계속적으로 이루어질 수도 있으며, 때론 빈번하게 행해질 수 있다. 이를 위해서는 클라이언트 자신이 재사정에 참여하는 일이 우선적으로 이루어져야 한다.

재사정을 방해하는 요인으로는 잘못 설정된 목표로 인해 사정이 잘못된 경우, 때로 클라이언트가 자신에 관해 정보를 제공하지 않거나 잘못된 정보, 정확하지 않은 정보를 제공하게 되면 사례관리 실천의 개입목표 설정과 개입방법의 사용이 적절치 못하고 효율적이지 못하게 되고 사례관리 실천 의 결과 역시 바람직한 것을 기대할 수 없다. 다른 기관들로부터 부가적으로 제공받는 정보들이 사정을 하는 데 있어 적절치 못한 경우가 종종 있는 데, 이는 많은 업무량과 시간제한이 또한 장애가 되기도 한다. 뿐만 아니라 일반적으로 재사정은 순차적으로 새로운 자원과의 연결이나 배치, 새로운 개입계획이나 수정된 개입목표와 관련되어 이루어지게 된다.

### (6) 평가

사례관리의 맥락에서 평가라 함은 사례관리자에 의해 형성되고 조정되는 서비스 계획, 구성요소, 활동들이 과연 시간과 비용을 투자할 만한 가치가 있는지 혹은 없는지를 알아보기 위한 과정이다. 평가를 행하는 데 있어서 사례관리자는 클라이언트가 사례관리 과정에 참여한 결과가 긍정적으로 혜택을 받았는지 등 산출이 효과적으로 나타나고 있는지의 여부에 관심을 가져야만 되는 것이다. 이와같이 평가는 클라이언트에 대한 득과 실을 알아보기 위해 사례관리자 에 의해 활용되는 기능이다.

사례관리 평가의 내용은 다음과 같다.

- 투입에 대한 평가로서 개입 계획시 구성된 전문인력, 서비스 그리고 자원들이 목표로 삼은 사례관리 목적을 달성하기에 적정한 것인지의 여부를 평가한다.
- 과정에 대한 평가로서 클라이언트에 대한 서비스와 지지계획에서 정해진 활동과 과업이 적절한 방법으로 수행되고 있는지의 여부를 평가한다.
- 연관성 평가로서 클라이언트에 대한 서비스와 지원계획은 클라이언트의 욕구에 부응할 수 있는 것인지, 특히 클라이언트 지지망에 대한 계속적인 사정과 점검을 통해 드러난 욕구와 관련해서 볼 때 이 계획은 여전히 욕구에 부응할 수 있는 것인지의 여부를 평가한다.

### (7) 기관의 조정

다양한 기관들 간의 조정기능은 공식적 정책을 통하거나 조직 간의 비공식 적 동의에 의해 연결기능을 원활하게 하는 기관 간의 관계를 수립하는 것이다. 공식적 정책은 전형적으로 가장 높은 위계차원에서 이루어진다. 비공식적 동의 는 공식적인 정책에 비해 덜 구속적이며 때로 사례관리자에 의해 제공되는 프로그램의 실시 여부, 내용을 논의하는 등 프로그램 수준에서 행해진다. 이러한 조직 간 이해와 조정은 서비스 유형, 클라이언트의 유형과 인원, 재정적 고려 등과 관련되어 있다. 이러한 서비스 제공 기관 간의 이해와 조정은 서비스 프로그램이 시작되기 전이나 프로그램 실시 중 어느 때라도 이루어질 수 있는 것이다.

사례관리자는 기관 간의 조정활동을 원활히 하기 위하여 기관 전체와의 공식적 조정뿐만 아니라 조직 내 개인과 비공식적이고 개별적인 서비스 조정을 하는 일도 중요하다. 특히, 사례관리 조직이 개별 사례관리자에 의해 발생하는 연결에 대해 행정적 수준을 명백히 해야 한다. 더 나아가서 조직간 관계는 새정 적 의무나 권위 등과 같은 강제적 영향에 기초하고 있을 때 더욱 긴밀한 연결의 가능성이 크다. 또한, 기관 간의 조정은 클라이언트와 서비스 체계 간의 성공적 인 연결을 조장하는 수단으로 기관 간의 상호의존적이고 의미 있는 교환을 요 구하고 있다. 이때 기관들 간의 교환활동이란 클라이언트에 대한 정보의 공유, 상호의뢰, 시설의 공동 활용, 직원의 교류 등을 포함한다.

### (8) 상담

상담 역시 사례관리 기능 가운데 중요한 활동으로서, 정보와 조언을 제공 하는 것이며, 상담은 통상 전통적인 치료처럼 심리 내적인 것에 국한되는 것이 아니라 주거문제, 재정문제, 양육 그리고 고용과 같은 영역에서의 문제해결, 현실검증, 사회화기술 그리고 실제적 도움이 전 과정에 걸쳐 요구되는 기술이다. 상담에는 가족구성원, 기관대표자, 수용보호시설 운영자 등에게 제공되는 자문이 포함된다. 효과적인 상담은 기본 생활기술 훈련과 교육활동, 역할놀이의 활용 그리고 바람직한 행동에 대한 모델링 등을 포함하고 있다. 이러한 상담은 자기 관리기술을 촉진하고 긍정적인 강화의 사용을 조장하는 것으로서, 보통 단기적인 것이므로 사례관리의 각각의 단계 혹은 전 과정을 통하여 제공될 수 있다.

### (9) 치료

치료는 개인의 정신 내적인 문제로서 내면 깊이 자리 잡은 성격 문제에 초점을 맞추는 장기치료와 실직, 부부갈등 등과 같은 일상적인 생활문제에 초점을 두는 단기치료로 구분할 수 있다. 치료는 개별적이거나 집단적일 수 있으며 가족이 관여할 수도 있고, 위기적인 특징을 가질 수도 있다. 클라이언트들의 긍정 적인 행동변화를 강화하고 유지하기 위해 필요에 따라서는 치료에 가족구성원 을 포함시키는 것은 중요하다. 치료는 클라이언트가 일상생활 상황을 다루도록 돕는' 여기-그리고-현재(here and now)'를 강조를 해야 한다. 만성적인 문제 를 가지고 있는 클라이언트는 만성화로 인해 개인 내적인 성찰 능력이 제한되어 있으며, 이는 클라이언트의 현재 상황에 대한 관리, 사회적응, 그리고 사회 적 지지와 클라이언트의 연결 등이 개입형태를 이룬 치료내용에 포함된다. 치료는 클라이언트의 변화추이에 따라 사례관리 과정중 언제든지 이루어질 수 있으며, 필요에 따라 제공되고 철회될 수 있다. 사례관리 맥락에서 상담과 치료 는 특징적인 면에서 많은 부분 중복되며, 뚜렷한 구별을 짓기가 어렵다.

### (10) 옹호

옹호는 사례관리의 중요한 기능이다. 특히 대부분의 클라이언트들이 학습된 무기력 상태이거나 사회적으로 소외된 경우가 많아 사례관리자의 옹호 기능은 더욱 절실히 요구된다. 클라이언트를 옹호하는 일은 사례관리 전체 과정 가운데 매우 초기에 필요할 수도 있고, 기관이 서비스를 제공하기를 거절하는 연결

시기에 일어날 수도 있다. 이 기능은 많은 사람들이 종종 간과하거나 실행하기가 어렵다고 여기는 중요한 기능이다. 사례관리에 있어 옹호는 두 가지 차원, 즉 클라이언트 체계 차원과 서비스 체계 차원에서 행해진다.

클라이언트 체계 차원의 옹호는 클라이언트가 적절한 서비스를 제공받지 못하거나 부당한 처우를 받을 때 클라이언트를 돕는 확실하고 단언적인 접근이다. 서비스 체계 차원의 옹호는 서비스를 제공하는 과정에서 겪게 되는 부당한 처우에 대한 접근이다. 옹호자는 관료적 규칙과 장애를 헤쳐나가서 클라이언트 자신이 마땅히 받아야 할 혜택을 얻을 수 있도록 도울 준비가 되어 있어야 한다. 옹호의 강도는 사례관리 개입 시 필요에 따라 단계적 방법으로 증대되는데 토의, 설득, 촉구, 강제와 같은 여러 종류가 있다. 옹호는 사례관리 기관 등 조직의 구성과 운영방법 등에 따라 다양한 방법과 이해를 요구한다(인천기독교사회복지관, 2017).

## 3. 서비스 전달

### 1) 사례관리의 의의

#### (1) 사례관리의의 의의

사례관리는 때로 보호관리, 사례조정, 자원조정이라 불린다. 사례관리는 보건 및 사회서비스분야의 다양하고 복잡한 문제에 대한 해답으로 폭 넓게 받아들여지고 있다. 정신 장애인이나 만성질환을 가진 노인 및 그 가족은 다차원적이고 장기적인 서비스 욕구를 가지고 있는 반면, 이들에게 필요로 되는 다양한 서비스에 대한 정보가 부족하고, 더욱이 서비스 전달 체계가 복잡하여 클라이언트와 서비스가 적절히 연결되지 못하는 문제들이 흔히 발생한다. 이러한 문제를 해결하는 유용한 방법으로써 사례관리방안이다.

### (2) 사례관리의 적용

사례관리 서비스 성격 차원은 다음과 같다.

① 서비스체계 중심의 개념

랩과 챔버레인에 의하면 사례관리란 "탈시설화의 영향으로 인해 서비스 전달체계에서 나타난 서비스의 단편성, 분산성, 불연속성, 비접근성, 중복성 등의 문제를 극복하기위한 해결책"으로 정의하였다. 루빈은 "지역사회의 복합적인 서비스욕구를 가진 클라이언트를 보호하기 위해 복잡한 서비스 전달체계와 연계하고 적절한 시기에 필요한 서비스를 제공받도록 보장하는 것"으로 정의하고 있고 네킹과 프랭크도 사례관리를 "서비스 전달체계의 복잡한 서비스를 조정하는 것으로 보고 보호의 지속성을 보장하고 한정된 자원을 가진 클라이언트를 위해 비공식적인 지지서비스를 발전시키고 조정하는 것"이라고 정의하였다. 이와같이 서비스체계 중심 개념에서의 사례관리는 다소 서비스를 제공하는 행정적인 입장에서 정의되어진 개념이라고 할 수 있다.

② 클라이언트 체계 중심의 개념

이 개념은 클라이언트와 사례관리자와의 치료적 관계를 바탕으로 클라이언트의 정신내적, 대인관계적, 환경적 개입이 상호 연합하는 것을 의미한다. 이 개념의 대표적인 학자 램은 '치료자 – 사례관리자' 개념을 사용하여 고도의 전문적 치료적 개입을 통해 정확한 클라이언트의 욕구를 사정, 평가하고 클라이언트가 사례관리 과정에 참여할 수 있도록 촉진시켜야한다고 주장하였다. 클라이언트 체계 중심의 사례관리는 클라이언트에 대한 대면서비스에 초점을 두고 직접적 서비스 기능을 강조하는 개념이라 할 수 있다.

③ '상황 속의 인간'을 강조하는 개념

이 개념은 체계적 관점의 개념틀을 기반으로, 개인과 환경의 상호작용이라는 입장에서 클라이언트 차원의 개념과 서비스 체계 차원의 개념을 포괄적으로 수용하는 견해이다. 이 개념에서의 사례관리는 전통적인 사회복지실천방법인 개별사회사업, 집단사회사업 및 지역사회조직을 통합한 사회복지실천의 핵심기술로서, 특정 클라이언트집단을 위한 최선의 직접적 서비스와 지역사회 차원의 서비스를 통합하여 실천하는 것이라고 정의되기도 한다. 여기서 직접적인 서비스란 클라이언트 차원의 치료적인 관계를 중시한 개념이며, 지역사회 차원의 서비스는 서비스 연계, 조정을 중시한 개념이라고 할 수 있다(인천기독교사회복지관, 2017).

## | 참고문헌 |

간호학대사전(1996).한국사전연구사.
강호선(2010). 가정폭력전문상담원의 사례관리 역할 수행에 영향을 미치는 요인에 관한 연구. 경상대학교 박사학위 논문.
권중돈 · 김동배(2005).『인간행동과 사회환경』.학지사.
권진숙 편저(2007).『사례관리』.공동체.
권진숙(2007).『사례관리 이론과 실제』. 공동체.
권진숙 · 박지영(2008).『사례관리의 이론과 실제』. 학지사.
김가영외(1998).『사회복지실천 사례관리』. 도서출판 지샘.
김성철(2016).『Introduction to social welfare』. 21세기사.
김성철외(2015).『사회복지지도감독과 현장실무론』. Pacific Books.
김성철외(2016).『사회복지실천기술론』. 양서원.
김성철외(2016).『사회복지실천론』. 양서원.
김인숙 · 김용석(2002).『사회복지실천기술 연습』. 나남출판.
김혜란 외(2006).『사회복지실천기술론』. 나남.
김혜란 · 홍선미 · 공계순(2001).『사회복지실천기술론』. 나남출판.
김혜란외(2001).『사회복지실천기술론』. 나남출판.
나동석 · 서혜석(2008).『사회복지실천론』. 학현사.
류종훈(2004).『쉽게 쓴 사회복지실천론』. 동인.
사회복지사수험연구회 편(2002).『사회복지실천기술론』. 동인.
서울대사회복지실천연구회 편(1998).『사회복지실천기법과 지침』. 나남출판.
설진화 (2013).『사회복지실천기술의 이해』. 양서원
신성자 외 (2012).『사회복지실천기술론』. 양서원
양옥경(2015).『사회복지실천론』. 나남.
윤현수 외(2000).『사회복지실천기술론』.동인.
이경남외(2008).『사회복지실천론』.학지사.

이준우, 이화옥, 임원선(2006). 『사례와 함께하는 사회복지실천론』. 인간과복지.
인천기독교사회복지관(2017). 『사례관리실천론』. 신정
임안나 · 곽정국 외(2011). 『사회복지실천기술론』. 공동체.
임은(2005). 『사회복지실천론』. 학지사.
전남련 외(2012). 『사회복지실천기술론』, 정민사;
전재일 · 이성희(2002). 『사회복지실천기술론』. 형성출판사.
전재일외(2006). 『사회복지실천론』. 형설출판사.
정순둘(2002). 『사례관리실천과 평가』, 서울신학대학교 기독교사회복지연구소.
최유경(2013). 사회복지사의 직무수행능력이 사례관리자의 역할수행에 미치는 영향. 경기대학교 사회복지대학원.
함철호(2011). 『권력관계로보는 사례관리 실천』, 한국사례관리학회.
황성철(1995). 사례관리 실천을 위한 모형 개발과 한국적 적용에 관한 연구. 한국사회복지학.
Moxley, 김만두 역 (1999). 『사례관리 실천론』. 홍익재.

# | 찾아보기 |

## 인명

## 용어

## 김성철 교수

- 서울신학대학교 사회복지학과(B.A)
- 서울신학대학교 신학대학원(M.Div)
- 중앙대학교 일반대학원 사회복지학과 졸업(M.A)
- 숭실대학교 일반대학원 사회복지학과 졸업(Ph.D)
- 인천대학교 일반대학원 경영학과(Ph.D.cand)

- 연수구노인복지관장
- 성산종합사회복지관장
- 한국노인복지관협회 부회장
- 인천노인복지관협회 회장
- 인천시노인정책자문위원장
- 인천사회복지협의회 인적자원개발위원장 인천시 공동모금회 배분위원장
- 한국종합사회복지관협회 교육위원장 /자문위원
- 보건복지부 사회복지기관 평가위원
- 한국복지경영학회 회장
- 국가기술연구원 자문위원
- 통일부 통일교육위원
- 백석대학교 보건복지대학원장
- 보건복지대학원 복지경영학과 교수


- CP:010-8732-1779
- E-mail: sckim@bu.ac.kr

# 사회복지실천론

1판 1쇄 인쇄 2017년 02월 20일
1판 1쇄 발행 2017년 03월 02일
저 자 김성철
발 행 인 이범만
발 행 처 **21세기사** (제406-00015호)
경기도 파주시 산남로 72-16 (10882)
Tel. 031-942-7861 Fax. 031-942-7864
E-mail : 21cbook@naver.com
Home-page : www.21cbook.co.kr
ISBN 978-89-8468-728-8

**정가 18,000원**